어떻게 공부하게 만들 것인가

The Disengaged Teen
Copyright © 2025 by Jenny Anderson, Rebecca Winthrop
All rights reserved.

Korean translation rights arranged with Aevitas Creative Management,
New York through Danny Hong Agency, Seoul.
Korean translation copyright ©2025 by Book21 Publishing Group

이 책의 한국어판 저작권은 대니홍 에이전시를 통한
저작권사와의 독점 계약으로 ㈜북이십일에 있습니다.
신저작권법에 의해 한국 내에서 보호를 받는 저작물이므로 무단전재와 복제를 금합니다.

공부에 무관심한 아이를 위한 4가지 유형별 학습 가이드

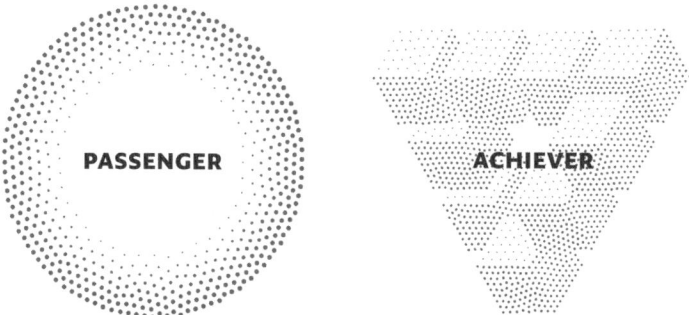

어떻게 공부하게 만들 것인가

제니 앤더슨·레베카 윈스럽 지음 | 고영태 옮김

스스로 공부하는 아이는 무엇이 다를까?

21세기북스

이 책에 쏟아진 찬사

무기력하거나, 주눅 들었거나,
공부에 좌절한 자녀를 둔 부모라면 반드시 읽어야 할 책.
찰스 두히그 | 《대화의 힘》,《습관의 힘》 저자

공부하는 아이를 위한 지혜로운 어른이 되고 싶다면
이 책이 길잡이가 되어줄 것이다.
앤절라 더크워스 | 펜실베이니아대 심리학 교수,《그릿》 저자

10대 자기 주도성 향상의 확실한 방법을 제시하는 책.
토드 로즈 | 하버드대 교육심리학 교수,《평균의 종말》 저자

동기부여라는 복잡한 세계를
이해하고 싶은 이들에게 강력히 추천한다.
데이비드 예거 | 발달심리학자,《어른의 영향력》 저자

평생 배우는 아이로 키우고 싶다면 꼭 읽길 바란다.
애덤 그랜트 | 와튼스쿨 조직심리학 교수,《히든 포텐셜》 저자

스스로 배우는 아이를 만드는 가장 현실적이고 강력한 해답!
캐럴 드웩 | 스탠퍼드대 심리학 교수, 《마인드셋》 저자

공부에서 멀어진 10대를 구하고 싶다면 당장 이 책을 펼쳐라.
스콧 갤러웨이 | 뉴욕대 마케팅 교수, 《부의 공식》 저자

아이를 자기 주도적 학습자로 성장시킬 수 있는
모든 해답이 이 안에 있다.
제니퍼 윌리스 | 《내 아이를 위한 매터링 코치》 저자

모든 부모와 교사, 교육 관계자가 반드시 읽어야 하는 책.
카야 헨더슨 | 전 워싱턴 D.C. 교육감

혼란스러운 교육 환경 속에서, 자녀를 이해하려는 부모에게
가장 실질적이고 효과적인 해법을 제공한다.
폴 터프 | 저널리스트, 《아이는 어떻게 성공하는가》 저자

공부하는 자녀를 둔 부모라면 읽지 않을 이유가 없다.
웬디 코프 | 교육 불평등 해소 비영리 단체 Teach For America 설립자

역자 서문

어떻게 하면 스스로 공부하는 아이로 키울 수 있을까?

어떻게 하면 공부 잘하는 아이로 키울 수 있을까? 많은 부모가 고민하는 문제일 것이다. 원인은 다양하다. 아이가 공부를 안 하는 것일 수도 있고, 하고 싶어도 못하는 것일 수도 있다. 하지만 가장 근본적인 원인은 공부, 즉 학습에 대한 무관심이다. 이 책은 아이들이 학습에 무관심해지는 이유와 '무관심'을 학습에 대한 관심과 참여로 바꾸는 방법을 설명한다. 저자들은 이를 위해 먼저 아이가 어떤 학습자 유형인지 파악하라고 조언한다. 유형을 파악하고 원인을 진단해서 무관심을 참여와 몰입으로 바꿀 수 있다면 누구나 자기주도적인 학습자로 변할 수 있다는 사실을 실제 학생의 사례를 통해 설득력 있게 이야기한다.

우리 아이는 어떤 유형일까?

　저자들은 아이들의 유형을 수동형, 목표지향형, 회피형, 몰입형이라는 네 가지 학습자 유형으로 분류한다. 네 가지 유형은 단순한 성격 분류가 아니라, 학생들이 처한 환경에 따라 언제든지 변할 수 있는 역동적인 학습 정체성의 스펙트럼이다. 단지 학업을 멀리한다는 표면적 현상이 아니라, 그 이면에 자리한 감정, 사고, 행동의 복합적 상호작용까지 설명하고 있다.
　예를 들어 수동형 학생은 학습에 최소한만 침여하며 무난히 학교생활을 이어간다. 실제로 대부분의 중·상위권 학생들이 여기에 속한다. 이들은 대체로 좋은 성적에 큰 문제도 일으키지 않기 때문에 교사나 부모들은 학교에 잘 적응하고 있다고 오해하는 경우가 많다. 하지만 실제로는 학습에 몰입하지 못하고, 단지 주어진 환경에 적응하면서 교육 시스템을 견뎌내고 있다는 사실을 아는 부모는 많지 않다.
　학교에서 성적이 뛰어난 학생들은 목표지향형으로 분류된다. 이들은 부모나 교사가 생각하는 가장 이상적인 유형이다. 언제나 상위권에 속하고 자기 주도적이며 학습에 대한 동기도 강하다. 겉보기에는 완벽한 학생이다. 하지만 내면적으로 불안과 완벽주의에 시달리며 정서적 번아웃에 노출되기 쉽다. 또 실패를 경험하지 못했기 때문에 한 번 무너지면 다시 회복하기 어렵다는 약점도 있다. 공부를 잘하던 아이가 어느 날 갑자기 성적이 떨어지고 흥미를 잃게 됐다면, 무너진 목표지향형 아이일 가능성이 높다. 이런 아이들을 다시 일으킬 방법은 없는 것일까? 저자들은 미국 최고 명문 대학에 입학했지만 학습에 흥미를 잃은 실제 사례를 통해 이에 대한 해법을 제시하고 있다.

문제아는 없다

부모와 교사들의 가장 큰 고민 대상은 어떤 학생일까? 이른바 '문제아'일 것이다. 학습에 관심도 없고, 부모와 교사에게 말대꾸만 하면서 반항적인 행동을 한다. 하지만 저자들은 이들을 '문제아'가 아니라 '회피형'이라고 부른다.

회피형은 해결해야 할 힘든 문제를 가지고 있는 아이지, 그냥 골치 아픈 문제를 일으키는 '문제아'가 아니다. 아이들이 왜 저항하는지, 어떤 감정을 가지고 있고, 해결해야 하는 어떤 문제가 있는지를 파악한다면 오히려 자기 주도적인 학습을 하는 몰입형으로 가장 쉽게 바뀔 수 있다고 주장한다.

모든 부모와 교사가 지향해야 하는 궁극적인 학습자 유형은 바로 몰입형이다. 이들은 내면적으로 강력한 동기를 지니고 있고, 배움에 몰입하며, 실패를 성장의 기회로 삼는 회복 탄력성을 지닌 아이들이다. 우리의 교육은 여전히 결과 중심적이기 때문에 아이들을 목표지향형의 학생이 되도록 내몰고 있다. 하지만 21세기 미래 사회가 요구하는 역량은 오로지 뛰어난 성적이 아니라 자기 주도성, 문제 해결 능력 그리고 협업과 공감 능력이다. 몰입형이 바로 이런 능력을 갖춘 학생이다.

부모는 '학습 감독자'가 아니라 '성장 코치'

이 책은 단순히 학생의 유형을 분석하는 데에 그치지 않고, 각 유형에 따른 구체적인 지원 전략까지 제시한다. 특히 2부에서는 교사와 부모가 각 유형의 아이들에게 어떤 말과 행동으로 다가가야 하는지를 친절하게 설명한다. 이 과정에서 저자들은 학습 과학, 발달 심리, 뇌과학, 교육 현장의 경험을 토대로 누구나 실행 가능한 방법들을 알기 쉽게 제시한다.

특히 우리가 주목할 점은 부모가 자녀의 학습 참여에 미치는 영향력이다. 자녀와 가장 긴 시간을 함께하고 일상에서 끊임없이 마주치는 존재인 부모는 자녀의 학습 환경에 가장 큰 영향을 미친다.

말투, 태도, 기대치, 질문 방식 등 모든 행동거지가 그렇다. 그래서 부모는 단순한 '학습 감독자'가 아니라, 자녀의 내면과 성장을 조율하는 '코치'이며 '가이드'의 역할을 하는 것이 중요하다.

그렇다면 부모는 어떻게 자녀의 학습을 효과적으로 도울 수 있을까? 첫째, 부모와 자녀 사이의 상호작용은 성적이나 시험 준비에 국한되어서는 안 된다. 스포츠, 미술, 음악, 게임 등 아이가 좋아하는 다양한 관심사를 매개로 부모가 대화를 시도하면 자녀는 '나를 이해해주는 부모'로 인식하며 관계의 신뢰도를 높일 수 있다. 아이의 일상과 감정에 진심으로 관심을 가지는 태도는 학습 동기에도 긍정적인 영향을 준다.

둘째, 아이의 자율성을 지지하는 전략이 중요하다. 잔소리는 아이의 자율성을 억압하며 부정적인 정서를 유발할 수 있다. 따라서 지시보다는 대화, 조언보다는 질문, 문제보다 가능성을 강조하는 언어를 사용하는 것이 효과적이다.

예를 들어 "왜 숙제 안 했니?"가 아니라 "숙제하면서 어려운 점은 뭐였니?"라고 질문하면 아이는 자신의 힘든 상황을 자연스럽게 설명하게 된다. 이러한 대화를 통해 아이 스스로가 문제를 발견하고 해법을 찾도록 유도할 수 있다.

아이를 성장시키는 현실 밀착형 솔루션

우리의 전통 교육 방법 가운데 '밥상머리' 교육이라는 것이 있다. 가족이 단순히 밥만 먹는 것이 아니라 다양한 주제에 관해 이런저런 이야기를 하는 과정에서 자연스럽게 유대감이 높아지고 인성과 예절 교육은 물론 사회성도 기를 수 있는 '전인 교육'을 일컫는 말이다. 저자들도 우리의 '밥상머리 교육'과 비슷한 개념으로 '저녁 식사 전 1분 대화'를 제안한다. 예를 들면 부모가 저녁을 먹기 전에 아이의 학교 시간표를 확인하는 것만으로도 자녀와 깊은 대화를 나눌 수 있다고 말한다. 이런 식전 대화는 부모가 일이나 회의를 준비하는 시간의 100분의 1만큼만 투자해도 자녀의 변화를 끌어낼 수 있는 매우 효과적인 전략이 된다.

마지막으로, 디지털 기술에 관한 저자들의 통찰도 매우 인상 깊다. 요즘 아이들은 스마트폰과 컴퓨터 같은 디지털 기기는 물론 다양한 소셜미디어에 너무나 많은 시간을 허비한다. 이는 학습 집중력을 분산시키고 몰입을 방해한다. 그래서 부모들은 스마트폰과 같은 디지털 기기의 사용을 줄이기 위해 아이들과 끊임없이 소모전을 벌인다. 하지만 저자들은 디지털 기기 사용을 무조건 금지하거나 통제하기보다는 '선택적 시간 사용'이라는 접근법을 제시한다. 예컨대, 저녁 식사 후 30분은 디지털 기기를 사용하지 않는 대신, 책을 읽거나 가족과 대화하는 디지털 없는 시간을 만드는 것이다. 이는 단순한 규제가 아니다. 자녀 스스로 시간의 주인이 되어 효율적으로 시간을 활용하는 방법을 배움으로써 디지털 기술과의 소모적 전쟁을 끝낼 기회를 제공하는 것이다.

이 책은 이처럼 우리의 교육 현실에 적용할 수 있는 다양한 해법을 제시한다. 시교육에 기대어 자신의 학습 동기를 잃어버린 아이들, 입시 위주 교육으로 탈진한 아이들, 교육자로서 자존감을 잃은 교사들, 자녀의 학업 성취를 돕고 싶은 부모들 모두에게 이 책은 '참여'라는 교육의 본질을 회복할 열쇠를 제공한다.

역자로서 작은 소망이 있다면 이 책이 학부모와 교사들에게 새로운 배움의 언어를 제공하길 바란다. 성적이 아닌 참여, 결과가 아닌 과정, 지시가 아닌 탐구라는 새로운 패러다임 속에서, 아이들을 어떻게 이해하고, 가르치고, 도와야 하는지 되돌아볼 기회를 제공할 수 있다면 더없는 보람을 느낄 것이다. 이 책이 바로 그 출발점이 되기를 바란다.

2025년 7월
고영태

프롤로그

공부에 무관심한 아이들

　교육 세계에서 시험만큼 중요한 것도 없다. 시험은 아이들이 무엇을 알고 있는지, 얼마나 발전하고 있는지와 더불어 앞으로의 학업 방향을 측정하는 데 활용된다. 학생들의 지식뿐만 아니라 비판적 사고능력과 문제해결 능력을 측정할 수 있는 중요한 시험 가운데 하나가 국제학업성취도평가PISA다. 경제협력개발기구OECD가 주관해 시행하고 3년마다 약 80개 국가에서 만 15세 학생 전원이 응시하는 이 시험은 국가의 교육 시스템이 얼마나 효과적인지 국제적으로 보여주는 일종의 '교육 GDP' 같은 지표가 됐다. 처음에는 수학과 읽기, 과학 능력을 측정했지만, 나중에 창의적 사고력과 글로벌 역량 같은 새로운 영역이 추가됐다. 국제학업성취도평가 자료는 해당 국가의 학생들이 지식, 태도, 역량을 얼마나 잘 개발하고 있는지를 보여준다. 아울러 다른 국가와도 비교해볼 수 있다.*

첫 번째 결과가 공개된 이후 약 15년 동안 국제학업성취도평가 점수는 전반적으로 꾸준하게 유지됐다. 지식 경제는 지식이 풍부한 졸업생이 필요했기에, 국가는 교육제도에 수조 원을 투입했다. 하지만 약 10여년 전에 이상 지표가 눈에 띄기 시작했다. 여러 국가에서 읽기와 과학 점수가 하락한 것이다. 2018년에는 수학 점수도 급

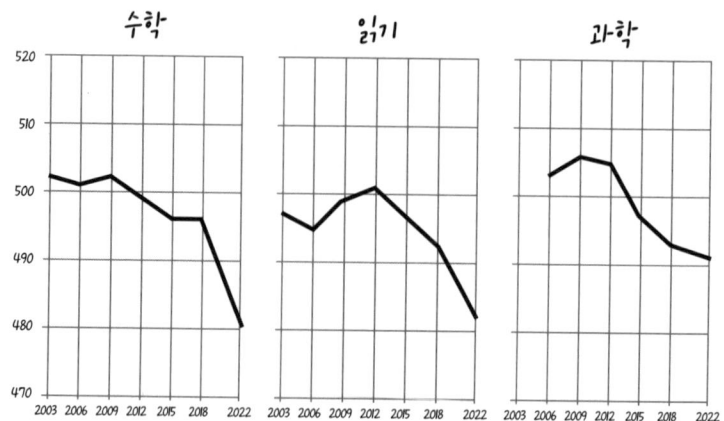

국제학업성취도평가 점수 2003-2022

출처: OECD(2023, 국제학업성취도평가 결과, 학습과 교육 형평성 현황)

★ 2022년에는 2,900만 명의 표본을 대표해 69만 명이 이 시험을 치렀다.

격하게 떨어졌다. 2022년 무렵에는 국제학업성취도평가 관련 기사 가운데 '15세 학생의 학업 성취도 곤두박질'이라는 충격적인 제목도 있었다.

이 같은 점수 하락은 당혹스러운 수준을 넘어 심각하게 우려스럽다. 오늘날 교육이 국가 생산성과 미래의 사회적 응집력을 나타내는 선행 지표라면, 국제학업성취도평가는 미래 세대가 마주할 세상을 시사한다. 교육을 잘 받은 시민은 고용 부문에서 높은 생산성을 보인다. 이들은 지구온난화, 양극화 또는 인공지능 같은 새로운 기술의 부작용처럼 복잡한 문제를 함께 해결할 수 있다. 높은 수준의 교육을 받은 과학자들은 질병을 치료하고 불편을 해소한다. 지식이 풍부한 기업가는 혁신을 일으킨다. 좋은 교육을 받은 엔지니어는 아름답고 견고한 교량을 지을 수 있다. 그런데 세계 모든 10대 청소년의 학업 능력이 떨어진다면 어떻게 모두가 더 건강하고 더 행복하며 더 창의적이고 만족스러운 미래를 기대할 수 있겠는가. 과연 젊은 세대가 학업 침체에 빠진 이유는 무엇일까?

코로나 팬데믹이 상황을 더 악화시켰다는 것은 분명하다. 아이들은 충격적일 정도로 많은 학습 기회를 놓쳤으며 오랜 시간 고립된 상황은 아동 발달에 부정적인 영향을 미쳤다. 특히 소외된 청소년들이 가장 큰 고통을 겪었다. 하지만 자료에 따르면 2020년 3월 훨씬 전부터 학업 성취도는 하락했다. 생활 습관, 친구 관계, 학습 면에서 아이들의 주의력을 빼앗아간다며 모두가 스마트폰 탓을 하지만 대부분이 간과하는 치명적이고 근본적 이유가 있다. 놀라울 만큼 많은 청소년이 더는 학교에서 의미를 찾지 못한다는 것이다. 그 결과 학습 동기를 잃고 학교에 무관심해진다. 미국 인구조사에 따르면 학생 세 명 가운데 한 명만 학교생활에 적극적으로 참여하고 있다. 기술이 이런 문제를 더 악화시키는 것은 맞지만 근본적인 이유는 아니다. 아이들은 전쟁, 사회적 불평등, 기후 변화, 허위 정보가 만연한 시대에 오히려 마음을 위로하는 기술을 지켜보면서 피타고라스 정리를 배우는 이유에는 의문을 품는다. 이것은 세계적인 문제다.

학교에 불만이 가득한 10대 청소년의 모습은 새삼스러운 일이 아니다. 하지만 학교와 현실 사이의 거리는 심연처럼 크게 벌어졌다. 10대의 평범한 하루가 어떤 느낌일지 직장을 떠올리며 잠시 상상해보라. 오전 9시에 출근해 자리에 앉아 서류철을 꺼내 일을 시작한다. 45분 후 종이 울리면 서류를 챙겨서 옆 사무실로 간다. 거기서 또 새로운 서류철을 꺼내 다른 프로젝트를 시작한다. 하루에 이런 과정을 대여섯 차례 반복한다. 어떤 프로젝트는 컴퓨터를 사용할 수 있지만 대체로 기억과 연필에만 의존해야 한다. 하루가 끝나면 어떤 느낌일까? 당신은 이런 직장 생활에 어떤 느낌이 드는가?

부모들은 뭔가 잘못됐다는 사실을 알지만 괜찮다는 대답만 반복하는 아이의 상황에 둔감해지면서 위기를 위기로 인식하지 못한다. 배움과 성장을 갈망하는 많은 청소년이 학교를 무관심과 스트레스와 연관시킨다. '감옥(그들의 표현에 따르면)'처럼 느껴지는 건물에 갇힌 학생들은 경쟁에 대한 압박과 부족한 학습 동기라는 이상한 조합으로 스트레스가 쌓여간다. 학생들은 일상 전반의 무의미함을 부추기는 좌절감을 느낀다. 이것은 아이들의 정신건강에 치명적이고, 지식인이 필요한 국가에도 부정적 영향을 미친다. 자녀를 양육해야 하는 가정도 마찬가지다.

그 어느 때보다 지금 아이들에게 필요한 것은 학습 능력 향상이다. 지금 우리는 인공지능이 놀라운 속도로 발전하고 변화하는 현실을 체감하고 있다. 이제는 불확실성이 새로운 기준이 됐다. 앞으로 직업과 사회에 어떤 변화가 일어날지 정확하게 아는 사람은 없다. 이런 환경에서 우리 아이들을 보호하고 변화무쌍한 미래에 대비하게 하는 가장 좋은 방법은 무엇일까? 영국 인공지능 전문가 로즈 러킨 교수는 "아이들의 학습 능력을 향상하는 것"이 가장 중요하다고 경고한다. 급격한 변화에서 아이들을 보호하고 자신감을 심어줄 수 있는 유일한 방법은 배우고 적응하는 능력을 길러주는 것이다. 회복탄력성이 있는 학습자는 유연하게 습득할 수 있다. 그러나 학습 몰입이 절실한 이 시기에 아이들은 오히려 정반대로 행동하고 있다. 너무나 많은 청소년이 불굴의 자신감을 가져야 할 때 오히려 무력감과 절망감에 빠져 있다.

교육에서 소외당하고 싶은 아이는 없다. 그래서 공부가 너무 쉽거나 어려워서 제대로 해내지 못하거나 정신건강 문제 등으로 어려움을 겪을 때, 주변 사람들과 가치관이 비슷하지 않다는 이유로 아이들은 자신만의 방식으로 대응한다. 즉, 배움에 관심이 없어진다. 학습에 대한 무관심이 정체성으로 변할 때 아이들의 잠재력과 기회가 된길된다. 이이들은 교괴 괴목괴 기술뿐만 아니라 자신과 타인에 관한 배움의 기회를 완전히 놓쳐버린다. 많은 학생이 원하지 않는 경기에서 패배하여 분노, 슬픔, 불안을 느낀다. 반면 승리한 학생들은 이기고 있으면서도 끝없이 계속되는 냉혹한 경기에 지쳐간다.

이런 상황에 직면한 많은 부모가 무력감을 느끼는 것은 당연할 수밖에 없다. 그러나 부모는 교실에 있지 않더라도 자녀의 친구 문제를 도와주고 직업을 찾도록 도와주는 것처럼 학습 방면에서도 충분히 지도할 수 있다. 이러한 지도법은 많은 연구를 통해 밝혀졌지만, 난해한 학술 서적이나 복잡한 신경과학 논문 속에 숨어 있는 탓에 일반인들의 접근이 어려운 것이 사실이다. 우리는 이러한 정보를 대중화하고자 지난 3년 동안 많은 연구 서적과 논문의 핵심을 정리했다.

좋은 학습에 관한 원리와 실천은 **참여***라고 한다. 그리고 참여는 교육에서 가장 잘 알려지지 않은 비밀 가운데 하나다.

참여는 단순한 투지나 의지력이 아니라 세계에 관한 깊고 진정한 관심을 촉발하는 감정, 사고, 행동 간의 복잡한 상호작용이다. 아이들은 관심을 가지고 참여할 때 지치지 않고 활력을 얻으며 능동적 학습자가 된다. 질문을 던지고 도움을 요청하며 관심사를 이야기하고 자신의 목표(동영상을 제작하든 역사극의 각본을 쓰는 것이든)를 설정하는 방법을 배운다. 자신이 학습 면에서 앞서거나 뒤처진다는 사실을 알면 무엇인가를 하려고 한다. 아이들은 도전을 성장의 기회로 간주하며 복잡성과 불확실성을 학습 과정의 자연스러운 부분으로 받아들이면서 회복탄력성을 키운다. 공부는 어렵지만 그 보상을 알기에 장애물에도 굴하지 않고 끈질기게 노력한다. 아이들은 이해력을 높이고 지식을 실생활에 창의적 방식으로 연결하기 위해 다양한 자원과 방법을 찾아낸다. 호기심이 많은 아이의 끊임없는 질문은 귀찮을 수도 있다. 하지만 이런 질문은 아이들이 장기적인 성공을 준비할 수 있도록 두뇌의 발달 신경망을 연결하는 데 도움이 된다.

참여도가 높은 학생들은 자기 인식과 내재적 동기 등이 남다르다. 이들은 외적인 기대에 부응하는 것은 물론, 내적 목표를 설정하고 이를 성취하는 경험에서 얻은 자신감을 가지고 세상을 살아간

★ engagement, 국내 학술지 등에서 일반적으로 참여라고 통용되는 용어이기에 이 책에서도 동일하게 적용했다. 또 문맥에 따라 몰입, 학습 참여, 참여도 등 적절한 표현을 혼용했다-옮긴이

다. 그들은 언제 깊이 파고들고 언제 일을 끝내야 하는지 안다. 그 결과 성취감도 높고 행복하다고 느낀다.

이것이 신화 속 이상향처럼 들릴 수도 있지만 그렇지 않다. 광범위한 연구 결과가 학생의 참여도를 높이면 다음과 같은 이점들이 있다는 사실을 알려준다. 좋은 성적을 비롯해, 높은 학업 성취도, 높은 시험 점수, 학업에 대한 높은 열망, 높은 학교 적응률, 높은 삶의 만족도, 사회 친화적 행동 증가, 우울증 감소, 자살 충동과 행동 감소, 약물 남용 감소, 범죄와 문제 행동 감소까지. 이는 과장되거나 꾸며낸 것이 아니다. 다시 말해 참여도가 높은 아이들은 더 잘 배우고 더 나은 성과를 내며 더 긍정적인 감정을 느끼면서 더 나은 삶을 살아간다.

하지만 학부모와 교사 모임, 학교이사회 또는 전국교육지도자회의에서도 참여는 거의 다루어지지 않는다. 참여는 골치 아픈 문제이자 부모, 교사, 친구, 학교문화, 행동 규범 등 다양한 요소의 영향을 받는다. 학습에 대한 무관심을 보여주는 신호들은 놓치기 쉽고, 보이지 않는 문제는 해결하기 어렵다.

우리가 독자들에게 제시하는 것은 모호하고 이해하기 어려운 개념을 가시적이고 실천할 수 있도록 안내하는 틀이다. 우리는 부모가 학교 안팎에서 자녀의 학습 유형을 이해하고 도와줄 수 있도록 일종의 지도를 제공한다. 1부에서는 수동형passenger, 목표지향형

achiever, 회피형resister, 몰입형explorer이라는 네 가지 유형에 관해 설명할 것이다. 이것은 아이들을 특정 범주로 분류하려고 만든 진단용 분류가 아니라 아이들이 처한 환경에 따라 옮겨 다닐 수 있는, 역동적인 학습자 유형을 말한다.

일단 네 가지 유형의 개념을 이해하는 것이 중요하다.

수동형은 설렁설렁 학교에 다니면서 최소한의 공부만으로도 아주 가끔 좋은 성적을 내기도 한다. 그러나 결코 학습에 온전히 참여하거나 몰입하지 못한다. 학교에서 배우는 것에 관심이 없고 학교와 직장에 필요한 학습 습관을 기르지 못할 위험에 치해 있다. 많은 아이가 수동적인 자세로 오랜 시간을 보낸다. 우리의 연구에 따르면 중고등학생 가운데 절반가량이 수동형으로 생활하는 것으로 나타났다. 교단에서 유명한 한 교장은 이런 학생들을 교실에서 보이지 않는 '중간층'이라고 불렀다. 문제를 일으키거나 강한 성취욕을 가진 학생들 사이에 자리하기 때문이다.

목표지향형은 참여 면에서는 정상에 있는 것처럼 보인다. 이들은 동기가 확실하고, 학교에 잘 적응하면서 시험에서 최고 점수를 받고, 몇 시간 동안 책상 앞에 앉아 공부하는 데 엄청난 에너지를 쏟아붓는다. 교사는 목표지향형 학생을 가장 선호하며 이들을 격려한다. 하지만 이들은 무너지기 쉽다. 이들에게 성취는 오로지 성적을 의미한다. 목적지에 집중하다 보면 그 여정 속에서 정작 자신에게 중요한 것들을 찾아낼 시간은 없어진다. 끊임없는 칭찬에 익숙한 이들은 위험을 회피하는 성향이 있다. 실패할 수도 있는데 굳이 무리하게 시도할 이유가 있을까?

회피형은 자신이 지닌 힘을 이용해 부모와 선생님들에게 학교가 자신에게 적합하지 않다는 사실을 알린다. 이들은 학습을 회피하거나 방해하고 숙제를 거부하며 수업을 빼먹거나 학교에 가지 않는다. 이런 신호들은 일반적으로 눈에 띌 정도로 명확하지만, 종종 이해하기 어려운 자신감 부족을 숨기는 도구가 되고 이를 극복하려면 노력이 필요하다.

몰입형은 네 가지 유형 가운데 실질적인 정점에 있다. 몰입형 아이들은 회복탄력성이 있고 성공에 도움이 되는 능력을 키운다. 이들은 목표를 달성하고 새로운 것을 시도하거나 그 과정에서 장애물에 걸려 넘어져도 좌절하지 않는다. 기존의 틀에서 벗어나 사고할 수 있을 정도로 자신감이 있고 학교나 스포츠 경기장에서 문제를 해결하기 위해 자신만의 아이디어를 적극적으로 제안하며 창의성을 발휘한다. 몰입형 아이들은 학습에 몰입하고 적극적으로 참여하며 힘들게 노력하는 과정에서 의미를 찾는다.

창조적 사고는 자신의 생각이나 감정에 지나치게 몰입하는 행동이나 장시간의 방황이 아니다. 유아들이 하는 발달적으로 중요한 탐구 활동, 즉 목적이 없고 즐겁기만 한 활동도 아니다. 학교에서 학업적 성취를 대신하는 것도 아니다. 선생님이 자기 주도적 학습을 장려하거나 아이들이 학습에 적극적으로 참여하는 교실에서 몰입형 학생은 오히려 성적이 더 높다. 학습에 깊이 몰입하고 정신적 에너지의 많은 부분을 어떻게 사용할 것인지 결정하는 능력은 꼭 필요한 것이다. 이는 아이들이 의미 있는 삶을 위해 치러야 하는 대가다. 학습에 깊이 참여하는 능력은 모든 아이에게 필요하지만, 최소한의 교육 자원만 제공하는 학교 재정 정책 때문에 교육과 사회의 주변부로 밀려난 학생들에게는 특히 중요하다. 사회학자 아닌디아 쿤두의 연구에 따르면 학습에 깊이 참여하는 능력은 아이들이 학교뿐만 아니라 인생에서 성공할 수 있도록 도와주는 중요한 요인이다.

부모들이 직면한 문제는 아이들 대부분이 학교에서 창의력을 발휘할 기회를 얻지 못한다는 것이다. 우리 연구에 따르면 초등학생부터 고등학생 가운데 10퍼센트 미만의 학생만이 학교에서 몰입형으로 학습하는 것으로 나타났다. 실제로 많은 학교가 탐구 중심의 학습을 억누르고 있다. 아이들이 어려운 생활환경과의 균형을 위해 참여를 절실히 필요로 하는 경우에는 특히 더 그렇다. 아이들이 학교에서 인정과 존중, 도움을 받지 못한다고 느끼는 홈스쿨링과 소규모 사설 교육기관 같은 대안을 찾는다. 코로나 팬데믹 이후로는 더 많은 가정이 공교육 시스템을 떠나고 있다.

당신은 부모로서 영향력이 작다고 생각할 수도 있다. 정확히 말하면 10대 자녀들은 부모의 조언을 기다리지 않는다고. 학습의 대부분이 교실, 동아리 그리고 운동장에서 이루어지기 때문이라고 생각하는가? 그렇지 않다. 연구에 따르면 부모는 막대한 영향력을 미치고 있다. 심지어 고등학교에서도 교사만큼 중요한 영향력을 발휘한다. 평균적으로 모든 OECD 국가에서, 부모가 일주일에 여러 번 학교에서 그날 무엇을 했는지 물어보는 학생들은 사회경제적 배경에 따른 편차를 고려해도 수학 점수가 16점이나 높았다. 실제로 부모는 자녀가 학습에 적극적으로 참여하도록 지도하는 이상적인 위치에 있다. 학교가 아이들이 몰입형의 학습 능력을 키우는 유일한 장소가 아니기 때문이다. 이 책에서 설명하는 것처럼 학생의 학습 동기는 어디에서나 유발될 수 있다. 부모의 역할은 이런 동기의 원천을 발견하는 방법을 찾아내 주의 깊게 살펴보고 또 지원하면서 자녀의 미래 모습을 이와 연결해주는 것이다.

부모가 무엇을 믿고 무슨 말을 하는지 혹은 하지 않는지, 어떤 행동을 하는지는 매우 중요하다. 문제는 아이들이 학습 과정에 능동적으로 참여하려면 당신의 조언을 열린 자세로 받아들여야 한다는 것이다. 이 책은 그 방법을 다루고 있다. 2부 참여 수단에서는 세계 최고의 교사, 심리학자, 상담사, 치료 전문가, 교장, 학자는 물론 학생과 부모에게 얻은 통찰로 자녀가 다양한 학습자 유형을 탐색하고 탐구자로서 더 많은 기회를 경험하도록 도와줄 전략을 제시한다. 이는 수동형의 아이들은 기어를 중립에서 주행으로 바꾸도록 돕고, 목표지향형 학생들의 엔진이 과열되지 않도록 보호하며, 회피형 아이들은 후진 기어에서 벗어나 학습을 향해 전진하도록 돕는다는 의미다. 우리는 몰입형의 학생들이 얼마나 용감하게 불확실성에 맞서는지, 실패를 경험할 때 얼마나 잘 극복하는지 보여줄 것이다. 이 책은 철학적 내용을 다루기도 하지만 대부분은 실용적 접근법을 취한다. 일을 미루는 습관을 고치고 스트레스를 관리하며 완벽주의 대신 탁월함을 추구하고, 아이들이 금요일까지 어떤 일을 끝내야 하는지는 물론 장래에 어떤 사람이 되고 싶은지에도 집중할 수 있도록 돕고자 한다.

＊ ＊ ＊

우리는 수많은 연구 데이터를 분석해 학습자로서 자녀를 이해하는 데 도움이 되는 간단하지만 강력한 분석 틀을 만들었다. 학습에는 용기가 필요하다. 우리는 자녀들이 그런 용기를 내도록 돕는 방법을 알려주고자 한다.

우리는 3년 전에 연구를 시작하면서 무엇이 아이들의 학습에 도움이 되는지에 관해 우리가 읽을 수 있는 모든 자료를 읽었다. 우리의 연구는 모든 곳에서 해결책을 찾았다. 훌륭한 교사가 있는 교실, 영감을 주는 지도자가 있는 학교, 심리학, 사회학, 신경과학, 학습 과학, 부모 역할 연구, 심지어 철학에서도 답을 찾아냈다.

우리는 리베카와 브루킹스 연구소팀이 가족 참여 글로벌 네트워크와 함께 미국을 포함한 9개국, 2만 5,000명 이상의 부모와 6,000명의 교사를 상대로 실시한 설문 조사 자료를 분석했다. 2024년에는 비영리 교육단체 트랜센드Transcend와 협력해 전국적인 설문 조사를 두 차례 실시했다. 한 번은 학생, 다른 한 번은 부모를 대상으로 한 조사였다. 브루킹스-트랜센드 조사는 초중고 학생들을 대상으로 학교에서 어떤 경험을 하는지, 학습 참여에 관해 어떤 기회가 주어지는지 깊이 있게 조사했다. 그리고 그 결과를 학부모가 생각하는 자녀의 학교생활과 비교했다. 학부모는 학교의 현실을 전혀 모르고 있었고 아이들은 많은 문제에 직면해 있었다.

우리는 긴 시간, 오늘날 학교의 현실을 알려줄 수 있는 가장 적합한 대상인 청소년들과 직접 대화했다. 작은 마을과 대도시의 아이들, 부유한 가정과 빈곤한 가정의 아이들까지 가능한 다양한 배경을 가진 100여 명의 학생과 이야기를 나누었다. 무엇이 학교에서 공부하고 싶게 하고, 무엇이 마음의 문을 닫게 하는지 물었다. 학교뿐만 아니라 졸업 후의 희망과 꿈에 대해서도 물었다. 부모가 조력자로서의 역할을 했는지도 질문했다.

도덕적 우월감으로 조언하려는 것이 아니다. 우리 역시 이 책에서 다루는 많은 문제를 직접 경험했다. 제니에게는 재기발랄하고 학업 성적도 뛰어나며 자기주장이 강하지만, 만성소화장애증과 ADHD를 앓고 있는 딸이 있다.

리베카는 세계적으로 유명한 교육 전문가였지만 그녀의 아들은 난독증과 ADHD로 학업에 어려움을 겪고 있다.

자녀 양육은 어려운 일이다. 사춘기 자녀를 키우는 일은 훨씬 더 힘들다. 우리도 독자들과 똑같은 어려움을 겪으며 매일 실수한다. 인정하고 지지해야 할 때 소리를 지르고 비판한다. 더 깊이 파고들어야 할 때 대충 처리하고 지나간다. 우리가 다른 사람보다 운이 좋다는 사실도 안다. 우리는 생계를 걱정하지 않아도 되고 아이들이 거리를 걸어갈 때 인종적으로 차별당할 가능성이 거의 없다는 것도 알고 있다.

우리 연구는 어려움을 겪는 아이들이 많다는 사실을 밝혀냈지만 동시에 매우 성공적인 사례도 담아냈다. 적절한 도움을 받으면 가망이 없을 정도로 공부에 흥미를 잃었거나 반항적이거나 의기소침하던 아이들도 다시 학습에 몰두하게 됐고 성공하기 시작했다. 부모, 교사, 다른 어른 또는 친구의 도움을 받아 공부에 흥미를 되찾은 아이들의 이야기도 소개할 것이다. 모든 아이는 배움을 갈망한다. 성공할 가능성이 없는 아이는 없다. 부모는 학습에 대한 갈망을 채워주고 자녀의 잠재력을 끌어낼 수 있는 막강한 영향력을 발휘할 수 있는 위치에 있다.

　이 책은 부모, 할아버지, 할머니, 이모, 삼촌, 아이들을 돌보는 모든 사람을 위한 것이다. 모든 청소년이 저마다 다르고, 환경에 민감한 게 사실이지만, 아이들이 각각의 유형으로 행동하는 데는 일정한 패턴이 있다. 우리가 제안하는 방법들은 실행 가능한 전략과 약간의 사고방식 변화가 포함돼 있다. 차 아이나 식탁처럼 일상생활에서 이를 활용할 수 있다. 신경과학적 관점에서, 숙제를 두고 잔소리하는 것은 왜 학습을 방해하고, 어려운 문제를 해결하려는 의지는 왜 도움이 되는지 알아볼 것이다. 또 부모가 (더 많은 통제력을 얻기 위해) 어떻게 자신의 영향력을 줄여야 하는지, 소속감에 대한 불확실성이 왜 학습을 어렵게 만드는지에 대해서도 설명할 것이다.

　교사들도 이 책을 활용할 수 있기를 바란다. 교사는 학습의 최전선에 있고 각각의 아이 안에 있는 즐거움을 창의적으로 끌어내는 방법과 영감의 순간을 찾기 위해 노력한다. 그러면서도 눈에 보이지 않는 다양한 제약 속에 갇혀 있다. 각종 시험에 대한 준비를 요구하는 교육 시스템, 엄격한 성적 평가 기준, 아이들에게 맞지 않는 교육 시스템 안에서 자녀들에게 훌륭한 성과를 내라고 요구하는 부모들 사이에 끼어 있다. 교사들은 매일 학생들과 대면하며 교육 시스템이 얼마나 허술한지 잘 알고 있다. 교사 대부분은 아이들이 학습에 깊이 몰입할 수 있도록 돕고 싶어 한다. 진부하게 들릴 수도 있지만 이 과정에서 부모와의 협력이 가장 중요하다. 부모, 교사, 학생이 서로를 신뢰할 때 많은 긍정적 결과는 물론 더 좋은 성과를 낼 가능성이 열 배나 높아진다.

　마지막 장에서 우리는 학습을 향한 애정을 키우는 것이 의미 있는 삶을 만들어가는 데 가장 필수적이라는 점을 설명하려고 한다. 청소년기는 의미를 찾고 정체성을 형성하는 중요한 여정이다. 독특한 기회의 창이자 취약한 때다. 그래서 청소년들이 학습자로서 자기 자신을 어떻게 생각하느냐가 중요하다. 이 과정에서 부모는 성장, 유연성 그리고 가능성에 관한 이야기를 들려주며 모범이 될 수 있는 존재다. 자신이 누구고 어떤 사람이 되고 싶은지 이해하는 데 도움을 줄 수 있다. 성적과 성취는 이 과정의 일부다. 더 나은 학습자가 된다는 것은 중요하게 생각하는 목표를 향해 더욱 빠르게 나아간다는 것이다.

　우리는 여러분들의 자녀가 무기력에서 성공으로, 학습에 무관심하고 지친 상태에서 스스로 학습을 주도할 수 있기를 바란다. 이는 충만하고 의미 있는 삶의 가장 중요한 요소 가운데 하나로, 여러분들이 그것을 도울 수 있도록 언어, 지식, 전략을 전할 것이다. 성장하는 학습자의 자질을 보여주려는 부모의 의지는 자녀의 학습 능률에 직접적으로 영향을 미친다. 부모는 안전지대 밖에서 질문하며 새로운 지식을 추구하기 위해 자녀와 함께 도전해야 한다. 또 자신이 모든 답을 알지 못한다는 사실을 받아들이고 언젠가 자녀들이 갖추기를 바라는 회복탄력성과 적응력의 본보기가 되어야 한다. 학습은 성공적인 삶을 살아가기 위해, 어지러운 세상을 헤쳐나가고 더 나은 세상을 만들 수 있다는 희망을 키우는 데도 꼭 필요하다. 요즘 같은 시대에 이 정도 희망을 품고 싶지 않은 사람이 있을까?

차례

이 책에 쏟아진 찬사   4
역자 서문   6
프롤로그   13

1부
공부하는 아이의 네 가지 유형

1. **참여의 힘**   36
   아이의 열정 깨우기

2. 무한의 가능성 **수동형**   66
   조용히 포기하는 아이

3. 현실에 필요한 최고 능력 **목표지향형**   98
   완벽해지려다 무너지는 아이

4. 문제아라는 착각 **회피형**   134
   도와달라고 외치는 아이

5. 주도적 학습의 정점 **몰입형**   156
   행복하게 배우는 아이

2부

공부할 마음을 끌어올리는 방법

6. **학습 유형 살펴보기**   188
   건설적 대화를 시작해야 할 때

7. **열정의 불꽃 찾기**   205
   수동형의 경우

8. **균형 있는 목표 세우기**   244
   목표지향형의 경우

9. **도피에서 도피하기**   272
   회피형의 경우

10. **진정한 배움의 의미 찾기**   307
    성공적인 평생 학습의 길

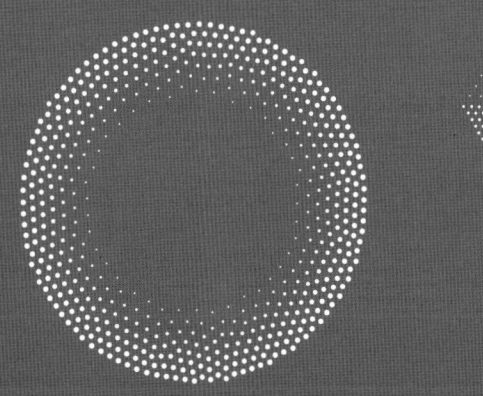

1부

공부하는 아이의 네 가지 유형

1
참여의 힘
아이의 열정 깨우기

키아는 유치원에서 가장 똑똑한 아이였다. 숙제를 내주자마자 그 자리에서 모두 끝내 집에 가져올 필요가 없었다. 쉬는 시간에는 《퍼시 잭슨》 시리즈의 모든 책을 빠르게 훑어보았고 기타를 배우기 전에 색소폰과 피아노를 연주했다. 아빠의 제안으로 잭 블랙의 〈트리뷰트Tribute〉* 같은 노래들을 스스로 배웠다. 키아가 사는 시골 마을은 인구가 400명도 안 되는 작고 조용한 마을이었지만 키아는 늘 바빴다. 저녁 시간은 책을 읽거나 악기를 연주하거나 음악을 들으면서 아빠와 함께 보내곤 했다.

★ 가수 겸 배우인 잭 블랙과 카일 개스로 구성된 코미디 록 듀오 티네이셔스 디의 대표곡-옮긴이

하지만 5학년 때 숙제가 많아지자 키아는 학습에 대한 흥미를 잃기 시작했다. 단순히 숙제가 더 어려워져서라는 문제는 아니었다. 교과 과정이 획일적이고 틀에 맞춰져 있어 상상력을 자극하지 못하거나 독서, 미술, 노래 부르기 그리고 음악 연주를 향한 키아의 열정과 관련 없는 경우가 많았기 때문이다.

12살이 됐을 때 키아는 아빠와 마찬가지로 ADHD 진단을 받았다. ADHD 진단이 키아가 학교에서 겪는 어려움을 이해하는 데는 도움이 됐지만 더 많은 학습 동기를 부여하지는 못했다. 키아는 13살 때 스마트폰을 갖게 됐고, 숙제보다는 무언가에 사로잡힌 듯 스마트폰 화면을 보면서 훨씬 더 많은 시간을 보냈다. 동영상을 보면서 방에서 시간을 보냈고 소셜미디어에 집착했다. 집 밖으로 나가는 시간이 점점 줄었고 사람들과 이야기도 하지 않았다. 독서와 산책, 다른 모든 취미 활동도 포기했다. 코로나 팬데믹으로 집에서 공부해야 했을 때도 상황은 나아지지 않았다. 학교는 온라인 학습 환경을 잘 갖추었지만, 그녀는 다른 학생들과 마찬가지로 아무것도 하지 않았다. 키아는 2020년에 중학교 과정에서 낙제할 뻔했지만 모든 학생이 통과했다는 이유로 낙제를 면했다.

학교는 키아가 어려움을 겪고 있다는 사실을 알고 있었다. 당시 키아를 가르쳤던 톰 클라프 교사는 '우리가 이 아이를 잃고 있구나. 키아는 아무것도 하고 싶어 하지 않고, 숙제도 안 하고 수업에도 관심이 없구나' 하는 인상을 받았다고 한다. 키아는 교직원과 선생님들 사이에서 독서와 글쓰기에 재능이 있으며 대화를 잘하고 표현력이 좋은 착한 아이로 알려졌다. 하지만 키아와 가까운 사람들은 학교 교육 방식이 키아에게 적합하지 않다는 사실을 분명하게 알 수 있었다. 선생님들이 무엇을 필기해야 하는지 알려주어도 키아는 들은 척도 하지 않았다.

키아는 아무런 노력도 하지 않는 것이 싫었다. 무엇인가를 포기하기 시작하자 수치심과 죄책감까지 느꼈다. 다른 사람들은 일을 쉽게 끝내는 것처럼 보이는데 자신은 그렇지 못해서 화가 났고 스스로를 바보 같다고 느꼈다. 키아가 가장 걱정했던 사람은 아빠였다. 키아의 아빠 리는 대학을 중퇴하고 20년 동안 지역 곡물 가공 공장에서 일했다. 그리고 지금은 관리자가 됐다. 리는 키아가 자신보다 더 좋은 선택의 기회를 가질 수 있도록 학교에서 공부를 잘해야 한다고 다그쳤다. 리는 키아에게 지식을 전해주는 것이 자신의 사랑을 표현하는 방식이라고 말한 적이 있다. 키아가 공부를 포기했을 때 아빠는 친밀한 관계를 유지하면서 계속 질문을 해보라고 딸을 격려했다. 키아와 아빠는 몇 시간씩 이야기했다. 키아에게 아빠는 자신이 만난 사람 가운데 가장 똑똑한 사람이었고, 그런 아빠에게 실망을 안기고 싶지 않았다.

키아가 고등학생이 되었을 때, 한 교사는 키아가 학교 교육 무용론에 관해 확고한 의견을 가지고 있다는 사실을 알게 됐다. 그래서 키아에게 노스다코타주 파고에서 열리는 교육위원회에 학생 자문단으로 참여해보라고 제안했다.

파고로 떠난 자문단은 교육위원회에서 발표할 기회가 있었다. 대중 앞에서 말하는 연습은 부족했지만 키아는 하고 싶은 말이 너무 많았다. 키아와 다른 학생들은 위원회에 참석해 질문에 답하고 있었기 때문에 제대로 준비할 수도 없었다. 처음에 키아는 "미래에 관해 무엇을 걱정하고 있나요?" "학교 교육을 개선하기 위해 어떤 변화가 필요한가요?"와 같은 위원회의 질문에 최대한 공식적 답변처럼 들리게 하려고 노력했다("길고 복잡한 문장은 실제로 아무런 의미가 없어요"). 하지만 갑자기 똑똑하게 보이려 애쓰지 말고 자신의 메시지를 전하는 일에 집중해야 한다는 생각이 들었다. 키아는 분명하고 확실하게 의사를 표현해야만 했다.

마지막으로 위원회가 하고 싶은 말이 더 있느냐고 물었을 때 키아는 자신에게 기회가 왔다고 생각했다. 키아는 아이들이 학교가 무의미하다고 느낀다고 말했다. 아이들은 기후 변화, 불완전 고용, 정신건강과 같은 학교 밖의 현실적 문제에 관해 배우지 않고 책상에 앉아서 한정된 지식만 배우고 있다고 증언했다. 아이들에게 학습을 강요할 것이 아니라, 아이들이 진심으로 학습에 흥미와 열정을 가지는 것이 가장 중요하다고 말했다.

키아는 소신껏 의견을 말하고 나서 안도했다. 해야 할 말을 다 했기 때문이다. 위원회는 키아의 말에 귀를 기울였고 키아는 자신에게 힘이 있다는 것을 느꼈다.

위원회에서 키아는 수많은 다른 학생을 대변했다. 2021년 키아가 재학 중인 학교가 실시한 설문 조사에 따르면 학교가 의미 있는 곳이라고 답한 학생은 전체의 34퍼센트밖에 되지 않았다. 이는 미국 평균과 비슷한 수준이다. 키아는 교육위원회 활동을 마친 후 다음과 같이 말했다. "우리는 솔직한 질문을 던지거든요. '우리는 누구일까?' '우리의 목적은 무엇일까?' 그런데 질문에 대한 답 대신 또 다른 문제가 주어졌습니다. 우리는 열정을 발견하고 자신을 찾을 기회를 원합니다."

학교가 아이들의 정신건강에 미치는 영향

역사상 안정적인 10대는 없었다. 질풍노도의 시기가 아니던가. 하지만 요즘 청소년들이 느끼는 불행의 수준은 연구, 뉴스, 가정 등 모든 곳에서 비정상적일 정도로 높다. 2011년부터 2021년까지 고등학생의 우울증 비율은 40퍼센트 이상 급증했다. 우울증을 겪는 고등학생 가운데 매우 많은 학생이 자살 위험에 놓여 있다. 2021년에는 22퍼센트의 학생들이 자살을 진지하게 고민했다고 답했다. 18퍼센트는 자살 계획을 세웠고 10퍼센트는 자살을 시도한 적이 있었다. 이 가운데 성소수자 청소년은 자살 계획을 세울 가능성이 두 배 이상 높았다. 2007년에서 2017년 사이 자살률은 56퍼센트 넘게 증가했다. 미국에서 청소년의 정신건강 문제는 매우 심각하다. 2021년 12월에 미국 공중위생국장은 청소년의 정신건강 문제를 "우리 시대를 정의하는 공중 보건 위기"라며 주의를 권고했고 이를 국가 수준의 관심사로 격상시켰다. 청소년들은 그 어느 때보다 특히 더 외롭다. 이것은 역사상 매우 이례적인 현상이다. 청수년들은 함께 모여 있어야 할 유일한 장소인 학교조차 기피하고 있다. 2022년부터 2023년 동안 미국 학령기 아동의 4분의 1 이상이 학교 수업 일수의 10퍼센트 이상 결석한 것으로 나타났다.

이런 현상의 잠재적 원인에 대해서는 많은 심층적인 연구들이 있다. 코로나 팬데믹에 의한 고립과 불안감, 소셜미디어와 스마트폰과 같은 문제에 더해 가속화된 소득불평등 역시 원인으로 꼽힌다.

하지만 가장 근원적이고 만연한 원인은 학생들이 학교에서 하는 활동을 좋아하지 않는다는 것이다. 초등학생의 75퍼센트 이상은 학교생활에 흥미를 느낀다. 하지만 고등학생의 65퍼센트 이상은 학교생활에 관심이 없다. 가장 큰 문제는 학생들이 이런 상황에 관해 할 수 있는 것이 아무것도 없다고 생각하며 무력감과 절망감을 느낀다는 점이다. 학교에서, 지역사회에서 그리고 친구들과 함께 세상에 도움이 되고 영향을 미치고 싶어 하지만 그럴 수가 없다. 대신 거의 매일 교실을 옮겨 다니면서 책상에 앉아 수동적으로 선생님의 말씀을 듣고 있다. 일부 학생들은 모든 일을 놀라울 정도로 잘하고 최고의 대학에 입학하기 위한 경주에서 이기려고 노력하느라 너무 바쁘다. 그래서 정작 자신이 어떤 경주에 참가하고 싶은지 생각할 겨를이 없다. 다른 학생들은 이런 경주가 어리석다고 생각해 참가조차 하지 않는다. 부모들은 어깨를 으쓱거리며 공감할지도 모르지만 할 수 있는 일이 많지 않다고 생각한다. 요즘 고등학교 졸업장은 필수다. 고등학교는 그냥 고등학교일 뿐, 참고 견디면 그만이다.

하지만 그냥 버티라는 말은 더 이상 효과가 없다. 팬데믹은 아이들이 공부를 잘하려면 정신적으로 건강해야 한다는 명백한 사실을 포함해 많은 것을 우리에게 가르쳐주었다. 불안하고 우울한 아이들은 수학을 배우는 데 어려움을 겪는다. 하지만 30년 이상에 걸친 학습에 관한 과학적 연구, 장기적인 역학조사 연구, 교실 경험 그리고 일반적 상식에 따르면 그 반대 또한 사실이다. 즉, 아이들이 잘 배우면 정신적으로도 건강해진다는 것이다.

참여는 제대로 잘 배운다는 것이다. 감정, 사고, 행동은 힘들거나 포기하고 싶을 때 아이들이 더 노력할 것인지 아닌지를 결정하는 과정에 서로 맞물려 영향을 미친다. 무엇인가를 이해할 것인지 포기할 것인지, 관심이 있는 것을 얻기 위해 도움을 요청하고 필요한 방법을 동원할지 아니면 주어진 것에 수동적으로 순응할지를 결정하는 일에도 함께 영향을 미친다. 아이들이 학습에 무관심해지면 중학생 키아처럼 방황한다. 동기를 잃거나 고립되어 학교에 무관심해지고 스마트폰에 빠지거나 절망 속에서 반항한다. 아이들은 그러고 싶지 않다. 키아처럼 의미 있다고 생각하는 것을 배우고 싶은 열망이 있다. 하지만 학습에 대한 무관심은 아이들을 질식시키고 정신건강을 갉아먹는다.

그렇지만 좋은 소식도 있다. 적절한 도움을 받으면 모든 아이가 학습에 몰입할 수 있다는 것이다. 이는 복잡하지 않지만 약간의 과학적 이해가 필요하다. 참여의 개념을 이해하면 코치가 운동선수를 관찰하고 이해하는 것과 똑같은 방식으로 자녀의 학습을 이해할 수 있을 것이다. 코치는 선수의 체력 상태를 점검하고 야심 차지만 현실적인 목표를 설정하며, 더 강해지기 위한 전략을 개발하고, 실력 향상을 위한 지원팀을 구성한다. 이런 방식을 따라 하고 참여를 이해하면 아이들은 더 좋은 성과를 내고 더 긍정적인 감정을 느낀다.

안타깝게도 부모들은 아이들이 학습에 얼마나 무관심한지를 심각하게 과소평가하고 있다. 무관심하거나 스트레스를 받는다는 사실을 알지만 그것이 정상이라고 생각한다. 우리 연구에 따르면 학교에 대한 아이들의 호감도는 초등학교 고학년(3학년) 이후 크게

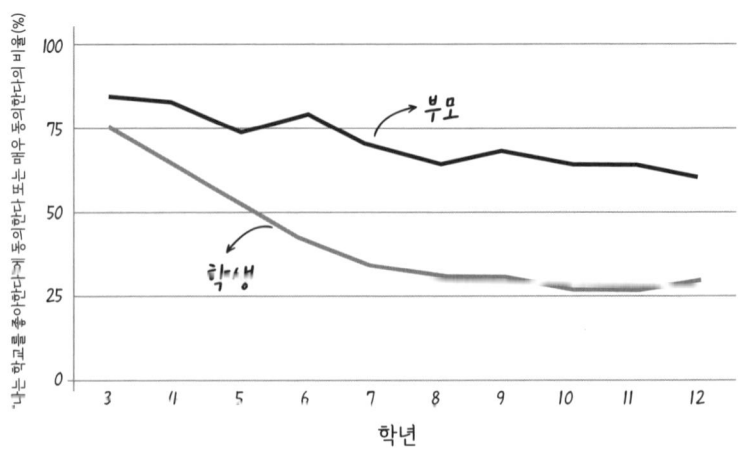

하락한다. 〈무관심의 격차: 학생의 참여가 부모의 기대와 다른 이유〉라는 2024년 브루킹스-트랜센드 보고서에 따르면 고등학생(12학년)의 25퍼센트만이 학교를 좋아한다고 대답했지만, 부모들은 자녀의 60퍼센트가 학교를 좋아한다고 생각하는 것으로 나타났다.

주도하는 아이, 무관심한 아이

부모들이 참여의 위기 자체를 완전히 이해하지 못하는 것도 당연하다. 이런 위기는 단순히 아이들이 무엇을 하는가, 즉 학교에 가고 숙제를 제출하며 시험을 치르는 것과 같이 부모와 교사가 쉽게 관찰할 수 있는 부분에 관한 문제가 아니다. 이런 위기는 아이들이 어떻게 느끼는가에 관한 것이다. 아이들이 안전함이나 소속감을 느끼는지, 하는 일에 관심이 있는지에 관한 것이다. 이런 느낌이나 감정이 학생들의 사고방식에 영향을 미치며 학습에 집중하기 어렵게 만든다.

직사각형의 면적 계산과 뒷마당의 담장 칠하기 사이의 연관성을 끌어내고, 산업혁명과 오염의 근원 사이에 인과관계를 이해하는 것에 집중하지 못한다. 참여는 좋아하는 축구팀에 관한 글을 쓸 수 있는지 교사에게 물어보는 일부터 새로운 요리를 배우기 위해 동영상 레시피를 찾아보는 것처럼 학생들이 자신의 학습을 주도하는 것에 관한 것이다.* 참여를 이해하면 왜 어떤 아이들은 좋은 성적을 받지만 실제로 학습에 깊이 참여하지 못하는지, 다른 아이들은 성적이 좋지 않아도 수업 이외 분야에서 뛰어난 학습 능력을 발휘하는지 알 수 있다. 부모와 교사들이 아이들을 위해 할 수 있는 일을 파악하기 힘든 것도 바로 이 때문이다. 학습에 대한 무관심의 다양한 측면을 파악하지 못하면 대응하는 방법 역시 찾기 힘들다.

학습에 대한 참여와 무관심은 다양한 형태로 나타날 수 있고 아

★ 연구자들은 아이들이 행동하고 느끼며 생각하고 주도하는 것을 행동적 참여, 정서적 참여, 인지적 참여, 주도적 참여라고 부른다-저자

이들은 놀라울 만큼 빠르게 두 상태 사이를 오간다. 자녀 여러 명을 둔 학부모나 교사들은 아이들이 학습에 접근하는 방식이 다양하다는 사실을 잘 안다.

아이들은 설렁설렁 학교에 다니면서 수업을 듣고 아무런 고민 없이 서둘러 숙제를 해치울 수 있다. 열심히 집중하면서 숙제를 하다가 갑자기 지치기도 한다. 혹은 지정 도서 목록에 없는 책을 읽기 위해 선생님에게 이메일을 보내는 것처럼 자신이 주도적으로 흥미로운 일을 하는 방법을 찾을 수 있다. 선생님과 얼마나 잘 맞는지 또는 숙제에서 영감을 받았는지 여부에 따라 한 아이는 하루에도 이 모든 상태를 오갈 수 있다. 어느 순간에는 학습에 몰입하다가도 다음 순간에는 무관심해지고, 국어 수업에는 열정적으로 참여하면서도 수학 수업에서는 절망할 수 있다. 아니면 고등학교 내내 학습에 흥미를 잃었다가 대학에 진학해서 갑자기 학습에 대한 참여도가 높아질 수 있다.

키아처럼 여러 유형을 경험할 수도 있다. 키아는 초등학교 때는 학교생활에 수동적이었지만 아빠와 함께 음악을 배우는 일에는 몰입했고, 중학교 때는 학업에 완전히 흥미를 잃었다. 고등학교 막바지에는 아빠와 학교 그리고 교육위원회의 도움을 받아 온전히 학업에 집중했다.

학습 환경이 중요하다

교육학자들은 오래전부터 사람들이 학습에 어떻게 참여하는지가 매우 중요하다는 사실을 알고 있었다. 고대 그리스의 소크라테스는 학생의 참여에 대해 논의한 최초의 사상가였을 것이다. 그는 자신이 가르치는 것을 기록하지 못하도록 한 것으로 유명했다. 소크라테스는 기록은 역동적이지 못하고 개인적이지도 않으며 사람들을 지혜로 이끌 가능성도 거의 없다고 믿었다. 그는 학생들과 활발하게 대화하는 것을 선호했다. 가설에 대해 질문하고 가능한 해답을 찾아보며 다양한 관점을 비교했다. 소크라테스는 능동적인 체험 학습을 강조했다. 그는 "내가 하는 일은 그저 질문하는 것이다"라는 명언을 남겼고 학생들이 스스로 답을 찾도록 독려했다.

중세시대 때 참여 학습은 교육에서 더 이상 중심적인 역할을 하지 못했다. 유럽의 가톨릭교회는 전통과 지식의 수호자였다. 학습의 중심은 마을 광장이 아니라 수도원이었다. 수도원에서 수도사들은 개인의 영적 성찰을 위해 종교 사본을 한 글자 한 글자씩 필사하면서 읽는 방법을 통해 지식을 보존하고 전수했다. 오늘날 학교 학습 방법 가운데 상당수는 수도원의 이런 전통에서 유래된 것이다. 예를 들면 지식에 도전하거나 지식을 적용하는 대신 지식의 전수에만 집중했다. 이때 지식 전수를 위해 선호한 매체는 글쓰기였다. 이런 방식은 일부 아이들에게 효과가 있지만 대다수에게는 그렇지 않다. 현대의 교육학자들도 인간이 학습에 완전히 몰입하려면 적극적인 질문과 활발한 토론이 필요하다는 고대 그리스인들의 학습 방법을 인정한다.

오늘날 참여나 몰입이라는 개념은 학교나 대학이 아니라 빅테크 기업에서 가장 널리 논의된다. 우리는 이런 기업들이 참여를 왜곡하고 근시안적인 정의를 내린다고 생각한다. 이들에게 참여는 아이들의 주의력이나 관심을 빼앗아 시간과 데이터로 돈을 버는 것이지 새로운 것을 배우는 데 흥미를 느끼도록 하는 것과는 거리가 멀다. 한때 구글 디자인 엔지니어였지만 기술 반대론자가 된 트리스탄 해리스는 이를 다음과 같이 설명한다. "아침에 눈을 뜨면 당신은 당신의 인생이나 아이들을 위한 특정한 목표를 생각하게 된다. 하지만 유튜브를 여는 순간 이런 목표들이 사라진다. 유튜브는 한 가지 목표만 가지고 있다. 당신이 목표를 잊어버리고 가능한 많은 유튜브 동영상을 보게 만드는 것이다." 유튜브를 통해 학습할 수 있고 소셜미디어로 관계를 형성할 수 있지만 이런 앱은 당신의 관심을 오래 붙잡아두도록 설계됐지, 실제로 당신을 참여시키지는 못한다.

최근 몇 년 동안 참여에 대한 이해가 크게 향상됐고 우리도 참여가 학습에 얼마나 중요한지 깨닫게 됐다. 동시에 아이들의 학습 참여를 촉진하는 데 필요한 요소들을 더 깊이 이해하게 됐다. 우리는 정형화된 행동양식도 알게 됐는데, 학생들이 학습에 참여하지 않고 무관심해지면 부모와 교사는 아이들을 문제아로 취급하면서 상황을 더욱 악화시키기만 한다는 것이다. 학습에 참여하지 않는 행동이 성격적 결함이 되면 아이들은 부모나 교사가 자신들에게 기대하는 것이 거의 없다고 생각한다. 그래서 노력도 적게 하고 성취도 낮아지며 결국 문제아로 낙인찍히는 것이다.

하지만 학습에 대한 무관심은 병적인 것이 아니다. 성격적 특성이나 정체성도 아니다. 단지 주변 환경과 아이의 상호작용에 의한 결과물일 뿐이다. 다시 말하면 학생의 환경을 바꾸어주는 방법으로 동기를 부여하고 참여를 끌어낼 수 있다는 뜻이다.

이에 관한 가장 좋은 사례는 텍사스주립대학교 심리학과 데이비드 예거 교수와 동료들이 2014년에 발표한 연구에 잘 나타나 있다. 이 연구는 어떤 방법이 더 많은 동기를 부여하는지 알아보기 위해 중학생들에게 피드백을 주는 두 가지 방법에 관해 실험했다. 첫 번째 학생 집단에게는 과제물에 세세하게 피드백을 해주며 더 좋은 성적을 받으려면 내용을 수정하라고 제안했다. 두 번째 집단도 똑같이 세부적으로 지적했지만 "선생님이 너에 대한 기대가 크다. 네가 기대에 부응할 수 있다고 생각해서 이런 지적 사항을 적은 것이야"라는 메시지를 적어 돌려주었다. 물론 두 번째 집단 학생들도 과제물을 수정하면 더 좋은 성적을 받을 수 있었다.

별도의 메시지를 받은 두 번째 집단은 에세이 과제를 수정할 가능성이 배나 높았고 오류 수정률도 높았다. 가능성이 가장 높은 아이들은 학습에 가장 무관심한 학생들이었다. 이 연구는 청소년들이 피드백을 받아들이는 방식의 중요성과(대부분 잘 받아들이지 않는다) 피드백이 어떤 영향을 미치는지 이해하는 데 획기적 돌파구가 됐다(연구자들은 이를 "현명한 피드백"이라고 불렀다). 이 연구는 누군가의 일을 비판하면서 동시에 동기를 부여하는 것이 얼마나 어려운지 보여준다. 비판은 청소년들의 자신감을 크게 위축시키기 때문이다. 또 기대를 낮추는 것이 아니라 기대치를 높게 유지하면서 이를 충족시키도록 도와주는 것이 해결책이라는 점을 보여준다.

예거 교수는 "현명한 피드백의 비결은 쪽지에 쓴 내용이 아니었다. 예민하고 감수성이 높은 시기에 있는 청소년들에게 보여준 자존감과 존중이었다"라고 설명한다.

배움에서 멀어지는 아이 이해하기

특히 부모는 자녀의 참여를 이끌어내는 환경을 조성하는 막강한 영향을 가지고 있다. 가장 중요한 것은 자녀가 성장할 수 있다는 믿음이다. 학습에 대한 무관심은 성격적 결함이 아니라 도움이 필요하다는 신호다. 참여를 촉진하는 또 다른 비결은 자녀에게 이야기하는 방식이다. 좌절감이나 경멸이 아니라 현재 상태를 인정하고 존중하는 방식으로 대화하는 것이다. 대화가 청소년의 발달에 미치는 영향은 포옹이 유아에게 미치는 영향만큼 중요하다. 대화는 건전한 두뇌 발달의 토대가 된다. 대화로 현명한 조언을 할 수도 있다. 적당히 높은 수준의 기대치를 설정하고 실질적 지원을 통해 높은 기대를 뒷받침하는 것이다. 이런 방법으로 심각한 어려움에 빠졌던 것처럼 보였던 아이들도 상황을 반전시킬 수 있다.

학습에 대한 무관심이나 이탈은 개인적인 반항이나 부모를 화나게 만들려는 장기적인 계획이 아니다. 앞서 이야기한 것처럼 특정 상황에 대한 반응이자 무엇인가 잘못됐다는 신호를 보내는 하나의 방법이다. 공부를 거부하거나 미루고, 숙제를 대충 하거나 부정행위를 하고, 공부보다 친구를 더 좋아하는 것 등 눈에 보이는 행동은 여러 감정과 경험의 결과물이지 원인이 아니다. 이런 결과에 대해서는 대처가 필요할 수도 있다. 아이들에게는 이탈을 방지하는 지침이 필요하고 책임감도 중요하기 때문이다. 하지만 무엇이 학습에 대한 무관심을 유발하는지 그 원인을 살펴봐야 한다.

스마트폰, 게임, 소셜미디어는 종종 아이들을 불행하게 만드는 주범으로 꼽힌다. 기술은 강력한 집중력 방해 요인, 즉 해리스가 말하는 "뇌간의 바닥으로 향하는 경주"다. 무의미한 동영상과 끝없는 단체 채팅은 셰익스피어의 작품을 읽는 것보다 더 쉽고 재미있다. 하지만 기술은 단지 학습에 대한 무관심이라는 기존의 문제를 악화시키고 있을 뿐이다. 청소년들은 스마트폰이 자신들의 생활을 지배하기 훨씬 더 오래전부터 학습에 관심을 보이지 않았다. 근본적인 원인은 대부분의 학교가 학생들이 갈망하는 깊고 흥미로운 학습 기회를 제공하지 못한다는 데 있다. 이전과 달라진 것이라 해봤자 학생들에게 학교가 남긴 공백을 채울 수 있는, 매우 재미있고 중독성이 강한 무언가가 있다는 사실이다. 기술은 학생의 관심을 독점하고 주의력을 분산시키는 환상적인 세계를 제공한다.

아이들은 또 청소년기에 경험하는 본질적인 문제와 관련된 여러 이유로 학습에서 멀어진다. 소속감을 느끼지 못하거나 지나친 부담감에 시달려 경쟁에 뒤떨어지면서 탈출구를 찾지 못한다. 또 학습에 참여할 수 없게 만드는 심각한 방해물에 직면한 아이들도 많다. 아이들은 많은 시간을 보내는 학교에 대해 특색이 없고, 규격화돼 있으며, 의미가 없는 곳이라고 느낀다. 밝은 미래를 열어가야 할 학교가 재미없다고 느낀다면 힘 빠지는 일이다. 특히 과거보다 경쟁에 훨씬 많은 에너지가 필요한 상황에서는 더욱 그렇다.

공부하는 아이의 네 가지 유형

우리는 학습의 네 가지 유형을 개발했다. 이 유형들은 청소년들을 정형화하거나 범주화하려는 것이 아니라 부모들이 자녀의 학습을 이해하고 지도하는 것을 돕기 위한 것이다.

수동형에 속한 많은 아이는 학교가 너무 쉬워 지루하다고 느끼거나 학교가 너무 어려워 압도당하는 느낌을 받는다. 어느 쪽이든 학업에 관심이 없고 낙제하지 않을 만큼 최소한의 노력만 기울인다. 목표지향형 아이들은 열심히 공부하고 목표를 높게 정한다. 그리고 자신의 이룩한 성취를 일일이 확인하면서 부모와 교사의 칭찬을 만끽한다. 하지만 정작 자신이 무엇을 좋아하는지 모르는 경우가 많고 교육 시스템의 끝없는 요구를 충족시키는 일에 집중한다. 이들은 위험을 회피하는 성향이 강하고 몸과 마음이 모두 지친 상태가 된다. 회피형 아이들은 무엇인가 잘못됐다는 신호를 보내기 위해 불만의 목소리를 낸다. 이들은 수업을 방해하거나 학교와 학습을 완전히 거부하기 때문에 부모와 교사들에게는 커다란 골칫거리인 경우가 많다. 마지막으로 몰입형 아이들은 학습 참여도가 높고 성적이 좋다. 하지만 오로지 성적표에만 의존하지 않는다. 자신들이 관심 있고 좋아하는 일을 하고 있으니 자신감이 있다. 이들에게는 발전과 성과가 중요하다. 몰입형은 위험을 감수하고 실패도

하면서 자신에 관한 중요한 정보를 수집한다. 이들은 자신의 학습 경로를 독립적으로 설정할 수 있는 사고방식과 전략을 갖추었기에 미래에 더 좋은 성과를 낸다(이런 능력은 특히 무엇을 해야 하는지 알려줄 사람이 없을 때 도움이 된다).

앞서 밝힌 것처럼 네 가지 유형은 개인의 성격적 특성이 아니라 아이들이 처해 있는 학습 환경과 직접적인 관계에 따라 변할 수 있다. 학교와 부모가 변화의 촉매 역할을 할 때 회피형 아이들은 종종 몰입형으로 바뀌기도 한다. 수동형 청소년은 학교에서는 최소한의 노력만 하고 운동, 요리 또는 밴드 같은 다른 활동에서 두각을 나타내기도 한다.

목표지향형은 매우 힘든 과제를 만날 때 급격하게 회피형으로 변할 수 있다. 초등학교 시절 키아는 수동형이었다가(큰 노력 없이 학교에 다녔고 15분 만에 숙제를 끝낼 수 있었기 때문에 모든 과목에서 좋은 점수를 받았다) 중학교에서는 반항하기 시작했다(학습을 방해할 정도로 공부에 완전히 무관심해졌다). 교육위원회에 참석해 자신이 관심 있는 문제에 관해 이야기하기로 결심했을 때는 처음으로 몰입형으로 발전할 가능성을 경험했다.

자녀가 어떤 유형인지 알면 구체적인 전략과 도구를 활용해 도와줄 수 있다. 그리고 궁극적으로 아이들이 최대한 많은 시간 몰입형으로 활동할 수 있도록 지원해줄 수 있다.

모든 아이 안에 숨겨진 탐구자 기질을 발현시키는 일은 방과 후 활동과 학업을 완벽하게 조합하거나 올바른 과외 선생님을 찾는 일과 상관이 없다. 어렵게 좋은 성적을 요구할 필요도 없다. 그보다는 함께 있어 주면서 아이들이 배우는 내용, 아이들이 마주치는 어려움, 부모의 시각에서는 이상해 보여도 자녀에게는 중요한 것들에 관해 대화를 나누는 것이 중요하다. 성적만큼 성장에 집중할 때, 결과에 못지않게 존재의 중요성에 집중할 때 이런 부모의 태도가 드러난다. 이는 아이들이 많은 시간을 보내는 학교와 수많은 기회가 주어지는 학교 밖에서 부모가 인생의 크고 작은 일들에 대응하는 방식이다. 또 자녀의 성공적인 성장에 중요한 역할을 하는 좋은 관계를 맺고 본보기를 보여주는 방법이기도 하다. 존스홉킨스대학교의 공중 보건학 크리스티나 베델 교수는 부모나 이웃, 교사와 건강한 관계를 구축한 학생들은 그러지 못한 학생들보다 성공적인 삶을 살아갈 가능성이 12배나 높다는 사실을 발견했다.

베델 교수는 "부모가 치료제"라고 말한다. 이는 부모가 아이들을 구하기 위해 옳은 선택을 해야 한다는 의미가 아니다. 부모가 자녀들이 성장하고 성공적인 삶을 살 수 있도록 돕는 데 필요한 모든 것을 가지고 있다는 뜻이다.

건강한 관계는 소득과 무관하다. 경제적으로 많은 시련을 경험했어도 어른과 높은 수준의 건강한 관계를 맺은 아이들은 그러지 못한 아이들보다 더 나은 성장을 보였다. 다시 말해 부모는 정말 중요한 존재다.

자기 주도력이란 무엇일까?

다른 유형에는 없지만 몰입형만 가지고 있는 특성은 그저 참여하는 것만이 아니라 자기 주도력, 즉 의미 있는 목표를 설정하고 목표 달성에 필요한 자원을 동원하는 능력이 있다는 점이다. 자기 주도력은 단순히 계획을 세우는 것이 아닌, 계획을 세우고 그 과정에서 난관을 만나더라도 이를 극복하고 끝까지 실행할 수 있는 능력을 의미한다. 이를 위해서는 노력과 같은 내적인 자원과 전문가(교사, 부모, 이웃) 등 외부의 자원을 활용해야 한다.

자기 주도력은 학습에서 매우 중요하다. **어떻게 하면 내가 가장 잘 배울 수 있을까? 무엇이 나의 집중력을 방해하는가? 나에게 동기를 유발하는 것은 무엇일까? 나는 무엇에 관심이 있는가?**라는 질문으로 자기 자신을 이해해야 한다. 아이들은 자신이 관심 있는 목표를 추구함으로써 자기 주도력을 키운다. 이 과정에서 도움을 요청해야 하는 경우가 많다. 다음 단계로 나아가는 데 누가 조언해줄 수 있을까? 내 앞에 있는 장애물을 극복하는데 누가 또는 무엇이 도움이 될까? 자기 주도력이 있는, 아이들은 스스로 헤쳐나갈 힘을 가지고 있기에 학교에서 억압받는다고 느낄 가능성이 적다. 이들은 도움을 요청하거나 다른 방법을 시도하는 것을 두려워하지 않기 때문에 어려운 시기를 헤쳐나갈 방법을 찾아낸다. 어른들이 수학 문제를 대신 풀어주거나 논술 과제를 고쳐주거나 간단한 조사 없이 과외 선생님을 고용하고 싶은 충동을 억누르면 아이들이 자기 주도력을 키우도록 도와줄 수 있다. 대신 어른들은 "이 수업에서 가장 힘든 건 무엇이니?" "어떤 도움이 너에게 가장 유익할까?"처럼 아이들을 존중하고 호기심에 찬 질문을 해야 한다. 가장 중요한 점은 부모를 비롯한 주변 어른, 친척, 교사들이 아이들의 대답을 듣고 그에 따라 행동하는 것이다.

자기 주도력은 마술이 아니다. 의미 있는 여정에는 방해물이 있기 마련이고 어떤 것은 너무 커서 극복하기 어려울 수도 있다. 하지만 청소년들도 성인처럼 어느 정도의 통제력, 즉 자신들의 미래에 대한 결정권을 가지고 있다는 사실을 알아야 한다. 통제력을 가지고 있다는 자각은 어려움을 극복할 때 큰 차이를 만든다.

모든 아이가 똑같은 방식으로 자기 주도력을 발휘하지는 않는다. 그래서 교사와 학교 지도자들의 무의식적이거나 암묵적인 편견이 학생들이 발휘하는 자기 주도력을 판단하는 데 영향을 줄 수 있으며 이는 학생들에게 큰 상처를 줄 수도 있다.

자녀의 학습 접근 방식을 이해하는 가장 쉬운 방법은 아래 그

공부하는 아이의 네 가지 유형

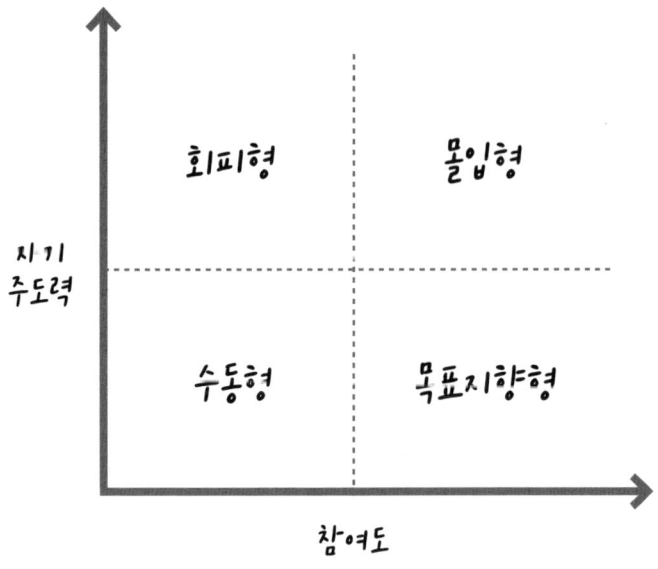

참여도: 아이들이 생각하고 느끼고 행동하는 정도
자기 주도력: 아이들이 스스로 시작하거나 주도하는 정도

림처럼 아이들이 사분 면의 어딘가에 위치한다고 생각하는 것이다. 수평축은 학습에 대한 참여 정도 그리고 수직축은 자기 주도력을 나타낸다. 우리는 모든 아이가 우상단을 목표로 삼기를 바란다. 아이가 학습에 온전히 참여하고 자기 주도력을 발휘할 때 스스로 탐구할 수 있기 때문이다. 이것을 '자기 주도적 참여'라고 한다. 자기 주도력과 참여가 부족하면 학교에서 최소한의 노력만 하는 좌하단

의 수동형이 된다. 좌상단에 위치한 회피형 아이들은 자기 주도력을 가지고 있다. 하지만 이들은 자신들이 행복하지 않다는 사실을 확실하게 표현한다. 목표지향형은 학습에 대한 참여도가 높아 좋은 성적을 받지만, 실패에 대한 두려움 때문에 자신의 길을 개척하는 용기가 부족한 경우가 많다.

성취 지향의 시대는 끝났다

아이들이 탐구하지 않는 중요한 이유는 탐구할 기회가 주어지지 않기 때문이다. 앞에서 언급한 것처럼 학교에서 기회가 주어지는 학생은 전체의 10퍼센트도 안 된다. 하지만 우리 연구에 따르면 중학생과 고등학생의 경우 그 비율은 4퍼센트에도 미치지 못한다. 소수의 중고등학생에게만 자신만의 아이디어를 개발하고 발전시킬 수 있는 기회가 주어진다. 또한 관심이 있는 분야를 배울 수 있는 기회 역시 소수의 몫이다. 과제 수행 방법을 선택할 수 있는 기회나 자신에게 일어나는 일에 관해 의견을 말할 수 있는 기회도 마찬가지다.

훌륭한 교사는 이런 기회를 제공하려고 노력하지만, 지식을 전수하고 학생들을 선별해 순위를 매기도록 설계된 전통적 학교 시스템에 의해 제약받는 경우가 많다. 양자 사이에서 균형을 유지하는 일은 교사들에게 매우 어려운 문제다. 교사는 매우 다양한 집단의 아이들을 동시에 같은 목적지로 이끌어야 한다. 이는 인간의 능력과 동기에 관한 모든 이론을 부인하는 것이다. 일반적인 교실 환경에서 교사들은 학습 능력이 적게는 3학년, 많게는 5학년 정도 차이 나는 학생들을 가르친다.

현재 교육제도에서 교실을 개선할 수 있는 절묘하고 효과적인 방법이 있다(이 방법에 관해서는 나중에 논의할 것이다). 하지만 불행한 사실은 오늘날 학교 대부분이 모든 아이의 성장과 성공 그리고 잠재력 발휘를 돕도록 설계돼 있지 않다는 점이다. 이는 아이들의 삶을 봤을 때 끔찍할 정도로 부끄러운 일이다. 청소년의 뇌는 학습이 촉진하는 매우 역동적이고 흥미로운 혁신 과정을 거쳐 발달한다. 어린 시절 뇌의 신경망은 구체적인 일에 특화돼 있다. 청소년기에는 이런 신경망이 더욱 복잡하게 연결된다. 점점 더 복잡해지는 과업을 관리하고 변화하는 환경에 적응하려면 연결의 구조가 매우 중요하다. 이런 변화와 함께 청소년들은 단지 행동하는 것이 아니라 사고 과정을 평가하는 일에 뇌를 점점 더 많이 활용할 수 있게 된다. 뇌는 사용하는 만큼 발달한다.

임신한 여성이 몸에 필요한 영양분을 갈망하는 것처럼 청소년들도 신경망이 새롭게 구축되는 동안 뇌에 필요한 것을 본능적으로 원한다. 그들이 가장 원하는 것은 존중이다. 호르몬과 신경학적 변화 때문에 10대들은 수치심, 비판, 사회적 고통을 특히 싫어하고 '사회적 성공'이라고 부르는 인정과 칭찬을 받고자 하는 성향이 강하다. 청소년들은 강렬한 자극을 추구한다. 많은 사람은 이를 무모함이라고 생각하지만, 이런 성향은 첫사랑에 빠지는 것이 짜릿하거나 절친한 친구와 싸움이 절망스러운 이유를 더 잘 설명해준다.

10대의 감정은 우리 어른들에게는 비이성적으로 보일 만큼 증폭된다. 보호자에게서 독립하고, 이성 친구를 사귀고, 독립적으로 생활하는 등 엄청난 발달 문제에 직면해 있다는 사실을 고려하면 이해 못 할 것도 아니다. 이런 일에 대처하는 능력을 기르기 위해 청소년들은 주변 환경을 살펴보면서 위험 요인, 특히 자신의 지위와 관련된 위험을 찾아내고 사회에 공헌할 방법을 찾는다. 사회에서 자신의 자리를 확보하기 위해 청소년들은 존중받고 의미 있는 경험을 추구한다. 중요한 점은 존중은 우리가 줄 수 있는 것이 아니라 스스로 얻어야 한다는 것이다. 문화인류학자들은 이런 사회적 지위를 얻는 과정을 "획득된 명성"이라고 부른다.

학교가 학업 성취에 초점을 맞추면서 이런 명성을 얻을 수 있는 기회가 줄어들었다. 그 결과 아이들은 탐구와 학습 기술 습득 가운데 하나를 선택해야 하는 처지에 놓였다. 아이들이 학습에 몰두할 수 있게 하고 논리적으로 사고할 수 있도록 하는 것은 바로 탐구 행위다. 탐구는 청소년 시기에 급격하게 발달하는 뇌의 실행 제어 네트워크, 즉 과제를 수행하는 신경망을 활성화한다. 감정, 환경, 실용적인 모든 정보를 평가하고 받아들이는 뇌의 정보 수집 과정은 실행 제어 네트워크가 뇌의 나머지 부분과 더 잘 연결되도록 도와준다. 다른 한편에서는 뇌의 디폴트 모드 네트워크도 발달하고 있다. 디폴트 모드 네트워크는 청소년이 더 넓고 창의적인 관점에서 사고할 수 있도록 도와주는 성찰과 의미 형성 과정과 관련 있다. 이처럼 가장 적합한 시기에 청소년들이 탐구 활동을 하지 못하면 뇌의 신경망 연결은 줄어든다. 그렇다고 나중에 신경망이 연결될 수 없다는 의미는 아니다. 뇌는 유연하며 성장하고 변할 수 있다. 하지만 청소년기는 동기를 형성하는 중요한 시기다. 점심시간에 혼자 앉아 있던 것부터 좋아하는 선생님께 인정받은 일까지, 중고등학교 시절의 기억이 매우 생생한 이유도 이 때문이다.

다른 모든 것을 희생하면서 학업에 집착하는 것은 축구를 잘하려고 한쪽 다리만 단련하는 것과 같다. 경기를 잘하려면 양쪽 다리가 모두 잘 움직여야 한다. 과거의 지식 전수 방법에 따라 아이들에게 외우고 분석하면서 더 많은 내용을 소화하라고 요구하면 처음부터 학습이 왜 중요한지 성찰할 시간을 빼앗는 것과 같다. 아이들은 지식을 활용해 현재의 문제를 해결하는 방법을 탐구하거나 단순히 정답을 찾는 대신 대화와 토론으로 새로운 해결책을 모색할 기회를 놓치게 된다. 이것은 소크라테스가 제자들에게 길러주고 싶었던 능력이다. 아이들은 사회에 기여하고 사회적 관계를 맺으며 문제를 해결하는 의미 있는 경험과 기회를 원한다. 하지만 우리는 성적에 따라 아이들을 서열화하려고 더 많은 공부를 강요한다.

이 과정에서 부모가 가장 흔하게 듣게 되는 말은 "지루해요"다. 청소년들이 따분함을 느끼는 것은 발달학적으로 자연스러운 현상이다. 사춘기가 되면 강렬하고 새로운 경험을 갈망한다. 반복적이고 정적이며 예측이 가능한 학교는 따분하기 그지없다. 지루함은 단순히 부족한 자극 그 이상을 의미한다. 지루함은 자기 주도력의 위기다. 실질적이고 현실적인 경험을 원하지만 그럴 수 없는 아이들의 관심은 없어진다. 지루함을 연구하는 학자들은 이것을 "만족감을 주는 활동에 참여하고 싶지만 그렇게 할 수 없는 괴로운 상태"라고 정의한다. 문제는 할 일이 없다는 것이 아니라 상황을 바꾸고 싶지만 그러지 못하는 무력감이다. 이런 아이들은 자신에게 의미 있는 방향으로 움직이고 탐구하는 자기 주도력이 부족하다. 지루함의 반대는 바쁜 것이 아니라 흥미를 느끼는 것이다.

자기 주도의 시대가 온다

지루함을 해결하는 방법은 열심히 공부하라고 하거나 더 높은 기준을 요구하는 것이 아니다. 학교 안과 밖에서 하루를 어떻게 보낼지 선택할 수 있도록 하는 것이다. 자신에게 중요한 목표를 선택할 수 있는 역량과 자의식을 키워주는 것이다. 자기 주도력 시대에는 미리 정해진 목표를 뛰어넘는 것뿐만 아니라 의미 있는 목표를 찾아내고 이를 성취하기 위해 노력해야 한다. 자기 주도력의 시대의 학생들은 무엇을 배울지, 어떻게 배울지, 배운 것을 어떻게 표현할 것인지에 대해 더 많은 결정권을 가지고 있다. 이를 위해서는 성공적인 학습이 무엇인지에 대한 깊은 이해가 필요하다.

부모와 교사는 성공적인 학습을 얼마나 넓게 또는 좁게 정의할지 결정하는 출발점이다. 수학은 중요하다. 수학과 수학을 활용해 무엇을 하고 싶은지 아는 자기 주도력은 21세기에 가장 중요한 능력이다. 이는 쉽게 측정할 수 있는 결과에 집중하는 좁은 시각에서 벗어나 학생들에게 폭넓은 학습 경험을 제공한다는 것을 의미한다. 한 교육 전문가의 경고처럼 우리가 주의를 기울이지 않으면 "일류 인간이 아니라 이류 로봇"을 길러내게 될 것이다. 학교 안팎에서 사회에 이바지할 수 있는 더 흥미로운 기회를 제공함으로써 부모와 교사는 학업 능력뿐만 아니라 공감, 소통, 협력을 통한 문제해결 같은 매우 중요한 역량 개발을 도울 수 있다. 이런 접근법은 성취의 시대에서 자기 주도력의 시대로 전환하는 과정에서 아이들의 성공을 방해하지 않고 오히려 아이들을 훨씬 더 돋보이게 할 것이다.

이를 위해서는 교육 시스템의 변화가 필요하다. 하지만 변화의 상당 부분은 부모의 몫이다. 결과와 성적만 중요하게 생각하는 것이 아니라 성장과 학습을 도와야 한다. 또 일정 기간 부모는 자녀의 가치관과 습관 형성을 도와야 한다. 학습은 이겨야 하는 게임일까 아니면 의미 있는 삶의 토대가 되는 가치일까?

자기 주도력의 시대가 온다는 징후는 곳곳에서 발견된다. 1970년대 미국의 고용주들은 자신들이 중요하게 생각하는 세 가지 역량을 읽기, 쓰기, 수학이라고 꼽은 적이 있다. 그 당시 학교는 미국 청소년들에게 이 세 가지 과목을 집중적으로 가르쳤다. 하지만 세상이 크게 바뀌었다. 최근 전 세계 고용주를 대상으로 실시한 설문 조사에 따르면 오늘날 그들이 가장 가치 있게 생각하는 역량은 분석적이고 창의적인 사고력, 회복탄력성과 유연성, 동기부여와 자기 인식, 호기심과 평생 학습 능력으로 나타났다.

자기 주도력을 강조하는 시대에 아이들은 단순한 학업 역량 이상의 것을 갖추어야 한다. 아이들은 자기 인식, 새로운 아이디어를 생각해내고 기존의 아이디어를 발전시키는 능력 그리고 자기 생각을 효과적으로 전달하는 능력이 필요하다. 다시 말해 아이들은 창의적이고 자기 주도적이어야 한다. 처음부터 탐구자의 역량을 타고난 아이는 없다. 연습을 통해 길러야 한다. 그럴 수 있는 환경을 제공하지 못하면 탐구자의 역량은 점점 퇴화할 것이다.

2

무한의 가능성
수동형
조용히 포기하는 아이

　마테오는 여러 면에서 모범적인 학생이었다. 아니 그렇게 보였다. 모든 과목에서 A 학점을 받았고 배구도 했다. 선택과목으로 연극 수업을 들었고 연극 동아리에서 활발하게 활동했으며 쉬는 시간에는 동아리 친구들과 노래 연습을 했다. 학교의 우수반 과목을 모두 듣기도 했다. 마테오는 이 모든 과목이 쉽다고 생각했다. 마테오의 부모님은 마테오가 네 살 때 도미니카공화국에서 미국으로 이주해서 영어를 잘하지 못했다. 부모님은 모든 과목에서 A 학점을 받아오라고 부담 주지는 않았지만 미국에서 성공하기 위해서는 공부를 잘해야 한다는 점은 분명히 말했다. 아들 세 명 가운데 마테오가 유일하게 학교 공부에 관심을 보였다. 마테오는 청구서 요금을 계산하는 방법부터 필요할 때 스페인어로 번역하는 일까지 부모님이 하는 모든 일을 도왔다.

성적은 좋지만 마테오는 학습에 몰두하지 못했다. 선생님이 새로운 개념과 단원을 소개하면 첫 몇 분 동안만 집중했다. 내용 대부분을 금방 이해했기 때문이다. 그런 다음 나머지 수업 시간 동안 다른 할 일을 찾았다. 마테오는 다음 시간에 제출할 과제를 꺼내 미리 끝내놓곤 했다. 숙제를 마친 후에는 옆자리 친구들과 장난치곤 했다. 기하학 선생님은 집에서 할 수 있는 온라인 프로그램으로 과제를 완수할 때마다 추가 점수를 주었다. 마테오는 추가 점수만 받아도 기하학을 통과할 수 있다는 사실을 금방 알아차렸다. 그는 기하학 숙제를 하나도 하지 않았다. 대신 매일 저녁 온라인 과제만 재빨리 끝냈다. 그래도 여전히 A 학점을 받았다. 마테오는 이렇게 쉬운 방법으로 숙제를 피할 수 있다는 게 이해되지 않았다. 자신이 한 일이라고는 대충 공부하는 요령을 터득한 것뿐이었기 때문이다.

중학생이 되자 더 이상 수업이 재미있지 않았다. 어느 날 마테오와 친구들은 쉬는 시간이 끝난 다음에도 수업에 들어가지 않았다. 대신 학교 식당으로 갔다. 재빨리 복도를 걸어가면서 아무도 눈치채지 못하자 재미있다고 키득거렸고 마치 반항아가 된 기분을 느꼈다. 그다음 주에도 똑같이 했다. 얼마 지나지 않아 아이들은 일주일에 두세 번씩 수업을 빼먹기 시작했다.

마테오의 성적은 떨어지지 않았다. 선생님들이 수업 시간에 복습을 많이 하다 보니 따라가는 데 어려움이 없었다. 하지만 부모님은 마테오가 수업을 빼먹을 때마다 학교에서 걸려오는 전화를 받기 시작했다. 마테오는 학교가 잘못 알고 있다고 말했다. 그는 부모님에게 "저는 거기 있었어요. 선생님이 무슨 말을 하는지 모르겠네요"라고 말했다. 마테오의 부모는 영어 실력이 짧아 선생님의 이야기를 모두 이해할 수 없었다. 게다가 그의 좋은 성적은 거짓말을 덮기에 충분했다.

마테오와 친구들은 조금 더 과감하게 행동했다. 학교에 가는 대신 근처 놀이터에서 시간을 보내다가 배가 고파지자 점심을 먹으러 학교에 몰래 들어가려고 했다. 하지만 창밖을 내다보던 한 교사에게 걸려 호되게 혼났다.

마테오는 부모님을 실망시켰다는 사실을 깨닫고 괴로웠다. 할머니가 아파서 경제적 지원까지 필요한 상황이라 집안 형편이 특히 좋지 않았는데도 부모님은 늘 마테오를 지지하며 자신들을 희생했다. 이제야 마테오는 자신의 성공이 가족에게 어떤 의미인지 이해하기 시작했다. 반면 친구들은 공부에 관심도, 야망도 없었다. 딱히 할 일이 없는 마테오는 그 친구들과 어울렸다. 수업 시간을 따분하게 보내기보다 놀이터에서 빈둥거리는 편이 더 나았기 때문이다.

고학년이 되면서 그는 혼자 보내는 시간이 점점 더 많아졌다.

스스로 고립시키면서 의욕도 없어지고 우울해졌다. 친구들과 어울리지도 않아 점심시간이나 쉬는 시간에 함께 놀 친구도 없었다. "저는 외톨이가 된 것 같았어요." 학교에서 마테오가 의미 있는 대화를 나눈 유일한 사람은 연극 교사였다. 교사 역시 수업 시간에 항상 빈둥대는 마테오가 처음에는 싫었다. 하지만 학교에서 누군가가 관심을 보여주면 마테오가 노력할 것이라는 사실을 깨달았고, 마테오에게 유일하게 관심을 보여준 사람이 되었다.

시키는 대로, 그러나 무기력하게

학교를 빠지기 전까지는 주변 사람들에게 마테오는 학교생활에 충실한 학생처럼 보였다. 연극 동아리 활동도 했고 모든 과목에서 A 학점을 받았으며 중학생이 되어서는 친구도 많았다. 그는 **행동으로** 참여하는 학생이었다. 이는 아이들이 모든 곳에서 매일 하는 행동이고 교사들도 학생들에게 바라는 모습이기도 하다.

하지만 내면적으로 마테오는 학교 학습에 완전히 흥미를 잃고 있었다. 학교는 시간 낭비이자 시간을 빼앗는 의미 없는 곳이라고 생각했다. 학교는 중요하거나 가치 있는 곳이 아니었다. 그는 매일 해야 하는 일에 **정서적으로** 참여하지 못했다.

마테오는 학교가 도전적인 자극을 주지 못했기 때문에 학교에서 일어나는 많은 일을 이해하지 못했다. 학교 공부는 쉬웠고 흥미를 거의 불러일으키지 못했다. 마테오의 목표는 학습과 인생 사이의 연결 관계를 찾기가 아니었다. 좋은 성적을 받는 요령, 즉 교사들의 요구를 가장 효율적으로 성취하는 꼼수를 찾는 것이었다. 마테오는 학업에 **인지적으로** 참여하지 않았다.

바꿔 말하면 마테오는 중학교 시기 대부분을 수동적으로 보냈다. 자동차에 비유하면 중립 기어 상태로 운행한 것이다. 수동형의 특징은 최소한의 노력을 하면서 겉으로만 참여한다는 것이다. 수동형에 속한 아이들은 마지못해 공부하는 흉내를 낸다. 학교에 출석하고 숙제도 하지만 대충한다. 그리고 그럭저럭 지내면서 만족한 듯 보인다. 이들은 학교생활에 순응하지만 어디까지나 행동으로 참여한다는 의미다. 하지만 수동형 아이들은 학교에서 배우는 것에 관심이 없고 이해하기 위해 노력도 하지 않는다. 이는 정서적으로나 인지적으로 학습에 참여하지 않는다는 뜻이다. 이런 아이들의 경우 학교에 대한 일반적 반응은 '그냥 그렇다'거나 '별로'다. 이들은 교육에 수동적으로 참여한다. 몇몇 수업이나 활동은 정말로 재미있다고 생각할 수도 있지만 다른 수업에는 전혀 관심이 없다.

수동형 학생들은 어디에나 존재한다. 앞에서 언급한 것처럼 우리의 조사에 따르면 수동형은 가장 흔한 유형이다. 학생의 47퍼센트가 학교의 학습 과정에 대해 대충 공부하도록 만든 것 같다고 답했다. 교사와 부모들은 늘 이런 현상을 목격하지만 문제라고 생각하는 경우는 거의 없다. 수동형에 속한 아이들은 주변 어른들의 특별한 관심과 시간을 요구하는 문제아가 아니기 때문이다.

그렇다고 3장에서 설명할 목표지향적이고 성취지향적인 아이

수동형의 몇 가지 신호

- 학교 규칙에 따르지만 절대로 요구한 것 이상을 하지 않는다.
- 수업은 최소한의 규정만 지킬 뿐, 내용에 집중하지 않는다.
- 무엇을 배우는지, 왜 배우는지에 거의 관심 갖지 않는다.
- 실제 학습보다 요령을 찾는 데 더 많은 시간을 소비한다.
- 조금씩 일을 미룬다.
- 친구들을 만나러 학교에 가는 것은 좋아하지만 수업은 싫어한다.
- 아이들은 가정 문제(부모가 이혼 소송 중이거나 생계를 잃었거나), 연애(새로운 관계가 시작되거나 관계가 끝나거나), 친구 문제(활동에서 배제되거나, 온라인에서 따돌림을 당하거나 혹은 친한 친구와 싸우거나) 등의 이유로 학업에 집중하지 못한다.
- 모든 것이 지루하다고 말한다.
- 그저 "괜찮아요"라는 대답으로 일관한다.

들도 아니다. 이들도 긍정적 의미에서 많은 시간과 관심이 필요하다. 성취지향적인 아이들의 행동적 참여는 학습에 관한 뿌리 깊은 정서적, 인지적 무관심이 겉으로 드러나지 않도록 가려준다. 한편, 부모들은 이런 무관심을 알지만 그것이 정상이라거나 곧 지나갈 현상으로 생각하는 경우가 많다. 그들은 상황이 좋아질 것이라며 자기 자신을 위로하다. 심각한 문제가 없다 보니 아무런 문제가 없는 것처럼 보인다.

하지만 아이들이 수동형에 너무 오래 머물면 실제로 큰 위험에 빠질 수 있다. 아이들의 무관심보다는 중요하게 생각하는 것에 에너지와 자원을 분배하고 집중할 수 있게 한다는 점에서 대충 공부하는 것은 전략이 될 수 있다. 반면 과도한 표면적 학습 때문에 수동형의 학생들은 나쁜 학습 습관을 기르고, 그 결과 학습에 몰두하거나 위험을 감수해서 얻을 수 있는 수많은 혜택을 놓치기도 한다. 지난 20년 동안 학생의 참여를 연구해온 호주가톨릭대학교 존 마셜 리브 교수에 따르면 수동형에 속한 학생들은 좋은 학습 능력을 키울 때 "발달적 측면에서 시간을 낭비"하고 있다고 한다.

마테오는 성적이 좋았고 심각한 문제를 일으킨 적도 거의 없었다. 학교 연극에도 출연하고 친구와도 잘 지냈다. 학교에 결석했을 때도 아무도 크게 걱정하지 않았다. 부모가 학교에서 학생의 성공 여부를 판단하는 가장 중요한 신호인 성적은 마테오의 참여 실태를 제대로 알려주지 못했다.

하지만 우리는 마테오를 걱정해야만 한다. 관심을 기울이는 사람들은 경고의 신호를 명확히 볼 수 있었다. 마테오는 학교에 흥미를 잃어가고 있었다. 무관심의 정도가 심해지면 그것이 정체성으로 변하기도 한다. 그 단계에 도달하면 돌이키기가 훨씬 더 어려워진다.

너무 쉽지도 어렵지도 않은 학습의 중요성

'지루하다'는 수동형 학생들이 가장 자주 사용하는 표현이다. 내슈빌에 있는 대안형 공립학교 밸러 칼리지에이트 아카데미 문화 책임자 대런 딕은 학습에 몰입하지 않는 학생이 가장 많이 하는 말이 "지루해요" "재미없어요" "지겨워요"라고 한다.

아이들이 지루하다거나 학교가 재미없다고 하는 말은 상황에 따라 다양한 의미로 해석될 수 있다. 아이들은 실패의 두려움, 낮은 기대 수준에 대한 좌절감 혹은 공부가 무의미하다는 느낌 때문에 학습에 무관심해질 수 있다. 지루하다는 말은 단순히 학교 수업이 무의미하다는 뜻일 수도 있다.

아이들이 지루하다고 말하는 가장 흔한 이유 가운데 하나는 마테오처럼 학교에서 배우는 내용이 너무 쉽다고 생각하기 때문이다.

하지만 수업이 너무 어려워도 지루하다고 말할 수 있다. 예를 들면 5학년 학생에게 미적분은 지루하게 느껴질 수 있다. 문제를 풀 수 있는 능력조차 없기 때문이다. 수업이 너무 어려워 따라가기 힘들 때 많은 학생이 학습에 무관심해진다.

이것은 아이들이 **근접 발달 영역**Zone of Proximal Development, ZPD에 있지 않기 때문이다. 1920년대 소련의 심리학자 레프 비고츠키가 소개한 근접 발달 영역은 학생이 너무 쉬워하거나 어려워해서 포기하지 않도록 하는 이상적인 학습 영역이다. 대신 교사, 친구 또는 기술의 적절한 도움을 받으면 학습을 극적으로 향상할 수 있을 정도로 충분히 도전적이어야 한다. 비고츠키는 실제로 학습이 얼마나 상호작용적인 과정인지, 학습에서 교사의 지도가 얼마나 중요한 역할을 하는지 밝혀낸 교육계의 가장 영향력 있는 사상가 가운데 한 명이다. 개인의 탐구나 발견을 통한 학습이라는 개념을 수용한 당시의 심리학자들과 달리 비고츠키는 다른 사람의 상호작용으로 우리가 얼마나 많이 배울 수 있는지 강조했다. 학습은 사회적이다. 우리는 목표에 도달하기 위해 최대한 노력하면서 도움 받을 수 있을 때, 도전적이지만 성취 가능한 목표가 있을 때 가장 많이 배운다.

학습 능력의 범위를 확장하는 핵심은 비계scafolding라는 개념이다. 건축에서 임시 비계는 건축물이 구조적으로 견고해질 때까지 지탱하다가 어느 정도 든든해지면 철거된다. 이와 마찬가지로 아이에게 설득력 있는 글쓰기에 관해 설명할 때 교사는 "한번 해봐!"라고 말하지 않는다. 교사는 학습자가 알고 있는 내용을 먼저 확인한다. 그런 다음 설득의 목표를 설명하고 실제 사례를 활용해 어떻게 글을 쓰는지 알려준다. 교사는 주제, 주제를 뒷받침하는 주장, 증거, 반론 등 글의 구성 요소를 하나씩 나눠 설명한다. 글의 구성 아이디어를 다양하게 논의한 다음 학생에게 주제문을 작성해보라고 한다. 두 사람은 주제문을 다듬기 위한 전략과 아이디어를 구조화하는 방법에 관해 토론한다. 교사는 학생이 숙달될 때까지 지속적으로 도움을 주고 학생이 능숙해졌다고 판단하면 스스로 글을 쓰도록 한다.

비계는 학습에서 매우 중요한 역할을 한다. 교사, 부모, 또래 친구 또는 때때로 유튜브와 인공지능조차 비계가 될 수 있다. 학습자보다 더 지식이 있고 학습자가 더 많은 것을 이해할 수 있도록 도와줄 수 있는 모든 것이 비계가 될 수 있다. 모든 아이는 골디락스*와 같다. 아이들은 학습의 최적점 즉, 근접 발달 영역을 찾아야 한다. 그러려면 도움이 필요하다.

미국 학교에서는 학생들이 충격적일 정도로 많은 시간을 기본적인 정보와 기술 습득에 할애하고 있다. 이 때문에 마테오 같은 많은 아이가 자신의 근접 발달 영역에 도달하지 못한다. 여섯 개 중학

★ 서양 동화 《골디락스와 곰 세 마리》에 나오는 소녀 주인공. 어렵지도 않고 쉽지도 않은 적절한 난이도의 학습이 필요하다는 비유-옮긴이

교에서 1,600개 과제를 분석한 유명한 조사 결과에 따르면 전체 과제 가운데 4퍼센트만이 학생들에게 높은 수준의 복잡한 사고력을 요구하는 것으로 나타났다. 반대로 85퍼센트는 학생들에게 단순한 정보에 대한 기억이나 기초 역량을 요구하는 것으로 조사됐다. 하지만 반대의 경우도 문제가 된다. 당연히 어떤 아이들은 다른 아이들보다 더 많은 도움이 필요하다. 아이가 개념을 이해하는 데 어려움을 겪고 있는데 교사가 다음 단계로 넘어가는 경우도 많다. 결국 이 아이는 자신의 근접 발달 영역 밖에서 공부하는 어려움에 갇혀 버린다. 학습은 이전에 배운 것을 바탕으로 새로운 것을 쌓아가는 과정이다. 곱셈과 나눗셈을 시작하기 전에 분수를 이해하지 못하면 아이들은 이를 감당하지 못하고 포기한다. 아이들에게 필요한 것은 나누어 설명하고 내용을 정리하며 따라잡을 수 있도록 도와주는 학습 전략이다(이런 전략을 세우는 방법에 관해서는 7장에서 설명한다).

객관적으로 말하면 교사들은 근접 발달 영역의 모든 것을 이해하고 이를 수업과 시험 계획에 활용하고 있다. 하지만 모든 학생이 각자의 근접 발달 영역 안에서 학습하도록 도와주는 것은 정말 힘들다. 근접 발달 영역은 교사들이 학년 초에 한 번 측정하고 끝낼 수 있는 것이 아니다. 대부분의 학습과 성장은 눈에 띄지 않게 이루어지기 때문에 다양한 수준의 학생들이 섞인 교실에서 이를 파악하는 일은 쉽지 않다. 우리가 교사에게 요구하는 것은 의사에게 30명의 환자를 진찰하고 45분 안에 각 환자의 병을 진단한 다음 환자의 건강 상태가 변할 때마다 실시간으로 바뀌는 효율적인 개인 맞춤 치료 계획을 처방해달라고 요구하는 것과 다름없다.

그래서 교사들은 뒤처진 학생들을 위해 수업 내용을 복습하면서 동시에 각 학년에 요구되는 필수개념과 주 정부의 교육 기준을 충족시키려고 최선을 다하고 있다. 이 때문에 많은 학생이 근접 발달 영역 안에 있을 때는 지루함을 느끼고, 근접 발달 영역 밖에 있을 때는 수업 내용을 전혀 이해하지 못한 상태에 갇혀버린다. 아직 실현되지 않았지만 인공지능을 학습에 활용할 때 가장 큰 잠재력은 학생 개개인의 학습 수준을 파악하고 각자의 근접 발달 영역 안에서 지원과 도전을 제공할 수 있다는 점이다. 이는 교사들이 다양한 능력 수준을 파악해야 하는 지금의 교실 수업보다 아이들이 더 많은 것을 배우게 된다는 뜻이다.

학습에 참여하고 근접 발달 영역에서 학습할 수 있는 청소년의 능력은 어떤 수업이든 혹은 어떤 날이든 수많은 요인에 의해 영향을 받는다. 학생들이 학교에 오기 전에 충분히 영양을 섭취했는가? 많은 학생이 굶주린 채 등교하는데 이런 학생들은 그날 학습에 어려움을 겪을 것이다. 학생들이 살 곳이 있는가? 혹은 최근에 가족이 집을 잃어 스트레스를 받고 있는가? 아이들이 학교에서 안전하다고 느끼는가? 선천적 능력으로 인해 수업을 더 잘 이해하고 다른 학생들보다 앞서가고 있는가? 이들은 보통 학생들과 다른 방식으로 배우는가? 학습장애가 있는 아이들이 근접 발달 영역에 들어가는 데 필요한 구체적인 도움을 받고 있는가? 학습 방법을 도와줄 부모나 다른 어른들이 집에 있는가? 아이들의 역량과 능력에 가장 큰 영향을 미치는 요인 대부분은 인생에서 쌓아온 경험과 관계다. 이런 경험과 관계는 어떤 것인가?

학생들은 수업에 따라 하루에도 자신의 근접 발달 영역 안팎을 오갈 수 있다. 스텔라의 예를 들어보자. 앞으로 여러 장에 걸쳐 만나게 될 스텔라는 다양한 학습자 유형을 오간다. 경쟁이 치열한 필라델피아 공립고등학교 졸업반인 스텔라는 어린 시절 교육에 대해 아주 좋은 추억을 가지고 있다. 스텔라의 부모는 동네에 있는 진보적인 초등학교에 딸을 입학시켰다. 유치원부터 6학년까지 스텔라는 창의적인 활동, 의미 있는 학습 경험, 포용적이고 자신을 지지하는 선생님에 대한 좋은 기억이 있다. 철자법과 글쓰기에 어려움을 겪었지만, 기자가 되고 싶다는 의지가 강했다. 스텔라와 이야기하다 보면 기자라는 직업이 스텔라에게 상당히 잘 어울리는 이유가 쉽게 이해된다. 스텔라는 의견을 분명하게 표현했고 통찰력이 있으며 호기심이 강했다. 재미있는 이야기를 할 때마다 눈빛이 빛났다. 하지만 스텔라는 중학교 영어 수업에 커다란 부담을 느꼈다. 수업이 반복적이고 의미 없다고 느껴졌다. 스텔라의 논술 과제는 빨간 색연

필로 수정돼 돌아왔지만, 어떻게 고쳐야 할지 몰랐다. 그때부터 어차피 수업을 이해하지 못할 것이라고 생각하고 노력하지 않았다. 스텔라는 영어에서 자신의 근접 발달 영역 밖에 갇혀 있었고 결국 영어 수업 시간에는 완전히 수동형으로 바뀌었다.

스텔라는 자신의 능력이 부족하다고, 글쓰기를 다시 배웠으면 좋겠다고 느꼈다. 글쓰기를 완벽하게 배우겠다고 작심했던 5학년 이후 지금까지 배운 것이 별로 없다고 단언하지만 어떻게 도움을 요청해야 하는지 몰랐다.

스텔라는 선생님이 자신을 별로 신뢰하지 않는다고 생각했다. 선생님이 자신에게 별 기대가 없다는 걸 알기에 낮은 기대 수준에 맞춰 대충 과제물을 제출했다. 스텔라의 말에 따르면 "주제도 증거도 없는" 논술 과제를 제출해도 감점을 받지 않는다는 사실에 화가 났다. 하지만 선생님이 말도 안 되는 증거를 실제로 믿었다는 사실에 더 짜증이 났다. 선생님이 관심을 가지고 읽어보기는 했을까?

수학 시간에 스텔라는 정반대의 상황을 경험한다. 같은 수학 선생님과 2년째 공부하면서 좋은 성적을 받는 방법을 터득했다. 선생님에게는 구체적인 수업 운영 방식, 숙제를 내주는 방법, 스텔라가 확실히 이해할 수 있는 시험에 대한 기대치가 있다.

문제는 스텔라의 반 친구들이 수학을 매우 어려워한다는 것이다. 수학 선생님은 별도의 시간을 할애해 스텔라가 이미 아는 내용을 반 친구들에게 설명하는 경우가 많다. 스텔라는 어떤 과목을 이해하지 못하는 느낌을 알기 때문에 이런 상황에 공감하지만 사실 수학 수업은 스텔라의 근접 발달 영역 아래에 있다는 의미다. 스텔라의 능력에 비추어볼 때 수학은 도전적이지 못하고 지루하다. 그래서 스텔라는 교실 제일 뒷자리에 앉아 미리 다음날 숙제를 하는 데 이것도 금방 끝난다. 그러면 보통 20분 정도의 시간이 남아 휴대전화를 열어 소셜미디어를 하면서 그 시간을 보낸다.

스텔라는 자녀가 학교에서 아무것도 하지 않았다고 할 때 부모들은 그 말을 믿어야 한다고 말한다. "온종일 교실에 앉아서 아무것도 하지 않아요. 선생님들이 우리에게 아무것도 요구하지 않거든요." 스텔라의 부모는 이 말을 믿기 어려웠다. 아마도 부모들은 어렸을 때 학교에서 아무것도 하지 않은 적이 적이 없기 때문일 것이다. 하지만 스텔라는 최근에 4주 동안 금요일마다 결석했고 놀랍게도 수업에서 놓친 내용이 전혀 없었다.

영어 수업에서는 근접 발달 영역 밖에 있어 엄청난 부담을 느꼈다. 반면 수학은 근접 발달 영역에 미치지 못해서 정말 지루했다. 스텔라의 사례는 왜 10대 학생이 오전 10시가 되기도 전에 지루해하고 스트레스를 받는지 분명하게 보여준다. 이런 이유로 수동형 아이들이 가장 합리적인 학습자일 수도 있다. 이들은 자신이 통제할 수 있는 것만 하는 방식으로 지나치게 쉽거나 지나치게 어려운 환경에 대응하고, 학습에 무관심해진다.

배움이 불가능한 아이는 없다

어떤 아이든 근접 발달 영역에 진입하는 것은 어렵다. 학습장애가 있는 아이들에게는 거의 불가능할 정도로 어렵게 느껴지고 학교가 의욕을 꺾는 곳이 될 수 있다. 예를 들어 난독증이 있는 아동들은 패턴 인식에 뛰어난 능력을 보인다. 하지만 특히 다른 아이들과 함께 글자를 배우면 읽기에 어려움을 겪는다. 우리는 다른 학생들이 쉽게 익히는 것을 자신은 배울 수 없어 바보 같다고 느끼는 난독증 학생 여러 명과 이야기를 나눴다. 그들은 난독증 진단을 받은 뒤 알파벳의 순서를 바꿔 배우는 일처럼 특별한 도움을 받게 되면서 학교 공부에 성공했고 자신들의 강점도 살릴 수 있었다.

신경발달장애가 있는 청소년이 근접 발달 영역으로 들어가기 위해서는 특별한 노력이 필요하다.

에밀리는 어릴 때부터 조숙했다. 성격이 명랑하고 활기가 넘쳐 자연스럽게 사람들을 끌어당겼다.

하지만 여러 해 동안 에밀리는 학교에서 어려움을 겪었다. 하지만 세상을 자신만의 관점으로 바라보는 에밀리는 사람들과 소통하는 데 어려움을 겪었다. 하루는 에밀리가 등교 첫날에 뾰족한 요정 귀 모양의 머리띠를 했다. 사교적인 에밀리는 다른 아이들과 친해지고 싶었지만, 타인의 감정을 읽는 것을 어려워했다. 많은 아이의 감정을 읽느라 정신적으로 많은 에너지를 소모해서 학교에서는 기운이 다 빠졌다. 에밀리는 구구단 외우는 것도 힘들어했다. 에밀리의 아버지는 딸을 도와주려 했지만 에밀리는 눈물을 흘리며 "아빠는 내가 이해하는 방식으로 설명하는 법을 모르잖아요!"라고 말하곤 했다. 부모님은 에밀리가 첫째 아이여서 학교가 어떻게 운영되는지 몰랐다. 부모로서 걱정해야만 하는 상황일까?

에밀리의 부모는 딸이 힘들어하는 이유를 이해하려고 검사를 받아보기로 했다. 5학년 때 에밀리는 증상이 가장 가벼운 자폐스펙트럼 1단계로 진단받았다. 그 진단으로 에밀리의 가족은 에밀리가 왜 어려움을 겪는지, 근접 발달 영역으로 들어가려면 어떤 도움이 필요한지를 새로운 관점에서 바라볼 수 있게 되었다.

신경발달장애는 비정상적인 것이 아니라 인류를 구성하는 다양성의 일부다. 사실 오늘날 신경발달장애라고 진단하는 증상은 우리가 사회에서 중요하게 여기는 가치를 잘 반영한다. 학교는 전통적으로 중간에 있는 아이들에 맞춰져 있는 기관이다. 그래서 자폐스펙트럼, ADHD, 공감이나 감각 처리 차이 등 특정 영역의 양극단에 있는 학생들은 학교에서 학습이 어려워진다. 신경발달장애 학생들은 좌절감, 당혹감, 분노를 느끼고 결국 학습에 흥미를 잃는다. 이런 학생들의 요구를 파악하지 못하면 그들은 학교가 자신에게 맞지 않는다는 생각을 형성할 수도 있다. 역사가들이 행동과 관련된 기록을 보고 ADHD가 있었을 가능성이 높다고 이야기한 알렉산더대왕은 지칠 줄 모르는 에너지와 야심, 집중력으로 찬사를 받았다. 서른이 되었을 때 그는 역사상 가장 큰 제국 가운데 하나를 건설했다. 하지만 오늘날이었다면 수업 시간에 가만히 있지 못한다고 야단맞았을 것이다.

학교와 가정에서 도움을 받으면 신경발달장애 아동들도 잘 성장하고 성공할 수 있다. 전통적 학교 교육에 맞지 않는 독특한 방식으로 뇌의 신경망이 연결돼 있다는 사실이 오히려 어떤 분야에서 뛰어난 능력을 발휘하도록 만들 수도 있다. 창의성, 패턴 인식 능력, 고도의 집중력, 예리한 관찰력, 시공간 사고력, 뛰어난 기억력, 참신한 문제해결 능력은 ADHD, 자폐스펙트럼, 난독증을 가진 아이들과 연관된 다양한 능력의 일부다. 이런 이유로 NASA와 미국 안보 관련 부서 같은 조직들은 신경발달장애가 있는 사람들을 정기적으로 채용한다. 부모는 평가와 지원을 요청하는 일부터 자녀의 어려움과 강점을 파악하는 일에 이르기까지 신경발달장애 아이들이 잘 배울 수 있도록 돕는 중요한 역할을 한다. 여기에는 아이들이 제안하는 기발한 해결책을 적극적으로 지지하는 것도 포함된다.

에밀리는 수업 시간에 개별 과제를 해야 할 때마다 제대로 끝내지 못했다. 과제를 이해 못해서가 아니라 자폐스펙트럼 때문이었다. 에밀리의 시선을 빼앗는 것들이 너무 많았기 때문이다. 책장 옆에 있는 커다란 파란색과 흰색 카펫, 벽에 붙어 있는 빨간색과 보라색, 오렌지색 포스터, 교실 가운데 있는 책상, 선생님의 책상 위에 마커, 크레용, 종이가 들어 있는 상자 등 교실에는 집중력을 방해하는 사물이 너무 많았다. "우리의 뇌는 경주용 자동차 같아요. 모든 게 휙휙 빠르게 지나가거든요. 잠시 멈춰서서 주위를 둘러볼 장소가 필요해요." 에밀리는 우리에게 설명했다.

그해 어느 날 집중에 어려움을 겪던 에밀리의 눈에 교실 왼쪽 벽을 따라 일렬로 늘어선 수납장이 들어왔다. 그 안에는 미술용품, 책, 필기구, 간식이 가득했다. 싱크대 아래에 있는 수납장은 대부분 비어 있었다. 에밀리는 그 안에 들어갈 수 있을 것 같다고 생각했다. 그곳은 세상을 잠시 멈추게 할 완벽한 공간처럼 보였다.

에밀리는 케네디 선생님에게 자신의 기발한 아이디어를 제안했다. "싱크대 아래 수납장을 제가 집중해야 할 때 들어가는 공간으로 만들면 어떨까요?" 선생님은 전통적인 공립학교의 교장 선생님이 에밀리의 제안을 허락하지 않을 가능성이 높다고 생각했다. 싱크대 아래 수납장에서 공부하는 학생이라니? 계단 아래 좁은 벽장에서 지내는 해리 포터 같았다. 긍정적인 의미는 아니었다. 하지만 케네디 선생님은 무엇보다 에밀리가 성공할 수 있기를 바랐다. 게다가 교실 뒤에 책상을 두거나 복도에서 공부하는 방법 등 예전에 시도했던 다른 방법들은 효과가 없었다. 선생님은 에밀리에게 수납장의 문을 살짝 열어두는 조건으로 시도해볼 생각이 있다고 말했다. 이것은 모두가 에밀리를 지지한다는 메시지였다.

선생님은 이 계획을 부모님에게 알렸고 그들도 도와주기로 했다. 그런 다음 선생님은 대부분의 다른 교사가 하지 않았을 일을 했다. 케네디 선생님은 싱크대 아래 수납장을 깨끗하게 청소하고 배터리로 작동하는 조명을 사서 수납장 벽 안쪽에 설치했다. 에밀리는 정말로 좋아했다. 과제를 가지고 수납장으로 들어가면 자신을 방해하던 교실의 소음이 줄어들었다. "그 안에서는 혼자가 된 것 같았어요. 마침내 안정을 찾을 수 있었죠. 그리고 과제를 끝내면 수납장에서 나왔어요."

남자아이들은 왜 대체로 수동적일까

미국에서 실시한 설문 조사에 따르면 남학생들은 일관되게 여학생보다 학습 참여도가 더 떨어지는 것으로 나타났다. 이 책을 쓰기 위해 학생들과 면담하면서 우리는 수동형으로 시간을 보내는 남학생이 여학생보다 훨씬 더 많다는 사실에 주목했다. 성별에 따른 학습 무관심은 남학생과 여학생의 성적 차이에서도 잘 나타난다. 2019년을 기준으로 미국의 가장 빈도가 높은 고등학교 남학생의 평균 성적은 3.0이고 여학생은 3.23으로 나타났다. 미국의 남학생만 여학생보다 성적이 떨어지는 것은 아니다. 80개 국가에서 남학생은 핵심 과목인 수학, 읽기 또는 과학에서 낙제할 가능성이 여학생보다 50퍼센트 더 높은 것으로 조사됐다. 여학생의 대학 졸업률도 훨씬 높다. 2019년을 기준으로 남학생과 여학생의 학사 학위 취득률 차이는 15퍼센트였다.

 15살 소년 토머스가 한 이야기는 많은 남학생과 그들의 부모가 한 이야기와 비슷했다. 토머스는 친구들과 어울리고 축구를 하면서 주말을 즐겼다. 하지만 일요일 오후가 되면 늘 속이 불편한 느낌이 들었다. 화이트 선생님의 라틴어 수업이 가장 중요한 원인이었다. 화이트 선생님은 무작위로 학생을 지목해 최근에 낸 숙제에 관해 질문하곤 했다. 다른 아이들은 이름이 불리면 재빨리 대답했고 자신감이 있어 보였지만 토머스는 아니었다. 화이트 선생님이 토머스를 부르면 몸이 얼어붙었다. 토머스는 전학생이었고 수업을 따라가지 못했다. 토머스는 중학교 중반쯤에 학업 수준이 높은 소규모 사립학교로 전학을 왔다. 다른 학생들은 이미 일 년 동안 라틴어를 배운 상태였다.

토머스는 라틴어 수업을 매우 힘들어했던 반면 학교 스포츠팀에서는 유명한 학생이었다. 유명 프로축구 선수 이야기가 나올 때면 언제나 푸른 눈이 빤짝였다. 토머스는 수동형으로 대부분의 시간을 보냈다. 자신의 근접 발달 영역에 도달하기가 어려웠기 때문이다. 토머스는 ADHD 진단을 받았고 약 효과가 떨어지는 저녁에는 숙제에 집중하기 어려웠다. 토머스는 본의 아니게 숙제를 자꾸 미루는 버릇이 생겼다. 게다가 공부하는 방법을 배운 적이 없어 혼자 어려운 내용을 이해하느라 애를 먹었다. 시험에 겨우 통과할 정도만 공부하기가 너 쉬웠고 친구와 스포츠에 집중하기가 훨씬 재미있었다.

우리는 토머스의 비슷한 사례를 너무 많이 들었다. 어떻게 하면 우리 아들이 숙제를 하게 할 수 있을까요? 왜 아들이 공부에 더 많은 관심을 보이지 않는 것일까요? 아이들은 이렇게 물어본다. 우리 부모님은 왜 잔소리를 멈추지 못하는 것일까요?

이에 대한 한 가지 설명은 생물학에서 찾을 수 있다. 남자아이의 전전두피질은 여자아이보다 2년 늦게 발달하기 때문에 사춘기 남학생의 충동 조절, 계획 능력, 미래 지향적 사고 수준은 여학생보다 낮다는 것이다. 이는 남학생이 고등학교에 입학해 본격적으로 학업에 더 집중해서 공부하고 덜 놀아야 하는 시기에 특히 악영향을 미친다. 여학생들은 단순히 자연적인 두뇌 발달의 평균 시점이 이르다는 이유로 더 유리한 위치에 있다.

템플대학교 조던 셔피로 교수는 "남학생들은 학업 성취를 통해 사회적 지위를 얻지 못한다"라고 말한다. 청소년기는 "눈에 띄고 싶고 또래 집단과 어울리고 싶은" 시기라는 사실을 기억하라. 10대는 부모에게서 독립하고 또래 집단에 기여하는 방법을 찾는 방식으로 자신만의 정체성을 형성해간다.

수업에 어려움을 겪을 때 남학생들은 자신을 돋보이게 하는 다른 방법을 찾는다. 토머스처럼 자신을 눈에 띄게 만드는 정체성을 찾으려고 한다. 노력하지 않고 신경 쓰지 않거나 신경 쓰지 않는 척하는 것이 처음에는 멋있게 보이는 행동으로 시작할 수 있지만 곧 현실이 될 수도 있다.

우리와 면담한 한 고등학생은 이렇게 말했다. "중학생 때는 아무것도 모르는 척했어요. 하지만 지금은 정말로 학교에서 무슨 일이 벌어지는지 몰라요." 학생들은 노력하지 않을수록 학업에 더 뒤처지고, 사회적 지위를 얻기 위한 다른 방법을 그만큼 더 많이 찾으려고 한다.

관심 분야를 찾아내라

수동형 학생이라고 해서 아무것도 안 하면서 무기력하게 지내는 것은 아니다. 마테오는 중학교 3학년 때 로봇공학 수업을 들었다. 처음 교실에 들어갔을 때는 시험이나 과제를 내주는 교사가 없었다. 자리에 앉아 있는 학생도 없었다. 대신 전선과 회로기판이 넘칠 정도로 가득한 파란색 상자들이 교실에 흩어져 있었고 교사는 마테오에게 이것저것 만지고 돌아다니면서 탐구하라고 권했다.

"로봇공학은 제가 해본 것 중에 가장 멋있었어요. 제가 창의적으로 생각하도록 만들었거든요. 정답이 없는 유일한 수업이었어요." 토머스의 말에 따르면 로봇공학은 수업의 연속인 하루 가운데 가장 반가운 휴식 같은 시간이었다. 토머스는 처음으로 도전 의식을 느꼈고 성장을 경험할 수 있는 자신의 근접 발달 영역에 도달했다. 로봇이 미로를 통과하거나 울퉁불퉁한 지형을 헤쳐나가도록 프로그램을 짜는 방법에 관해 모든 것을 배우려고 여가를 활용하기 시작했다. 그리고 로봇공학 시간에 쏟아부은 열정이 다른 수업으로 번져 나가기 시작했다. 누가 시키지 않아도 저녁 시간이나 주말에도 활기차게 열심히 공부했고, 그 결과 로봇공학 선생님은 마테오에게 다른 학생들을 돕는 보조교사 역할을 맡기기도 했다.

로봇공학 수업이 마테오의 모든 학교생활을 즉각적으로 바꾸어놓지는 못했다. 마테오가 갑자기 영어를 좋아하게 되진 않았지만, 학습에 다시 참여하고 앞으로 나아갈 충분한 동기를 부여했다. 이런 경험이 마테오의 인생 방향을 바꾸어놓았다. 그는 노력과 학습의 선순환을 시작했다. 그의 정체성도 '학교를 빼먹는 반항아'에서 '코딩이 적성인 아이'로 서서히 변했다. 아무런 목표 없이 살아간다고 생각하는 친구들과도 점차 멀어졌다.

마테오는 좋은 고등학교에 진학하겠다는 새로운 목표도 생겼다. 고등학교 내내 학생들이 각자의 관심사를 추구할 수 있도록 하는 주 2회 인턴십 프로그램이 있는 학교에 입학하고 싶다는 꿈도 생겼다. 이 생각 덕분에 단순하고 지루한 학교 수업을 더 잘 견딜 수 있었다. 마테오는 입학 지원서를 보내고 초조하게 합격 여부를 기다렸다.

일부 학생은 단순히 근접 발달 영역 밖에 있어서 학교가 너무 쉽거나 어렵다고 느끼지는 않는다. 학교에서 배우는 내용이 자신의 인생과 현실 문제와 어떻게 연결되는지 모르기 때문이다. 수학은 기후변화를 해결하는 새로운 기술을 개발하기 위한 도구가 아니라 외워야 하는 일련의 공식일 뿐이다. 역사는 현재의 정치 상황을 구성하는 힘이 아니라 기억해야 할 수많은 날짜에 불과하다. 마테오는 학교가 너무 쉬웠고 전통적인 수업 내용에 관심이 없었다. 로봇공학 수업을 접하면서 학교에 흥미를 가지게 된 것이다.

청소년들에게 흥미란 발달에 필요하고 재미있으며 지루함을 피하는 유용한 수단이다. 교사는 수업에 단순한 즐거움(동영상, 퀴즈 게임, 상품)을 더하는 일이 아니라 무엇을 어떻게 배울지 학생들이

근접 발달 영역 위에 있는 수동형 아이들

생각	느낌	행동과 말
아, 어떡하지?	부담스러워서 어떻게 해야 할지 모르겠어. 부끄러워. 집중할 수 없어.	학교는 지루해.
뭐하고 놀까?	몰라, 성적이 전부는 아니잖아.	학교는 지루해

근접 발달 영역 아래에 있는 수동형 아이들

생각	느낌	행동과 말
이미 배운 거잖아.	짜증나, 학교는 시간 낭비 같아.	학교는 지루해.
도대체 이런 걸 왜 하는 걸까?	학교 공부는 시시해. 선생님은 나를 좋아하지 않아.	학교는 지루해.

수동형

선택할 수 있도록 하여 그들이 관심과 흥미를 갖도록 도와야 한다.

물론 학교에서 배우는 모든 내용이 흥미로울 필요는 없지만 학생들의 호기심을 자극하고 흥미를 느끼도록 돕는 일은 학습에 대한 무관심을 극복하는 가장 효과적인 방법 가운데 하나다. 청소년들이 수업이나 과외 수업 등 일상의 영역에 적극적으로 참여할 때 그 효과는 다른 분야로 확산된다.

모든 흥미는 사람(부모, 친구, 교사, 선배 등) 또는 환경(사물, 과제, 음악 듣기, 친구와 춤추기, 콘서트, 박물관, 별 관찰 등)과 상호작용에서 시작된다. 흥미와 학습의 관계를 연구한 토론토대학교 수전 하이디와 스와스모어 칼리지 앤 레닝거가 개발한 흥미 발달 4단계 중 첫 단계다.

흥미 발달 과정은 다음과 같다. 첫째로 아이의 관심과 주의를 끄는 주제가 생기며 호기심이 발동하고 관심을 갖기 시작한다. 이 것이 '상황적 흥미'를 유발한다. 예를 들면 어떤 학생이 교사가 토네이도에 관해 이야기할 때 갑자기 관심을 보이는 경우다. 학생은 교실을 나서면서 선생님이 이야기한 토네이도에 관해 생각하지만 아직은 깊이 파고들지 않는다. 교사, 가족, 코치 혹은 무언가가 개입해 토네이도에 지속적인 관심을 갖게 한다. 이런 사회적 도움이 흥미를 북돋우는 데 도움을 주고, 촉발된 흥미 단계에서 지속된 흥미 단계로 발전시킨다. 이 시점에서 토네이도에 관해 포털에서 검색해보

흥미의 발달 과정

1. 상황적 흥미 촉발 단계
관심사가 생긴다

2. 상황적 흥미 유지 단계
호기심을 해소하고 싶은 사물이나 주제에 관해 지속적인 관심을 가진다

3. 개인적 흥미 발현 단계
스스로 그 주제로 돌아가 더 많은 정보를 찾거나 다른 사람에게 도움을 요청한다.

4. 잘 발달한 개인적 흥미 단계
흥미가 정체성과 통합되고 독립적으로 전문 지식을 추구하며 자신만의 질문을 던진다.

출처: 수전 하이디와 앤 레닝거의 '흥미 발달 4단계 모형'을 근거로 재구성

거나 인공지능에 질문을 한다. 이 학생은 몇 주 또는 몇 달간 토네이도, 허리케인, 사이클론에 관해 깊이 파고들면서 더 많이 알고 싶어 한다.

마지막으로 자녀가 기상 이변에 집착하면서 새로운 지식을 찾고 풍하중과 토네이도를 견딜 수 있는 주택 건설에 관한 끊임없는 정보로 주변 사람들을 성가시게 한다면 '잘 발달된 개인적 흥미'를 가지고 있다는 의미다. 아이는 짧은 영상보다 날씨 공부를 더 좋아하고 기상학 뒤에 숨은 미적분 같은 어려운 문제가 나와도 끈질기게 물고 늘어진다. 흥미가 발달하는 과정에서 아이는 생각을 정리하는 방법을 배우고 날씨와 관련된 문제에 집중하게 된다. 날씨에 관해 배우는 일이 가치 있고 즐겁다고 느낀다.

부모는 상황적 흥미에 대한 불꽃이 타오르도록 부채질하고 아이들이 이를 개인적 흥미로 발전시키도록 하는 중요한 역할을 한다. 자녀가 관심을 보이는 내용에 관해 부모가 더 많이 알고 있을 필요는 없다. 사실 아이들은 자신은 무엇인가를 알고 있지만 부모는 모르는 것을 좋아한다. 자녀에게 자신의 관심 분야에 관해 부모를 가르칠 기회를 주는 탐구적 질문을 던지는 것만으로도 아이들의 지식이 확고해지고 열정을 키우는 놀라운 효과를 거둘 수 있다.

긍정적 청소년 발달 분야의 선구자인 피터 벤슨은 흥미를 유발하는 '불꽃'을 찾지 못한 젊은이들을 걱정했다. 그는 이 불꽃을 "자신의 내면 깊이 자리 잡고 있어 외부의 압력과 방해에 잘 휘둘리지 않도록 하는 열정을 발견하는 것"이라고 설명했다. 수십 년의 연구에 따르면 흥미나 불꽃은 긍정적이고 생산적인 젊은이의 정체성 확립뿐만 아니라 롤러코스터 같은 청소년기의 급격한 변화를 극복하는 데도 도움을 준다. 자신이나 다른 사람에게 해롭지 않다면 청소년의 불꽃은 무엇이든 상관없다.

수동형에 속한 청소년의 목표는 몇몇 상황적 흥미를 개인적으로 잘 발달한 흥미로 변화시키는 것이다. 여러 연구에 따르면 흥미는 학습을 위한 매우 강력한 에너지원이다. 아이들의 흥미와 학습이 상호작용을 하면 기억력과 주의력, 감정 조절, 자발적 집중력, 자기 효능감, 인내력과 같은 다양한 학습 능력을 증대시킨다.

흥미는 학교생활을 활기차게 만들 수 있다. 학자들은 이를 '재충전 효과'라고 부른다. 연구에 따르면 학생들이 어떤 것에 흥미를 갖게 되면 인지적으로 반복적이고 지치게 하는 과제를 지속하는 능력이 배로 증가한다. 예를 들면 학생들이 어렵고 지루한 과제를 수행한 다음에 흥미 있는 어떤 것에 관해 읽거나 글을 쓰는 짧은 휴식 시간을 주었다. 이후에 또 다른 지루하고 아주 힘든 과제를 주었을 때 그들의 끈기는 30퍼센트 증가했다. 재미있는 활동을 통해 에너지를 재충전했기 때문이다. 학생들의 에너지가 고갈된 것이 아니라 다시 충전된 것이다. 숙제가 지루하게 느껴진다면 흥미롭고 인지적으로 몰입도가 높은 활동을 해야 한다. 그리고 지루한 일로 다시 돌아가라는 것이다. 울리히 트라우트바인과 그의 동료는 5,528명의 독일 고등학생을 대상으로 흥미가 학습에서 어떤 역할을 하는지 알아보는 연구를 진행했다. 연구 대상 집단에는 최소한의 노력만 하는 학습에 무관심한 학생들과 어려운 과제도 꾸준히 할 의지가 있는 참여도가 높은 학생들이 모두 포함돼 있었다.

트라우트바인과 동료들은 연구를 통해 수업에 흥미를 느끼면 거의 노력하지 않는 학생들조차 부지런하고 노력하는 학생들만큼 학습에 몰두한다는 사실을 발견했다. 학생들이 관심을 보인 과목에서 흥미는 학습에 무관심한 학생들의 노력과 학습 참여도를 표준편차 이상 증가시킨 것으로 나타났다. 수학적 용어를 사용하지 않고 말하면 상당히 큰 차이라는 뜻이다.

또 다른 연구에 따르면 생명과학(생물학전공 포함)을 전공하는 대학생들이 가장 힘들어하는 필수 과목인 물리학 수업을 들을 때 교수가 학습에 대한 트라우트바인의 조건을 반대로 적용했더니 생명과학 전공자가 물리학 전공자만큼 좋은 성적을 거두었다는 사례도 있다.

교사가 해야 할 일은 학습에 무관심한 학생들이 가르치는 내용에 흥미를 갖도록 만드는 방법을 찾는 것이다. 마테오의 로봇공학 교사는 로봇공학의 원리에 관해 단지 강의만 하지 않고 학생들이 직접 실습할 수 있도록 했다. 학생들에게 자신의 학습에 관해 어느 정도 수준의 선택권과 주도권을 행사할 기회를 주는 빅픽처 러닝 모델은 학생들이 해마다 현장학습 경험을 선택할 수 있도록 하여 교실 안과 밖에서 각자의 역량을 개발할 기회를 제공한다.

3

현실에 필요한 최고 능력
목표지향형
완벽해지려다 무너지는 아이

스텔라는 10학년 때 처음으로 선택과목을 프랑스어로 신청했다. 프랑스어를 가르치는 로버츠 선생님은 젊고 활기가 넘쳤다. 나이도 스텔라보다 일곱 살밖에 많지 않았다. 로버츠 선생님은 학생들에게 자신이 프랑스어를 배웠던 방식이 싫어서 프랑스어 교사가 됐고 오랜 시간 프랑스어를 가르쳐왔다고 말했다. 스텔라는 로버츠 선생님에 대해 이렇게 말한다. "선생님은 우리와 거의 같은 시대에 자랐기 때문에 저와 비슷한 이상을 갖고 있어요."

스텔라는 프랑스어 수업에 정서적으로 참여하고 있다. 선생님과 친구들과 유대감을 느끼고 시간을 가치 있게 보낸다는 느낌을 받기에 인지적으로 참여한다. 자신의 학습 과정을 살펴보고 질문과 지식 탐구로 능력을 키우고, 부족한 점을 찾는 방법을 고민한다. 배운 내용을 완벽하게 습득하는 것에 만족감을 느끼기에 모든 것을 철저하게 이해하고 싶어 한다. 스텔라는 자신이 존경하는 교사에게 좋은 인상을 남기고 싶어 한다. 긴밀하게 연결된 스텔라의 정서적 참여와 인지적 참여는 교사와의 관계를 통해 서로 상승작용을 일으킨다.

로버츠 선생님은 스텔라를 진지하게 대하고 스텔라는 선생님의 존중에 보답하고 싶어 한다. 스텔라는 프랑스어 수업에 전력을 다한다. 내용을 이해하지 못할 때 질문을 하고 정답인지 아닌지 모를 때조차 대답한다. 이건 스텔라가 평소에 잘 하지 않는 행동이다. 친구들 앞에서 바보처럼 보이기를 두려워하지 않기 때문에 혼란스러운 내용이나 잠깐 다른 생각을 하다 무엇인가를 놓쳤을 때도 거리낌 없이 질문한다. 스텔라에게 프랑스어 수업은 영화에 집중해서 빠져드는 시간과 같다. 영화에 몰입하면 친구나 아빠에게 문자 메시지를 보내거나 온라인으로 사고 싶은 물건을 생각하지 않는 것처럼 말이다. 이런 경험은 고등학교 때 들은 다른 수업과 확실히 달랐다.

로버츠 선생님의 학생들은 그녀가 자신들을 진심으로 아낀다는 사실을 잘 안다. 선생님은 학생들에 관해 이것저것 물어보고 학생들을 돕기 위해 최선을 다한다. 스텔라는 3년 동안 계속 프랑스어 수업을 들었다.

이상적인 학습자의 모습

프랑스어 수업 시간에 스텔라는 목표지향형의 가장 이상적인 모습을 보여준다. 그녀는 선생님이 제공하는 모든 수업 활동에 적극적으로 참여할 준비가 돼 있고 선생님이 요구하는 모든 일에 뛰어난 성과를 내려고 한다. 목표지향형 아이들은 학습에 시간과 노력을 쏟는다. 이들은 계획 능력과 자제력 같은 뛰어난 역량을 갖추고 있고 다양한 업무를 효율적으로 처리하는 인상적인 능력을 발휘한다. 경쟁에서 이기는 것을 통해 동기를 부여받고, 부모와 교사의 칭찬을 받으며 우등생 명단에 이름이 올랐을 때 기쁨을 느낀다.

목표지향형 아이들은 출석률이 좋고 열심히 노력하며 성적이 좋다. 또한 과제를 정확히 완수하기 위해 질문하고 도움을 구한다. 따라서 학교, 부모, 선생님이 정한 기대 수준에 맞춰 탁월한 성과를 낸다.

세상은 목표지향형으로 활동하는 아이들을 좋아한다. 이들은 세계 최고의 은행, 학교, 법률회사, 건설회사, 병원, 비영리단체에서 근무하는 경우가 많다. 이들은 명확한 목표를 세우고, 단지 목표 달성뿐만 아니라 언제나 그 목표를 뛰어넘고 싶어 한다. 목표지향형 학생들은 학교에서 좋은 성적을 받는 것이 중요하다는 생각을 내면화했고, 이것이 중요한 동기가 된다. 그 결과 이들은 시간 관리, 일

처리 능력, 뛰어난 업무 수행력 같은 탁월한 업무 습관과 실무 능력을 기른다.

학교를 가치 있게 생각하고 적극적으로 수업에 참여하는 학생은 성적이 더 좋고 만족감도 더 높다. 이들은 소속감을 느끼고, 학교 공동체의 일원이 된 사실을 즐기며, 수업과 과외활동에 적극적으로 참여하며 자신들이 배우고 있는 내용에 관심이 많다. 이들은 졸업률도 높고 성적도 훨씬 뛰어나다. 행복감도 더 높고 술이나 약물 남용에 빠질 가능성이 낮다. 이들은 성취감과 열심히 노력해 얻은 결과를 좋아한다. 칭찬받는 것을 좋아하지 않는 사람이 있을까?

목표지향형 학생들이 익힌 습관은 현실에 필요한 최고의 능력이다. 실제로 이 책을 쓰기 위해 우리가 면담한 모든 목표지향형 아이들은 정말로 많은 것을 성취했으며 성과도 매우 뛰어났다! 선생님들은 성실함과 높은 기준뿐만 아니라 다른 학생들의 모범이 된다는 점에서 이들을 칭찬했다.

단지 행동적으로만 참여하는 수동형 학생들과 달리 목표지향형 학생들은 인지적으로도 참여한다. 이들은 생각하고 분석하면서 학습한 내용을 연결하고 직면한 과제를 이해하려고 노력한다. 또 어려운 시험처럼 힘든 일을 해내기 위해 자기 관리를 한다. 목표지향형 아이들은 최고의 모습을 보일 때 주어진 과제를 배우는 것에 흥미를 느끼고 이를 완전히 자기 것으로 만들기 위해 기꺼이 노력한다.

　수업에 참여하고 집중하며 결과지향적인 아이들이 참여의 정점에 도달한 것처럼 보일 수 있다. 이들은 인지적, 행동적 그리고 정서적으로 참여한다. 하지만 긍정적이고 미래 지향적인 것처럼 느끼던 모든 것이 어둡고 때로는 해롭게 변할 때, 목표지향형의 또 다른 측면이 나타날 수 있다. 때때로 목표지향형 학생들은 자신이 어떤 방향으로 나아가고 싶은지 생각하기보다 단지 주어진 요구에만 반응한다. 이들은 지시를 완벽히 따르고 교육제도는 이를 보상해준다. 하지만 끝없이 쏟아지는 요구를 충족시키는 일에 익숙해진 아이들은 자신에 관해 배울 기회를 놓친다. 아이들은 어떤 것에 관심이 있을까? 무엇이 아이들을 짜증나게 할까? 자신을 되돌아볼 기회가 없으면 그 길이 어디로 가는지 모르기 때문에 자신만의 길을 개척할 수 없다. 목표지향형 아이들은 이미 길 안내를 위한 내비게이션을 가지고 있다. 그래서 목표를 향한 다른 길을 찾아보거나 그런 길이 있을 수도 있다는 생각조차 하지 않고 그냥 내비게이션을 따라간다.

　목표지향형에 너무 오래 머무는 아이들은 자신의 창의성을 기르지 못할 위험이 있다. 정답을 찾는 데 너무 많은 에너지를 사용하면 일을 독창적으로 하는 방법을 생각하지 못한다. 어떤 학생들에게는 정답에 집중하는 방법이 일정 시간 효력이 있을 수 있다. 하지만 인공지능이 순식간에 복잡한 답을 찾아내는 시대에서 인간은 창의적인 문제해결 능력을 키워야 한다. 학생들이 목표지향형으로 너무 많은 시간을 보내면 그것이 정체성이 될 수 있다. '똑똑한 아이'라는 이미지는 어느 정도의 자신감 향상으로 이어진다. 하지만 지나친 성취 욕구는 아이들을 나약하게 만들고 실패에 대한 두려움 때문에 위험을 회피하는 예상치 못한 부작용을 불러올 수 있다. 성취를 즐거워하는 아이들도 많지만, 불행한 아이들도 점점 늘어나고 있다. 이런 아이들은 만점을 받고, 명문 대학에 입학하여 장학금을 받고, 자원봉사부터 독창적 연구와 스포츠에서 우수한 성적을 거두는 것까지 아찔할 정도로 많은 요구를 충족시키려고 자신을 몰아붙이고 있다.

불행한 목표지향형에 속한 이런 아이들은 퍼즐의 매우 중요한 한 조각을 놓치고 있다. 이들은 정서적으로 참여하지 못하고 있다. 이런 학생들은 게임의 규칙을 알고 그 게임을 잘하기 위해 많은 것을 희생한다. 하지만 내면은 공허하고 학업과 과외활동에서 받은 상과 별개로 그것이 왜 중요한지 또는 자신이 누구인지 모르고 있다. 놀랍게도 이런 불행한 목표지향형 아이들은 학업에 무관심한 아이들보다 정신건강 상태가 나쁘다. 이들은 스트레스, 극도의 피로, 우울증, 불안감으로 압도당할 위험이 크고 부정행위를 저지를 가능성도 높다.

우리는 이것을 목표지향형의 난제Achiever Conundrum라고 부른다. 이는 확고한 근면성과 성과에 대한 자부심처럼 우리가 자녀에게 바라는 것들이 오히려 해가 될 수 있다는 실망스러운 현실을 말한다. 이것은 부모와 교육자 모두에게 해결하기 어려운 문제다. 모두가 아이들이 스스로 밀어붙이면서 이루어내기를 바라지 무너지길 원하지 않는다.

목표지향에 숨어 있는 비극

스무 살의 활기찬 아미나는 애틀랜타에서 자랐다. 부모님은 대학원을 다니기 위해 나이지리아에서 미국으로 건너왔다. 그녀의 아버지는 변호사가 됐고 어머니는 엔지니어로 일했다. 이들은 성취욕이 강한 이민자여서 자녀가 개인학습, 학교, 동아리, 스포츠 등 모든 분야에서 뛰어나기를 원했다. 아미나의 부모는 경제적으로 여유가 있었기 때문에 그녀를 최고의 사립학교에 입학시켰다. 아미나는 부모를 실망시키지 않았다. 그녀의 고등학교 이력은 매우 화려하다. 전 과목 A 학점, 학생회장, 모의재판 회장, 축구·조정·농구 선수, 식당 아르바이트, 코딩과 인성 능력을 키우는 방과 후 프로그램 회원으로 일했다. 또 여러 비영리단체에서 봉사활동을 했다. 아미나는 이 모든 활동을 좋아했고 열정적으로 참여했다. 무엇이 아미나에게 동기를 부여했을까? 여러 가지가 있었다. 아미나는 자신의 선택권이 제한되는 것을 싫어했다. 책임지는 위치를 좋아하고 사람들은 성과가 가장 뛰어난 사람에게 책임을 맡긴다. 어쩌다 선생님이 마음에 들지 않을 때는 오기가 발동했다.

아미나는 훌륭한 성적으로 예일대학교에 입학했다. 너무도 당연한 결과였다. 하지만 대학에 입학한 지 얼마 지나지 않아 일이 뜻대로 되지 않기 시작했다. 똑똑한 친구들도 많았고 수업은 훨씬 더 어려웠다. 그녀는 컴퓨터공학을 전공했는데 수학에서 큰 어려움을 겪었다. 과제를 끝마치는 데도 이전보다 훨씬 더 오랜 시간이 걸렸다. 수업도 훨씬 더 많은 내용을 다루었다. 그녀는 힘들게 공부하는 것에 익숙하지 않았고 불확실성과 자기 회의감이라는 생소한 감정으로 불안감에 빠져 학습에 무관심해지기 시작했다. "고등학교 시절의 방식이 대학에서는 더 이상 통하지 않았어요. 고등학교에서는 항상 효과 있었기 때문에 어떻게 바꾸어야 할지 정말 모르겠어요." 그녀는 조정과 학업을 병행했고 결국에는 모든 일이 잘될 것이라고 스스로 위로하면서 바쁘게 지냈다. 예전에도 늘 그래왔기 때문에 해결 방법을 찾으리라 생각했다.

2학년이 되자 상황이 더 나빠지기 시작했다. 그녀는 공부에 집중하기 위해 조정부에서 탈퇴했다. 컴퓨터공학에 필요한 이산수학

과목을 수강했지만 결과는 좋지 않았다. 아미나는 사교 활동에 빠져 너무 많은 과외활동에 참여했다. 대학에서는 많은 활동보다 소수의 활동에 집중해야 한다는 사실을 몰랐기 때문이다. 그녀는 무엇을 깊이 파고들어야 하는지 전혀 몰랐다. 아미나는 예일 기업가 동아리와 투자 클럽 같은 몇몇 동아리에 지원했지만 거절당했다. 처음으로 실패를 경험했고 자신감이 크게 흔들렸다.

수업을 마치고 돌아오면 완전히 지쳐버렸다. 아미나는 어떤 것도 할 의욕이 생기지 않았다. 그래서 수업을 빼먹고 교수의 이메일을 무시하기 시작했다. 하루 대부분을 침대에 누워 지내면서 밤에는 친구들과 어울렸다. 이제는 자신이 누구인지도 몰랐고 모든 것이 귀찮게만 느껴졌다.

아미나는 열심히 공부하는 것에는 능숙했지만 실제 어려움과 실패를 겪어보지 못했다. 그래서 실패를 이해하지 못했고 대처하는 방법도 몰랐다. 아미나는 스스로 엄하게 다그치고 나서 가끔 도움을 구하곤 했다. 과외를 받았고 교수의 면담 시간에도 찾아갔다. 하지만 '도움이 필요한 학생'이라는 이미지는 그녀가 평생 이야기해온 자신의 이야기와 맞지 않았다. 그녀는 가족 누구에게도 무슨 일이 일어나고 있는지 이야기하지 않았다.

겨울 방학이 다가오자, 그녀는 무엇인가 해야 한다고 생각했다. 그녀는 수업에 낙제하기 직전이었다. 그녀는 지도교수를 찾아갔고 지도교수는 휴학을 제안했다. 그녀는 지도교수의 제안이 맘에 들지 않았다. 아미나는 한동안 고민한 후에 형편없는 성적과 점점 나빠지는 상황을 고려해 지도교수와 몇 차례 더 면담했다. 그리고 대학을 중퇴하는 것보다 휴학이 낫겠다고 결정했다. 그녀는 무거운 마음으로 서류를 제출하고 겨울 방학 동안 가족과 함께 나이지리아로 갔다.

아미나는 부모와 함께 있는 동안 이야기할 엄두를 내지 못했다. 부모님이 실망하는 표정을 마주할 수 없었기 때문이다. 자신이 휴학을 포기처럼 느꼈다면 부모님도 그렇게 생각할 것이라는 사실을 그녀도 알고 있었기 때문이다. 부모님은 그녀를 위해 너무 많은 것을 쏟아부었다. 어떻게 부모의 가슴을 아프게 할 수 있겠는가?

그녀는 불과 일 년 반 만에 행복한 목표지향형에서 불행한 목표지향형으로 전락했다. 대학에서 성공하지 못하자 그녀는 학습과 단절됐고 어떻게 다시 시작해야 할지 몰라 막막했다. 그녀는 고등학교 시절에 '거절 치료'를 받았다면 좋았을 거라고 생각했다. 그랬다면 실패에 대비했을 것이고 지금 느끼는 것처럼 실패가 자신이 가치 없다는 의미가 아니라는 것을 알았을 것이다. 좋은 대학 가기가 목표였고 그것을 이루어냈다. "다음 중요한 일은 무엇일까?" 자기 자신에게 물었다. "다음 목표는 무엇일까? 저는 무엇을 위해 공부해야 하는지 모르고 있었어요. 원하던 대학에 들어왔는데 다음에는 도대체 무엇을 해야 할까요?" 좋은 직업을 얻겠다는 생각은 그녀에게 동기를 부여하지 못했다. "어떤 열여덟, 열아홉, 스무 살 학생도 일 때문에 동기가 생기지 않거든요." 대학원도 마찬가지인 것 같았다. 아미나는 지금까지 자신의 목표를 선택할 수 있는 자의식을 키울 시간이 없었다. 지금은 성공하기 위해 무엇을 해야 하는지 정확하게 알려주는 사람도 없었다. 아미나에게는 아니니어도 기력도 모두 바닥났다.

모든 부모와 교사들은 학생들이 학교에서 성공하기를 바라시만 그것 때문에 정신건강과 행복을 희생하는 것을 원하지 않는다. 하지만 많은 학생이 좋은 성적을 위해 목표지향형으로 생활하면서 정신건강과 행복을 희생한다. 연구에 따르면 청소년들이 학습에 접근하는 방식이 행복에 영향을 미치는 것으로 나타났다. 불행한 목표지향형으로 지내는 것이 가장 치명적일 수 있다. 밍티왕과 스티븐 펙은 23개 공립학교에서 1,000명 이상의 학생을 대상으로 종단적 연구를 진행했다. 그리고 학생의 참여 수준이 정신건강, 학교에서의 성공, 장래 희망에 어떤 영향을 미치는지 분석하기 위해 고등학교 2, 3학년과 졸업한 지 일 년이 지난 학생들을 분석했다. 그 결과 인지적으로 참여하지만, 정서적으로 참여하지 못한 학생들, 즉 우리가 불행한 목표지향형이라고 부르는 학생들의 우울증이 가장 심하게 증가한 것으로 나타났다. 불행한 목표지향형에 속한 학생들은 학습에 완전히 무관심한 회피형 친구들보다 훨씬 더 우울했다. 물론 회피형 학생들도 정신적으로 상당한 어려움을 겪고 있었다. 여기에 더해 왕과 펙은 인구통계학적 차이(인종, 성별, 부모의 소득 수준)나 기존의 우울증은 연구 결과에 아무런 영향을 미치지 못했다는 사실도 발견했다. 이런 차이와 상관없이 정서적으로 단절되고 성취욕이 높은 학생 집단은 시간이 지나면서 우울증이 훨씬 더 심해졌다.

이 연구 결과는 학생들에게 있어 좋은 성적이 언제나 심리적으로 긍정히다는 의미는 아니라는 사실을 잘 보여준다. 실제로 그 반대가 사실인 경우도 흔하다. 연구에 따르면 불행한 목표지향형 아이들은 겉보기에는 성공한 듯 보였다. 열심히 공부하고, 활동에 적극적으로 참여하고, 수준 높은 과제물을 제출하고, 학교에서 배운 내용을 다른 지식과 잘 연계시켰다. 이들의 평균 학점은 4.1로 매우 높았다. 하지만 내적으로는 매우 불행했다. 이들의 우울증 수준은 정서적 참여도가 높은 행복한 목표지향형과 수동형 학생들보다 1~3점 척도를 기준으로 1점이 더 높았다. 불행한 목표지향형은 학교를 좋아하지 않았고 재미있다고 생각하지 않았으며 학교에 다니는 것 자체를 싫어했다. 이런 학생들 가운데 80퍼센트가 대학에 진학했지만 1학년이 끝난 후에 등록률은 80퍼센트에서 50퍼센트로 크게 하락했다. 이는 연구 대상 가운데 학습 참여도가 가장 낮은 회피형 학생들과 비슷한 수준이다.

목표지향형의 난제는 광범위한 현상이다. 미국, 유럽, 라틴아메리카 그리고 아시아의 72개 국가에서 나라가 부유할수록 성인의 행복 수준은 높아졌다. 하지만 청소년들은 그렇지 않았다. 실제로 청소년들의 삶의 만족도는 소득 수준이 올라갈수록 하락한다. 이런 추세를 발견한 연구원들은 청소년 교육의 강도와 경쟁을 원인으로 지적한다.

불행한 목표지향형에 속한 많은 학생은 정신건강 문제로 어려움을 겪고 있을 뿐만 아니라 성적에 대한 압박을 느껴 커다란 위험을 무릅쓰기도 한다. 일부 학교는 이를 학문적 부정직성이라고 부르지만, 대부분은 이를 부정행위로 생각한다. 비영리단체 도전 성공Challenge Success의 공동 설립자인 데니스 포프와 그녀의 연구팀은 2018년 이후 놀라울 정도로 높은 수준의 부정행위에 대해 경고해왔다. 네 명 가운데 세 명이 조사 시작 전 한 달 동안 부정행위로 간주되는 행동(예를 들면 혼자 해야 하는 과제를 다른 학생과 함께 하는 것 등)에 가담한 것으로 나타났다.

현재의 과제를 완벽하게 해내는 것에 정신없이 몰두하는 목표지향형의 학생들은 자신이 누구인지 또는 앞으로 어떤 사람이 되고 싶은지에 관해 생각할 시간적 여유가 없다. 청소년에게는 이런 중요한 질문에 관해 고민할 시간과 공간이 필요하다. 이런 질문을 그대로 남겨 두는 것은 아미나처럼 나중에 문제를 일으킬 수 있다. 자신 앞에 놓인 문제해결에 과도하게 집착하다 보면 정작 자신이 무엇에 관심이 있는지를 물어볼 여유가 없다. 목표지향형 학생에게 수업에서 어떤 부분이 재미있는지, 어디서 토론을 시작하고 싶은지 또는 앞으로 어떻게 수업을 진행하고 싶은지 물어보면 대답하지 못하는 경우가 많다. 하지만 언젠가는 이런 질문에 답해야 할 것이다. 존 마셜 리브는 이렇게 말한다. "이런 학생들이 자신의 내면을 들여다보면 그 안에는 아무것도 없다."

이 말은 기회가 주어졌을 때 어떤 방향으로 학습을 끌어갈지 모르는 아이들의 내면이 빈약하다는 뜻으로 이야기하는 것이 아니다. 그보다는 아이들의 무엇에 관심이 있는지 충분한 시간 동안 고민하지 못해서 기회가 왔을 때 주도권을 잡을 수 없다고 우려하는 것이다. 성취하느라 바쁜 아이들 가운데 상당수는 끊임없는 요구가 쏟아지는 교육 체계 속에서 자신의 정체성을 잃어버릴 위험에 놓여 있다. 이들은 질문에 답할 준비는 돼 있지만 그들의 인생 사전에는 균형이란 단어가 없다. 얼마나 많이 공부해야 충분할까? 얼마나 많은 과외활동이 충분한 것일까? 도대체 누가 자기성찰을 위한 시간을 가질 수 있을까?

우리는 모두 청소년들이 학교에서 성공하기를 바란다. 하지만 얼마나 큰 대가를 치러야 하는 것일까? 성취는 기회의 문을 열어준다. 하지만 많은 불행과 고통을 감출 수 있고 역설적으로 동기를 크게 약화할 수도 있다. 이것은 부모들에게 특히 어려운 문제이다. 분명히 우리는 교육의 장점에 관한 높은 기대와 확고한 가치관을 심어주고 싶다. 하지만 이를 지나치게 강조하고 싶지는 않다. 한 가지 방법은 실제로 존재하지만 구별하기 어려운 행복한 성취와 불행한 성취 사이의 경계선을 주의 깊게 살펴보는 것이다.

학부모와 심지어 교사도 목표지향형의 난제를 관리할 수 있는 한 가지 방법은 학생들이 성취에 대한 부담을 조금 더 내려놓을 수 있도록 도와주는 것이다. 탁월함을 추구하는 것은 좋지만, 그것이 한계를 넘어설 정도까지 아이들을 밀어붙이도록 해서는 안 된다. 이런 경우에는 적당히 공부하는 수동형의 행복한 아이가 불행한 목표지향형에 갇혀 불안에 떠는 아이보다 낫다.

수동형이라는 피난처

어떤 사람도 항상 추월차선에서만 운전할 수는 없다. 때때로 예상치 못한 장애물을 피해 차선을 바꾸고 속도를 줄여야 한다. 청소년의 정신건강 문제가 심각한 요즘 같은 시대에 잠시 수동형으로 지내는 것도 자신을 보호하는 방법이 될 수 있다.

우리가 만났던 디에고는 자신이 수동형이라고 말했다. 그는 경쟁이 치열한 STEM 공립 차터스쿨에 다니는 태평스럽고 잘 웃는 14세 소년이다. 디에고의 학교는 하루에 여덟 개의 상급 과정을 군대처럼 엄격하게 가르치는 것으로 유명하다. "우리 학교에는 몰입형 학생이 없어요. 우리 학교는 결코 그런 방식을 허용하지 않을 거예요." 디에고는 오전 8시부터 오후 4시까지 의무적으로 학교에 있어야 한다고 생각한다. 그가 해야 하는 일이지만 특별히 관심이 있는 것은 아니다. 그는 친구 만나는 것을 좋아하고 농구팀에서 활동하는 것을 즐긴다. 몇몇 수업은 재미있다고 생각하고 시험에 통과할 만큼 최소한의 공부만 하면서 기본적으로 평균 B 학점을 유지하고 있다. 그는 숙제를 대충 끝내는 경우가 많고 가끔 시험 전날에 벼락치기 공부를 하며 어쩌다 과제물도 제출하지 않는다.

"저는 학교생활이 개인 생활을 방해하지 않도록 해요." 잠잘 시간까지 숙제를 끝내지 못해도 그냥 자고 숙제에 신경 쓰지 않는다. 다음 날 수업 직전에 재빨리 끝내거나 친구 과제를 베껴 내기도 하고 아니면 제출하지 않을 수도 있다(이는 숙제를 제출하지 못한 불행한 목표지향형의 반응이 아니다. 아이에 따라 다르지만 불행한 목표지향형은 풀이 죽거나 울거나 분노하는 등 다양하게 반응한다). 디에고는 하루 30분의 게임 시간을 가장 중요하게 생각한다. 여기에 더해 비행기와 관련된 것은 무엇이든 조사하는 것을 즐긴다.

대학 진학이나 미래의 직업 선택권을 배제하지 않으려고 적당한 성적을 유지하면서 행복한 수동형으로 학교생활을 하는 아이는 불행한 목표지향형에 갇혀 불안과 우울증으로 괴로워하는 아이보다 여러 면에서 더 낫다. 적어도 이것이 디에고의 철학이다. 그는 친구들 가운데 상당수가 불행한 목표지향형이라고 생각한다. 몇몇 친구들은 붐아감 때문에 야이 필요하고 이긴 스트레스가 친구들에 미치는 부정적 영향도 잘 안다. "우리 반 친구들 가운데 3분의 1은 생활을 정리할 필요가 있어요. 그들은 학교에서 완벽해야 한다는 것 때문에 스트레스 받고 때로는 부모님들이 공부에 너무 엄격해 밤 11시까지 숙제를 해야 하거든요. 그리고 새벽 2시까지 소셜미디어를 보면서 쉬는 거죠. 다음 날 아침 7시에 일어나 에너지드링크를 마셔요. 그들은 늘 너무 불행해요."

완벽이라는 이름의 함정

행복한 목표지향형에 속한 청소년 대부분은 성취를 바람직한 시각에서 생각한다. 즉, 성취가 즐겁고 자신이 원하는 목표를 이루는 데 도움이 될 것이기 때문에 무엇이든 잘하고 싶다. 이들은 성취를 노력해서 얻을 수 있는 탁월함으로 생각하지만 완벽함은 그렇지 않다고 생각한다.

하지만 모든 면에서 무결점을 추구하는 완벽주의는 불행한 목표지향형의 저주다. 완벽함은 누구도 성취할 수 없는 불가능한 목표다. 누가 이들을 비난할 수 있을까? 완벽주의를 연구하는 런던정경대학교 심리행동과학 조교수 토머스 쿠란의 말처럼 "완벽주의는 모두가 좋아하는 약점이다."

누구나 완벽주의자를 좋아한다. 그들은 좋은 성과를 내고, 끊임없이 노력한다! 하지만 실패를 피하려고 노력하다 오히려 실패를 초래한다. 완벽주의자는 본질적으로 쉽게 무너진다. 탐구자의 역량을 키우기 위해 청소년들은 여러 일을 시도해보고 실패하면서 원인을 살펴보고 다시 일어나 시도하는 연습을 해야 한다. 어린이도 이런 과정을 거쳐 자전거 타는 법을 배운다. 하지만 불행한 목표지향형 학생들과 부모 그리고 주변의 친구들은 종종 넘어져도 다시 일어날 수 있다는 사실을 잊은 듯하다. 실패 가능성을 걱정하는 엄청난 스트레스가 친구들과 경쟁을 유발한다. 그 결과 학교는 성장과 즐거움이 아니라 고립과 불안을 경험하는 공간이 된다. 이런 감정은 학습에 대한 참여를 촉진하는 것이 아니라 오히려 방해한다. 주변과 단절되고 스트레스를 받으며 불행한 학생은 학습의 흥미로운 측면에 집중하는 데 어려움을 겪는다. 숙제와 시험은 매주 통과해야 하는 무의미하고 고된 절차일 뿐이다. 이들은 경쟁에서 이기기 위해 해야 할 일을 하지만 그 과정을 즐기지 못한다. 어떤 아이들은 자신들을 '로봇 학생'이라고 부른다.

쿠란은 이것이 우려스러운 상황이라고 지적한다. 완벽주의에는 여러 유형이 있다. 하나는 다른 사람이 완벽하기를 기대하는 것이고 다른 하나는 자신이 완벽해야 한다고 생각하는 것이다. 하지만 가장 빠르게 증가하고 있고 특히 해로운 결과를 유발하는 것은 사회적으로 규정된 완벽주의다. 이는 자신의 존재 가치가 다른 사람의 기대를 충족시키는 것에 달려 있다는 믿음이다. 거절이나 비판에 대한 아미나의 두려움과 자신이 부족하다고 여기는 감정은 이런 형태의 완벽주의에서 비롯된 것이다. 쿠란은 이런 유형의 완벽주의가 "불안감, 우울증, 자살 충동 그리고 거식증 등 심리적 고통"과 매우 밀접하게 연관돼 있다고 설명한다.

연구 과정에서 우리는 거의 모든 곳에서 완벽주의에 관해 들었다. 카터는 테네시주 작은 도시의 고등학교 2학년 학생이다. 그의 부모는 지방 자치 단체에서 관리자로 일하고 있다. 외부적인 요소로만 보면 전혀 문제가 없어 보인다. 하지만 주기적으로 갑작스럽게 발생하는 공황장애를 앓고 있다. 그는 공황장애를 "제가 벽과 마주하고 있는데 출구가 없는 느낌이에요"라고 설명한다. 부모님은 그냥 최선을 다하라고 이야기한다.

내 아이는 어떤 타입의 목표지향형일까?

행복한 목표지향형

- 목표를 추구하는 과정에서 스스로 높은 기준을 설정한다.
- 실수를 피하기 위해 과제를 검토하는 시간을 가진다.
- 성과가 좋을 때 기쁨과 만족감을 표현한다.
- 목표를 이루기 위해 자기 관리를 중요하게 생각한다.
- 실패나 좌절을 겪으면 상황에 맞게 조정하고 다시 시도한다.
- 장애물에 직면하면 목표를 조정하는 유연성을 발휘한다.
- 목표를 추구하는 과정에서도 수면, 가족과 친구와의 어울림 그리고 휴식 시간 사이의 건강한 균형을 유지한다.

불행한 목표지향형

- 시험에서 최고 점수를 받지 못하면 자신을 책망한다.
- 탁월하지 않은 성과를 완전한 실패로 생각한다.
- 자신이 정한 수준에 못 미치는 결과나 실패를 마주치면 지나치게 실망하고 속상해한다.
- 다른 사람의 기준을 충족시키는 일에 지나치게 신경을 쓴다.
- 더 많이 공부하거나 연습하기 위해 수면, 가족과 보내는 시간, 휴식 시간을 희생한다.
- 높은 수준의 성과를 유지하면서 불안감, 우울증 또는 기타 정신건강 문제의 징후를 보인다.

하지만 카터는 실패를 두려워하는 많은 아이와 마찬가지로 자신이 실수하면 다시 회복할 수 없다고 믿는다.

카터는 최근에 치른 SAT 시험에서 평범한 점수를 받았다. 카터의 부모는 자주 조언하면서 아들을 도와주려고 노력했지만, 그는 자신이 실패를 경험하도록 부모님이 내버려두었으면 좋겠다고 생각한다. 하지만 카터는 아직 그렇게 해본 적이 없다. 실패하면 어떤 일이 벌어질지 걱정되기 때문이다. 카터처럼 실패에 대한 두려움이 있는 아이들은 실패에서 회복할 수 없다고 믿는다. 그래서 안전한 길만 선택만 하고 커다란 위험을 감수하지 않는다.

학교는 아이들이 가장 많은 시간을 보내는 곳이다. 목표지향형으로 많은 시간을 보내는 아이들의 경우 "성취와 자신의 정체성을 연계하는 일에 너무 얽매여 있다"라고 말한다. 그래서 일이 잘 풀리지 않으면 절망에 빠진다.

연구에 따르면 카터와 아미나가 실패에 반응하는 방식은 완벽주의자들 사이에서 흔하게 나타난다. 쿠란과 그의 동료는 사람들을 실험실로 불러 완벽주의에 관한 설문지에 답하는 조사를 했다. 그리고 참가자들에게 고정식 자전거 운동기구를 타면서 서로 경쟁하도록 요구했다. 그런 다음 실제로 얼마나 잘했는지와 상관없이 참가자들에게 당신이 꼴찌를 기록했다고 말했다. 이들은 공개적인 패배에 어떻게 반응했을까?

경쟁에서 졌기 때문에 모두 기분이 나빴다. 누가 지는 것을 좋아하겠는가? 참가자들은 수치심과 죄책감이 더 커졌다고 보고했다. 하지만 사회적으로 규정된 완벽주의에서 높은 점수를 기록한 사람들은 전혀 다른 수준의 비참함을 경험했다. 이들은 완벽주의 점수가 낮은 사람들보다 훨씬 더 큰 수치심과 죄책감을 느꼈다.

다른 연구에서는 참가자들이 목표를 달성하지 못했다고 믿도록 만들었다. 이 실험의 목표는 완벽주의가 노력에 어떤 영향을 미치는지 알아보는 것이었다. 완벽주의자들은 최고가 되고 싶은 욕망 때문에 더 많은 동기를 부여받았을까? 그렇지 않았다. 연구원들은 완벽주의 수준이 낮은 사람들이 조금 더 깊이 파고들고 더 열심히 노력한다는 사실을 발견했다. 사회적으로 규정된 높은 수준의 완벽주의를 가진 사람들은 오히려 노력을 자제했다. 또다시 고통을 경험하고 싶지 않았기 때문이다. 적어도 실패를 경험하고 난 후에는 완벽주의가 노력에 도움이 되지 않는다. 이 연구에 따르면 완벽주의는 오히려 노력을 감소시켰다. 결국 완벽주의자들은 성과를 얻지 못한 채 커다란 정서적 고통만 경험했다.

쿠란은 최근에 완벽주의가 점점 더 보편화되고 있다는 사실을 발견했다. 완벽주의는 아이들을 병들게 한다. 1989년 조사에서 18세에서 25세 사이 대학생 9퍼센트가 다른 사람의 기대에 부응하기 위해 완벽해야 한다는 강박을 느낀 것으로 나타났다. 이들이 느끼는 압박감은 병원 치료를 받아야 할 정도로 심각했다. 2017년에는 이 수치가 배로 증가했다.

충격을 받은 쿠란은 이유가 궁금해졌다. 무엇 때문에 이런 결과가 나온 것일까? 완벽주의가 급격하게 증가한 현상을 이해하기 위해 그는 2년 동안 원인을 깊이 파고들었다. 그가 밝혀낸 결론은 우리를 불편하게 만들 가능성이 크다. 의도했든 그렇지 않든 부모가 압박감을 더 증가시키는 것 같다는 것이다.

쿠란은 완벽하지 못하다는 것에 대한 청소년들의 두려움이 거지는 현상은 주로 부모가 자신들에게 무엇을 기대하는지에 대한 인식에서 비롯된다는 사실을 발견했다. 부모의 기대와 비판은 대개 사회적으로 요구된 완벽주의와 함께 증가한다. 특히 아이가 만족할 만한 성과에 도달하지 못하면 부정적인 말을 하는 부모의 경우는 그 정도가 더 강했다. 이런 이유로 학생들은 개인으로서 자신의 가치가 학교 성적에 달려 있다고 믿게 된다.

쿠란은 부모를 비난하는 것이 아니라는 점을 분명히 밝히고 있다. 그는 부모는 단지 성과주의적이고 개인주의적이며 신자유주의적 사회의 가치관을 반영하고 있을 뿐이라고 주장한다. 부모들은 세상이 더 경쟁적으로 변하기 때문에 아이들을 밀어붙여야 한다고 생각한다. 부모는 아이들을 무조건 인정해줄 여유가 없다. 부모는 의도적으로 나쁜 역할을 하는 것이 아니라 점점 더 불안한 환경에

이성적으로 대응하는 것이다. 쿠란은 "기대치가 청소년들의 능력을 훨씬 넘어서고 있다"며 현실에 대한 안타까움을 드러냈다.

쿠란의 결론은 일부 부모들, 특히 부유한 부모들이 평소 자녀를 비난하기보다 자녀 주변을 맴도는 헬리콥터 부모, 혹은 성공으로 가는 장애물을 모두 제거하는 제설기 부모로 불렸다는 점에서 더 혼란스러워 보일 수 있다. 부모들은 어떻게 아이들을 과잉보호하면서 동시에 비난할 수 있는 것일까? 의도한 것은 아니지만 부모들은 아주 능숙하게 그 두 가지를 동시에 해내고 있다.

10대들은 매우 예민해 "최선을 다해" 같은 말의 미묘한 뉘앙스를 알아차린다. 그래서 아이들은 카터의 사례처럼 이 말을 "A 학점을 받아"라는 말로 받아들인다고, 하버드교육대학원 심리학자이자 선임 강사 리처드 웨이스버드는 말한다. 그는 "이것이 부모와 자녀 간 관계의 진정성을 약화시키거나 훼손시킬 수 있다"라고 이야기한다. 우리는 결과가 아니라 행복이 중요하다고 말하지만, 아이들이 밤늦게까지 공부하고 녹초가 되도록 만든다. 어떤 부모들은 최고점을 원하고 기꺼이 교육에 들어가는 비용을 부담한다.

청소년은 부모들의 말보다 행동에 더 주목한다. 여기에는 자신도 모르는 사이에 아이들에게 보여주는 많은 비언어적인 신호들이 포함돼 있다.

부모의 말	부모의 행동
가장 중요한 것은 최선을 다하는 거야.	시험 점수가 낮으면 아이를 질책한다.
성적은 그렇게 중요하지 않아.	전 과목 A 학점을 받은 성적표를 냉장고에 붙여놓고 "아이가 학교에서 공부를 잘해, 너무 자랑스러워"라고 주변에 알린다.
너의 선택을 존중해.	명문 대학에 관해 이야기하거나 직접 데리고 방문한다.

자신이 원하지 않는 목표가 설정될 때

　부모는 마법의 지팡이를 휘둘러 아이들을 둘러싼 모든 스트레스를 날려버리고 싶을 것이다. 지금은 모든 곳에서 끊임없는 스트레스가 발생하기 때문이다. 연극, 음악, 체스 동아리 등 예전에는 학교의 스트레스에서 훌륭한 피난처였던 취미 활동도 마찬가지다. 지금은 목표지향형에 속한 많은 아이들이 대학 입학이라는 포커 게임에서 사용하는 칩일 뿐이다.

　청소년 스포츠 세계가 대표적인 사례다. 아이들에게 스포츠는 팀의 일원이 되어 무엇인가를 더 잘함으로써 의미를 발견하는 생산적이고 건전한 삶의 활력소이자 사회적 활동이다. 선수들은 품위 있게 이기고 지는 방법을 배우고 실수에서 회복하는 방법을 배운다. 그리고 팀원들이 똑같이 회복하는 방법을 배울 수 있도록 도와준다. 또 자신의 정신과 육체에 관해 배우고 실제로 사람들이 얼마나 다를 수 있는지도 알게 된다. 많은 아이에게 스포츠는 참여로 향하는 입구이자 친구, 코치 그리고 완전히 다른 종류의 학습과 연결되는 통로다. 어떤 아이들에게는 스포츠가 학교생활의 어려움을 견디게 하는 해방구이기도 하다.

　하지만 많은 아이와 가족들에게 스포츠에 대한 헌신과 노력은 독으로 변했다. 거대한 미국의 스포츠산업 복합체는 어린 시절에 특정 스포츠에 대한 전문화, 막대한 비용 그리고 과도한 시간을 요구한다. 전문화에 따른 아이들의 부상도 증가하고 있다. 아이들은 충분한 수면도 취할 수 없다. 스포츠는 완벽을 요구하는 또 다른 무대로 변하고 있다. 스포츠에는 대학 입학과 장학금이 걸려 있다. 2016년 한 연구에 따르면 가족이 청소년 스포츠에 더 많은 돈을 쏟아부을수록 아이들은 그만큼 더 많은 스트레스를 받는 것으로 나타났다. 그리고 스포츠에 대한 즐거움과 헌신도 더 감소하는 것으로 조사됐다. 스포츠는 학교에 대한 정서적 참여를 촉진하는 대신 아이들의 제한된 자원을 고갈시키는 또 다른 요인으로 변하고 있다. 또 아이들이 가족과 친구들과 함께 보내는 시간을 빼앗고 새로운 것을 탐구하지 못하도록 방해하면서 시간만 소모하는 활동이 됐다.

사립학교에 다니는 버네사 로드리게즈는 지도 교사가 자신에게 중학교 필드하키팀의 골키퍼를 맡게 될 것이라고 말했을 때 필드하키에 관해 들어본 적도 없었다. 버네사는 이제 막 6학년이 되었고 필드하키에 전혀 관심이 없었다. 하지만 필드하키팀은 골키퍼가 필요했고 다른 아이들은 골키퍼를 하고 싶어하지 않았다. 수줍음이 많고 소심한 버네사는 반대할 생각조차 하지 못했다. 하지만 곧 훈련이 시작됐고 그녀는 몇 시간 동안 골대에 서서 날아오는 공을 맞아야 했다.

그날 저녁 그녀는 충격을 받은 채 집에 돌아왔다. 온몸이 멍투성이었다. 같은 학교에 다니는 그녀의 오빠는 깜짝 놀랐다. 하지만 다른 누구에게 이야기할 생각조차 하지 못했다. 두 남매는 최근에 푸에르토리코에서 이민을 왔고 경제적 사정이 좋지 않은 상황에서 운 좋게도 사립학교에 다니고 있다는 사실을 알고 있었다. 버네사의 부모는 아이들을 사랑하고 교육에 관심이 많았지만, 사립학교에서 이런 일이 일반적인 것인지 아닌지도 알지 못했다. 심지어 버네사의 부모는 불만을 제기할 권리가 있는지도 몰랐다. 두 아이 모두 학교에서 장학금을 받고 있었고 버네사의 부모는 자녀들에게 더 좋은 교육 기회를 주기 위해 미국 본토로 이주했다. 아이들이 장학금을 받지 못하면 어떻게 될까? 버네사와 오빠는 경험을 통해 하트포드의 공립학교가 좋은 대안이 아니라는 사실을 알고 있었다. 그래서 버네사는 학교에 적응하기 위해 최선을 다했다. 그녀는 모든 연습에 참여했고 110퍼센트의 노력을 쏟아부었다. 학교에서 높이 뛰라고 요구하면 버네사는 "얼마나 높이요?"라고 물었다. 공부와 필드하키에 시간 대부분을 쏟아부었다.

버네사는 모범생이 되는 방법과 뛰어난 성과를 내기 위해 주어진 과제 목록을 따라가면서 고등학교 시절을 잘 버텨냈다. 조용히 지내면서 최고의 성적을 받았고 과외활동에서도 두각을 나타냈다. 버네사는 조용히 지내면서 뛰어난 성적을 유지하느라 너무 바빴다. 그녀는 모의재판 동아리의 회장이 됐고 토론 동아리에서는 부회장이 됐다. 필드하키에도 전력을 다했고 마침내 주장이 됐다. 그리고 주 대표팀 선수로 선발돼 코네티컷 전역에서 열리는 대회에 출전했다. 선생님, 코치, 부모님 등 모두가 버네사의 성과를 축하했다. 버네사는 단 한 번도 불평하지 않았다.

고등학교 마지막 해에 여러 대학이 버네사에게 필드하키 장학금을 제안했다. 유일한 문제는 그녀가 필드하키를 싫어한다는 것이었다. 그녀는 자신이 벼랑 끝에 서 있다고 느꼈고 벼랑 아래에서 볼 수 있는 것은 어둠뿐이었다. 버네사는 어느 대학에 갈지 고민에 빠졌다. 4년 더 필드하키 경기를 할 수 있을까? 버네사는 자신이 무엇을 즐기고 하고 싶어 하는지, 어떤 사람이 되고 싶은지를 내면 깊은 곳에 있는 굳게 닫힌 작은 상자에 가두어두었다는 사실을 깨달았다. "저는 자신을 밀어붙이기만 하면서 스스로 감정을 무시하고 있었다는 사실을 발견했어요." 졸업을 앞두고 대학들은 그녀에게 결정을 내리라고 압박했지만, 버네사는 여전히 자신이 정말로 무엇을 하고 싶은지 알지 못했다(이 부분은 8장에서 설명할 것이다).

자기 주도력이 중요한 이유

청소년기의 목표가 인생의 의미와 자신의 가치를 발견하는 방법을 찾고, 어떤 사람이 되고 싶은지에 관한 몇몇 단서를 찾는 것이라면 아이들은 주변 환경을 둘러볼 필요가 있다. 하지만 목표지향형으로 대부분 시간을 보내는 청소년들은 성취라는 한 가지 결과에 집중하기 때문에 다른 가능성을 고려하지 못한다. 다시 말하면 이들은 필드하키를 너무 많이 하거나 입시 공부에 너무 집중하느라 실제로 좋아하거나 관심이 있는 것이 무엇인지 탐구할 여유를 갖지 못한다.

자기 주도력은 의미 있는 목표를 찾아내고 이를 달성하기 위한 수단과 방법을 동원하는 능력이다. 이를 위해서는 주변 환경을 어느 정도 통제할 수 있다는 믿음과 종종 도움을 요청하는 능력이 요구된다. 수동형에서 너무 오랜 시간을 보낸 아이들은 목표를 설정하거나 목표를 달성하는 데 필요한 역량 개발에 관심이 없기 때문에 이런 일에 어려움을 겪는다. 목표지향형에 갇혀 있는 청소년들에게는 다른 문제가 있다. 이들은 과제를 수행하는 능력은 뛰어나지만 자신이 처한 환경을 바꿀 수 있다는 믿음은 부족하다. 자신에게 주어진 목표 이외에 무엇에 관심이 있는지 파악하는 데 어려움을 겪는다. 고등학교 시절에는 목표 설정이 쉬울 수 있다. 대학에 진학하거나 발전 가능성이 큰 직업을 얻는 것이기 때문이다. 하지만 대학에 들어가거나 미래가 없는 직장에서 일하게 되면 아미나처럼 다음에 무엇을 해야 할지 모르는 경우가 많다.

아미나는 자신이 누구이고 무엇을 원하는지 모른다는 사실을 깨달았을 때, 상황을 바꾸는 방법을 찾을 수 있는 자기 주도력이 부족했다. 완벽함에는 많은 보상이 따라온다고 하지만, 회복탄력성은 모든 일을 완벽하게 하는 것이 아니라 어려운 일을 극복하는 과정에서 생겨난다.

퇴행한 목표의 위험성

사미르의 절친한 친구 가운데 한 명은 그를 골든리트리버에 비유한다. 매우 사교적이고 충성스러우면서 쉽게 산만해지기 때문이다. 사미르는 집 근처 식당에서 하얀 이를 드러내고 밝게 웃으면서 우리에게 인사했다. 대화를 시작한 지 10분 만에 옆자리에 있던 사람들이 우리 쪽을 보면서 목소리를 낮춰달라고 부탁했다. 중학교 시절의 이야기를 즐겁게 들려주면서 점점 더 목소리가 커지는 사미르에게 한 말이었다.

사미르는 인도계 이민자의 아들로 교육은 언제나 가족의 가장 중요한 문제였다. 여덟 살 때 사미르는 영재 프로그램에 들어갔다. 그는 교육의 특별한 혜택을 누리고 있었다. 영재 프로그램에서는 더 좋은 교사들이 가르쳤고 체험 학습도 많았으며 프로젝트도 더 다양했다. 사미르는 체험 학습을 특히 좋아했다. 게다가 그의 친구들도 모두 영재 프로그램에 함께 참여했다.

6학년 말의 어느 날, 초등학교 선생님들이 학생들에게 중학교 진학 준비에 관해 이야기했다. 학생들이 하나둘씩 교실을 나갈 때 사미르는 모든 학생을 위해 문을 열어주었다. 그는 친절하고 도움을 주는 아이로 유명했다. 사미르는 가장 마지막으로 나갔고 선생님은 그에게 학교 강당에서 열리는 설명회에 참석하라고 말했다. 그는 다른 아이들과 함께 강당에 들어가 회색 양탄자가 깔린 계단에 앉았다. 강당 앞에서 선생님들이 이야기를 시작하자 사미르는 주위를 둘러보았다. 하지만 그의 친구들은 한 명도 보이지 않았다. 그곳에는 영재 프로그램이 아니라 일반 교육 프로그램에 참여하는 아이들만 가득했다. 사미르는 가슴이 철렁 내려앉았다. 그는 속으로 '뭔가 잘못된 것 같아'라고 생각하면서 친구를 찾으려고 고개를 두리번거렸다. 그는 당황하기 시작했다. 선생님은 그에게 분명히 이곳으로 오라고 말했다. 하지만 다른 친구들은 왜 여기에 없는 것일까? 그는 설명회가 끝난 후에 선생님에게 어떤 것도 물어볼 용기가 없었다. 하지만 사미르는 엄마가 자신을 데리러 학교에 왔을 때 눈물을 터뜨리면서 무슨 일이 있었는지 이야기했다. 엄마는 학교에 전화해 알아보겠다고 약속했고 실제로 그렇게 했다. 하지만 아무런 답변을 받지 못했다. 그녀는 여러 차례 전화를 걸었지만 결과는 같았다. 하지만 더 이상 무엇을 할 수 있는지 알 수 없었다.

몇 년 후에 사미르는 자신의 교육구에는 영재 프로그램 평가 대상 학생을 선정하는 방법이 여러 가지라는 사실을 알게 됐다. 이 가운데 하나는 일곱 살에 실시한 IQ 테스트에서 학교 상위 10퍼센트 안에 들면 영재 프로그램의 대상이 된다는 것이다. 이런 아이들은 초등학교와 중학교에서 영재 프로그램에 들어갈 자격이 되는지 알아보기 위해 자동으로 평가받는다. 사미르는 상위 10퍼센트에 들지 못했다. 하지만 평가 대상이 되는 다른 방법은 학교장이나 부모의 추천이었다. 사미르의 엄마는 초등학교 시절에 사미르를 영재 평가 대상으로 추천한 적이 없었기 때문에 사미르는 교장 선생님이 추천했을 것으로 생각했다. 사미르의 어머니는 사미르의 재평가를 요구하는 이메일을 중학교에 보내야 한다는 사실을 몰랐다. 학교 시스템이 6학년 때는 영재로 평가했던 아이를 일 년 만에 영재가 아니라고 여기는 이유가 무엇일까?

중학교에 입학했을 때 사미르는 하룻밤 사이에 세상이 바뀐 것처럼 느꼈다. 그는 친구들 사이에서 영재반에 들어가지 못한 유일한 아이였다. 그는 새로운 친구를 사귀려고 노력했다. 연극반에도 가입하고 죽이 잘 맞는 친구들도 찾았다. 하지만 사미르는 단짝 친구들이 그리웠다. 영재 프로그램에 편입된 아이들은 시간표가 달랐고 점심시간도 달랐다. 그래서 옛날의 단짝 친구들을 거의 만날 수 없었다. "저는 점심시간에는 매일 혼자였어요."

영재 프로그램에서 탈락한 이후의 삶은 이전과 매우 달랐다. 사미르는 자신이 더 이상 특별하거나 똑똑하지 않다는 메시지를 받아들였다. 그러면서 시험 불안증을 겪기 시작했다. 시험이 있으면 시험을 치르지 않으려고 꾀병을 부리곤 했다. 공부를 하면서도 시험에 실패할 것이라는 걱정만 점점 더 커졌다.

자신의 능력을 믿지 못하게 된 사미르는 공부를 하지 않았다. 그 결과 성적이 크게 떨어졌고 결국 자신이 멍청하다고 확신하게 됐다. 이 때문에 학교에 가고 싶지 않고 자신이 망치고 있는 모든 것을 마주하고 싶지 않다는 부정적 감정이 강해졌다.

그는 점점 더 마음의 문을 닫기 시작했다. 가능하다면 학교, 선생님, 수업, 친구들을 모두 피했다. 숙제도 하지 않았고 엄마와 다투기도 했다. 그는 우울증으로 힘들었지만 아무에게도 이야기하지 않았다. 학교에서 다른 아이들이 그런 이야기를 하지 않았기 때문이다. 급기야 사미르는 학교에 가지 않게 되었다.

중학교 1학년 때 사미르는 15일이나 결석했다. 처음에 어머니는 아프다는 핑계를 진짜라고 믿었다. 몸이 너무 좋지 않아 그다음 날 학교에 갈 수 없다고 말할 때는 정말 아픈 것처럼 보였다. 하지만 얼마 가지 않아 사미르의 거짓말을 알아차렸다. 어머니는 사미르에게 학교에 가야 한다며 더 이상 이야기하지 말라고 했다. 이런 일이 벌어지면 사미르는 온갖 이유로 핑계를 댔다. 시험에 떨어질 것이고 시험 준비가 안 돼 있으며 좋은 성적을 얻으려면 공부할 시간이 조금 더 필요하다는 핑계를 비롯해 다양한 이유로 둘러댔다. 하지만 어머니는 학교에 가야 한다며 고집을 꺾지 않았다. 때때로 어머니가 이기면 학교에 가라면서 사미르를 문밖으로 내보내곤 했다. 하지만 대부분은 그냥 포기하고 출근했다.

2학년이 되어서는 3주 연속으로 결석한 적이 있었다. 학기 중반에 사미르는 유난히 힘든 한 주를 보냈다. 외롭고 의기소침해져 자해하고 싶다는 강한 충동을 느꼈다. 그는 스페인어 선생님을 제일 좋아했고 그녀가 자신을 아낀다는 사실을 알고 있었다. 그래서 사미르는 자해 충동에 관해 이야기하기로 결심했다. 스페인어 선생님은 사미르를 학교 상담 선생님에게 데려갔다. 상담 선생님은 몇 시간 동안 사미르의 이야기를 들었고 그가 그런 감정을 느끼는 이유를 찾아내도록 도와주었다. 상담 선생님은 어머니에게 전화를 걸었다. 남은 학기 동안 어머니는 사미르를 감시하듯이 세심하게 지켜봤다. 어머니는 걱정이 돼 수시로 사미르의 방에 들어와 기분이 어떤지 물으며 관심을 표현했다.

고등학교에 진학하면서 모든 것들이 더 나빠졌다. 1학년 때 그는 87일이나 결석했다. 학교에서 실시한 정신건강 검진에서 사미르는 괜찮다고 거짓말을 했다.

얼마 지나지 않아 그는 샤워와 양치질도 하지 않고, 침대에서 거의 나오지도 않았다. 그는 자살까지 생각했다. 가장 힘들었던 시기에 그는 모든 것이 회색으로 뒤덮인 것 같았다고 기억한다. 어머니는 점점 더 절박해졌다. 사미르를 치료사에게 데려갔지만 그는 치료받는 것을 정말 싫어했다. 그리고 몇 차례 상담을 받은 후에 가지 않겠다고 했다. 어머니는 끝없이 밀려오는 일을 하면서 아들 걱정에 시달렸고 학교에 보내야만 한다는 사실도 알고 있었다. 어머니는 고함을 치고 비명을 질렀다. 그럴 때마다 사미르는 숨기만 했다. 어머니는 집에서 아들을 뒤쫓아 다니다 방으로 들어와 강제로 학교에 보내려고 했다. 그녀는 그의 팔을 잡아당겼고 실수로 그가 가장 좋아하는 녹색 티셔츠의 목 부분이 찢어졌다. 티셔츠 가운데 절반은 어머니가 그를 학교에 보내려고 실랑이를 벌이다 찢어졌다.

4

문제아라는 착각
회피형
도와달라고 외치는 아이

사미르는 불안 때문에 등교를 거부하는 많은 아이 가운데 한 명이다. 등교 거부는 아이들이 학교에 가지 않으려고 하거나 학교에 있고 싶어 하지 않는 상태를 말한다. 이는 가끔 결석하거나 수업을 빼먹는 것과 다르다. 등교 거부는 학교에 가거나 학교에 머무르는 것 또는 특히 수업에 참여하는 것에 대한 극심한 두려움과 고통 때문에 발생한다. 코로나 팬데믹 이후 미국에서 등교 거부 사례가 급증했다. 학생들이 한 학년 동안 10퍼센트 이상 결석하는 만성적 결석은 팬데믹 이전 8퍼센트에서 2021년에는 22퍼센트로 크게 증가했다. 이 문제는 여전히 해결되지 않았다. 2022학년도에서 2023학년도에는 네 명 가운데 한 명이 만성적인 결석 상태였다.

사미르는 반항적인 유형에 깊이 빠져 있었다. 모든 일에 무관심해졌고 무력감 때문에 아무것도 하지 못하는 상태였다. 학생들이 회피형에 있을 때는 학습을 회피한다. 목표지향형에 속한 아이들과 달리 회피형 학생들은 인지적으로나 정서적으로 참여하지 않는다. 이들은 순응적인 수동형 학생들이 보여주는 행동적 참여조차 할 수 없다. 수동형 아이들은 최소한의 노력이긴 하지만, 학교에 출석하고 기본적인 숙제도 한다.

정서작으로 사미르는 학교에 소속감을 느끼지 못했다. 인지적 측면에서 학습에 관심이 없었고 책 읽기, 공부하기, 숙제하기, 도움을 요청하기 등 학습에 관련된 모든 활동을 회피했다. 행동적으로 사미르는 완전히 단절된 상태여서 학교에도 가지 않았다. 그는 자신이 처한 상황을 바꿀 능력이 없다고 느꼈다.

회피형에 속한 아이들의 몇 가지 일반적 징후는 사미르가 보여주었던 행동과 같다. 여기에는 반복적으로 학교에 지각하거나 결석하고 수업을 빼먹는 행동이 포함된다. 또 계속해서 과제를 제출하지 않고, 성적이 크게 떨어지고, 친구들과 관계에서 눈에 띄는 변화가 발생하면서 스스로 고립되는 경우도 있다. 하지만 사미르가 보여주지 않았던 징후들도 많다. 예를 들면 사춘기에 가끔 나타나는 감정 분출을 넘어서는 지속적인 분노, 수업이나 다른 활동에 반복적으로 방해하기, 지속적이고 매우 무례한 언행, 술, 마약 또는 범죄

행위 같은 위험한 행동 등이 포함된다.

회피형에 속한 아이를 키우기란 매우 어렵다. 부모는 가슴이 찢어질 듯한 걱정과 극단적 좌절감 사이 어딘가에 부모로서 실패했다는 생각이 자리 잡고 있다. 아이가 노력하지 않으려 하고, 학교에 가지 않으며, 평범한 일들을 온몸으로 거부하는 것은 부모에게 너무 당혹스러운 일이다. 부모는 아이들이 자신이 가치 있는 존재라고 느끼기 바라지만 가치를 얻기 위해 거의 아무 노력도 하지 않는다는 사실을 안다. 하지만 아이들이 저항할 때 어른들은 그들을 해결해야 할 힘든 문제를 가지고 있는 아이가 아니라 골치 아픈 문제아라고 여기는 경우가 대부분이다.

반항은 아이들이 가지고 있는 힘을 사용해 부모에게 일이 잘 풀리지 않는다는 것을 알리는 방법이다. 아이들은 어리기 때문에 어른들에게 생소한 방식으로 저항을 표현한다. 학생들이 왜 반항하는지, 어떤 감정과 어려움을 겪고 있는지를 부모, 교사 또는 코치들에게 자기성찰을 하듯이 이야기하는 경우는 거의 없다. 대신 어른들이 보는 모습은 말 안 듣고 골치 아픈 아이일 뿐이다. 하지만 아이 입장에서 반항은 도와달라는 외침이다. 부모는 아이들에게 꼬리표를 붙이는 대신 그들의 말에 귀를 기울여야 한다.

반항에는 자기 주도력이 있다

회피형에 속한 아이들은 자신의 목소리를 내기 위해 가능한 수단을 필사적으로 이용한다. 반항에는 종종 타당한 이유가 있다. 사미르는 자신이 다니는 학교에 계급 체계가 있다는 것을 알고 엄청난 충격을 받았다고 말한다. 사미르는 영재 학생들에게는 그렇게 효과적인 능동적 학습 방법이 다른 모든 학생에게 유익하지 않은 이유가 궁금했다. 사미르는 럿거스대학교의 에드워드 퍼거스 같은 학자들이 수년 동안 연구한 것들을 직접 목격했다. 그의 연구에 따르면 학생들의 노력은 학교의 정책과 교육 체계에 영향을 받는데 이는 특정 학생들을 앞으로 나아가게 하기보다 오히려 뒤처지게 할 수 있다는 것이다. 자신을 비참하게 느끼도록 만드는 교육 체계에서 벗어나고 싶었던 사미르의 충동은 순응적인 수동형 아이들과는 달랐다. 대신 사미르는 상황을 바꾸기 위해 내적인 욕구를 끌어내고 있었다. 다만 사미르에게는 모든 학생을 위해 현장학습이나 체험 프로젝트를 요구하는 것 같은 더 건설적인 목표를 위해 이런 욕구를 활용하는 자기 인식이나 능력이 부족했다.

회피형에도 긍정적 측면이 있다. 아이들의 반항은 학습 환경을 바꾸고자 하는 욕구를 보여주는 것이다. 캘리포니아대학교 교육대학장 페드로 노게라 교수는 수십 년 동안 모든 학생의 교육 성과를 형상하기 위한 방법을 연구해왔다. 그는 학교에서 어려움을 겪는 학생들이 종종 게으르다고 비난받는 현실을 우려한다. 이는 학생을 둘러싼 환경이 아니라 학생들에게만 문제가 있다고 생각하기 때문이다. 그는 아이들이 환경을 바꾸기 위해 행동을 취할 수 있는 능력을 개발하도록 도와야 한다고 주장한다. 여기에는 자신 앞에 놓인 장애물을 분석하는 비판적 사고능력과 이를 세우하기 위해 다른 사람과 협력하는 전략이 포함돼 있다. 아이들이 저항하면 주변 상황에 대해 어느 정도 통제권을 행사하고 있다는 의미다. 때로는 이것이 자신을 보호하는 방법이다. 하지만 저항은 학습에 지장을 주는 경우가 많다. 아이들은 학습 환경을 바꾸려고 행동하지만, 학교에 가까워지는 방향이 아니라 멀어지는 방향으로 행동한다.

　가족, 학교, 지역사회의 어른들은 아이들이 자기 주도력을 키우고 더 나은 방향으로 갈 수 있도록 도와줄 수 있다. 아이가 반항하는 모습을 보고 벌을 주기 전에 이런 행동의 원인이 무엇인지 이해하려고 노력하는 어른들의 모습은 아이들이 자기 주도력의 일부인 자기성찰 능력을 개발하도록 도와주는 것이다. 자기 주도력의 개발은 시간이 걸린다. 어른들이 자기성찰뿐만 아니라 자신에게 필요한 것에 관해 창의적으로 생각하고 앞으로 나가는 전략을 세우도록 도와줄 때 청소년들은 자기 주도력을 키울 수 있다. 궁극적으로 이런 자기 주도력은 청소년들에게 장애물 극복에 필요한 자원과 도움을 이용할 수 있도록 힘을 주고 중요하다고 생각하는 목표를 추구할 수 있게 해준다.

이런 중요한 측면에서 회피형 아이들은 수동형이나 목표지향형 아이들보다 우위에 있다. 아이들이 대충 공부하거나 성취에만 집중하면 학습 환경을 주어진 그대로 받아들인다. 이들은 최소한의 과제만 수행하거나 제공된 틀 안에서 성공하려고 노력한다. 학교가 학생의 자기 주도력을 키우기 위한 목적으로 설계되지 않는 한, 수동형이나 목표지향형에 속한 아이들은 자기성찰보다 순응을 더 중요하게 생각한다. 이들은 성인들이 원하는 방향으로 움직이면서 학교의 요구 사항에 맞추려고 할 것이다. 회피형 아이들은 종종 부정적인 방식이기는 하지만 자신들만의 방식으로 상황을 바꾸고 싶다는 의지를 보여준다.

회피형에 속한 아이들이 겪는 문제는 학습 환경을 바꾸고자 하는 욕구와 이를 건설적인 방식으로 활용하는 능력은 별개라는 것이다. 이런 학생들은 수업을 빼먹거나 학교에서 문제가 되는 행동을 통해 학습을 거부하고 회피하고 방해한다. 때로는 반항이 좌절보다 더 건전하다. 하지만 상황을 반전시키는 데 필요한 도움을 받지 못하면 아이들은 회피형에서 반항아의 정체성으로 굳어질 수 있다. 이런 행동은 자신들을 문제아로 인식하는 어른들의 인식을 더욱 견고하게 하고 더 큰 저항을 불러일으키며 더 부정적인 결과를 초래

한다. 이것은 마치 후진 기어를 넣고 가속페달을 밟는 것과 같다.

많은 회피형 청소년들은 눈에 띄는 행동을 한다. 수업을 방해하거나 친구들과 싸우고 교장 선생님이나 부모에게 고함을 지르다가 퇴학에 직면하게 되면 부모님이 학교에 불려 온다. 상담 교사도 개입한다. 그리고 이런 상황을 해결하기 위한 대책도 수립된다. 사미르처럼 스스로 고립시키면서 학교를 회피하는 아이들은 사각지대에 놓일 위험이 더 크다.

학교에서 회피형으로 지내는 것은 학생들에게 치명적이다. 어떤 것도 소용이 없는 것처럼 느낀다. 학교와 그 안에서 자신의 위치에 관한 생각은 악순환의 고리가 된다. 자신이 가치가 없다고 생각하고 무의미한 행동을 시작한다. 이런 행동은 자신이 쓸모없다는 생각을 더 확고하게 만든다. 이 모든 행동의 의미는 자신들이 능력이 없고 어디에도 속하지 못한다는 것이다. 이런 상황에서 노력해야 할 이유가 있을까? 결국 회피형 학생들은 자신들은 힘이 없고 통제력도 없다는 자신의 이야기를 만들기 시작한다.

"동기도 없고 공허한 느낌이 들었어요. 어차피 통과하지 못할 것 같아 시험을 치르고 싶지 않았어요. 아무것도 하고 싶지 않았어요. 모든 것에 무감각해지고 앞으로 나갈 수가 없었어요."

사미르는 회피형에 깊이 갇혀 있는 전형적인 사례였다. 그의 행동, 감정 그리고 생각은 모두 학교를 향해 "아니오"라고 외치고 있었다. 하지만 이런 행동유형이 언제나 명확하게 드러나는 것은 아니다. 어떤 아이들은 조용히 회피형으로 전락한다. 내면에서는 폭풍이 일어나고 있지만 겉으로는 조용하다. 회피형에 속해 있는 아이들이 겉으로 보여주는 모습과 실제 생각은 다른 경우가 많다.

아이들이 원하는 것은 소속감

시미르는 다른 회피형 학생들과 마찬가지로 자신은 학교에 맞지 않는다고 생각했다.*

사미르는 다른 사람들이 자신을 단순히 학업을 기피하는 학생이라고 생각한다는 사실을 알고 있었다. 겉보기에 사미르는 지나치게 불안해하고 근면성이 부족한 학생처럼 보였다. 하지만 내적으로는 자신이 어디에서 소속감을 느낄 수 있는지, 자신이 가치를 더할 수 있는 곳은 어딘지, 사람들이 신경 써줄 만한 존재로서의 가치가 있는지에 관해 고민하고 있었다.

소속감은 다른 사람들과 연결됐다는 느낌에서 비롯되고, 이는

★ 학생의 참여에 대한 초기 연구들은 학생들이 학교에 소속감을 느끼는 것이 중요하다는 점을 밝혀냈다. 여기에는 학생들의 중퇴를 예방하는 핵심 요소 가운데 하나로 학교 공동체의 중요한 일원이라고 느끼는 감정도 포함된다-저자

인간이 성장하고 성공적으로 살아가는 데 매우 중요하다. 친구가 있고 자신을 도와주는 사람들과 인적 관계를 맺은 사람들은 더 오래 살고 더 행복하며 더 의미 있는 경험을 하게 된다. 반대의 경우도 마찬가지다. 사회적으로 단절되면 하루에 담배 15개비를 피우는 것과 같은 위험에 노출된다.

소속감이 없다고 느낄 때 우리는 이를 뒷받침하는 증거를 찾으려는 경향이 있다. 우리의 부정적 믿음을 확인시켜줄 증거를 수집하는 것이다. 텍사스대학교 오스틴 캠퍼스 심리학과 데이비드 에기 교수는 이렇게 설명했다. "선생님은 비판적이고, 친구는 스터디그룹에 들어오지 않고, 눈을 부라리는 사람도 있고 숙제는 무의미하게 느껴집니다. 이런 모든 부정적인 일들이 당신이 그곳에 어울리지 않다는 증거처럼 보이죠. 하지만 이것은 당신이 그런 관점에서 세상을 보기 때문입니다."

이런 경험은 소속감 불확실성으로 알려져 있다. 이것은 아이들이 학습을 가능하게 만드는 수백 가지의 작은 행동들을 하지 못하도록 하는 시발점이 된다. 예를 들어 숙제를 도와달라고 요청하거나 궁금한 점이 있을 때, 교사에게 질문하거나 친구들에게 조언을 구하고 부모님에게 힘든 상황에 관해 이야기하는 것을 방해한다. 성공적인 학습에 필요한 행동들을 거부하면서 아이들은 더 많은 실패를 경험한다. 결국 저항 외에 다른 선택은 없었다고 느낀다. 자기 주도력이 작동되지만 학습을 향한 것이 아니라 학습에서 멀어지는 잘못된 방향으로 발휘된다.

사미르는 친구들에게 자신의 감정에 관해 더 많이 이야기할 수도 있었다. 어머니에게도 학교가 자신을 얼마나 힘들게 하는지 말할 수 있었다. 그가 먼저 상담 교사를 찾아가 도움을 요청할 수도 있었을 것이다. 또 뒤떨어진 학습을 보충할 수 있는 계획을 세우기 위해 교사에게 도움을 요청할 수 있었다. 하지만 그렇게 하지 않았다. 의지가 약했거나 성격에 문제가 있어서가 아니었다. 그는 학교가 보내는 많은 신호들을 '너는 학교에 어울리지 않아' '너는 능력이 없어' '너는 중요한 존재가 아니야'라는 의미로 받아들이고 있었다.

아이들은 소속감을 느끼지 못할 때 예민해지고 반항하고 거칠게 행동하고 외부와 단절하고 과제를 이해하고 완수하는 데 어려움을 겪을 수 있다. 아이들의 정신이 주변 환경을 살펴보면서 위협이 있는지 없는지 알아보는 데 쏠려 있기 때문이다. 학습은 더 어려워질 수밖에 없다.

2011년 스탠퍼드대학교 그레그 월튼과 제프리 코언 교수는 학생들을 두 개 집단으로 나누었다. 시험군 학생들이 처음에는 대학에 소속감을 느끼지 못하지만, 시간이 지나면서 이런 걱정이 사라진다는 설문 조사 결과를 읽었다. 그런 후에 자신들의 우려가 시간이 지나면서 어떻게 변했는지에 관해 글을 쓰고 다음 해 신입생을 대상으로 하는 짧은 연설 영상을 녹화했다. 대조군 역시 설문 조사 결과를 읽었지만, 그 내용은 학생들이 대학의 물리적 환경에 어떻게 익숙해졌는지와 같은 다른 주제에 초점이 맞추어져 있었다. 결과는 놀라웠다. 실험군에 속한 학생들은 더 높은 평균 학점을 받았을 뿐만 아니라 대조군 학생들보다 성적이 상위 25퍼센트에 속할 가능성이 더 높았다. 그리고 아마도 가장 놀라운 점은 3년 후에 실험군에 속했던 학생들이 더 행복하고 건강하다고 응답했다는 것이다.

학생들이 소속감을 느끼면 무기력하거나 고통스러운 상황에서 벗어나기 쉽다. 이들은 새로운 전략을 세우거나 새로운 공부 친구를 찾거나 다른 선생님에게서 긍정적 평가를 받았다는 사실을 기억해낼 수 있다. 그래서 학습에서 이탈하거나 무관심해지지 않고 계속 참여하게 된다.

반항의 진짜 얼굴

약간의 반항은 좋은 영향을 미칠 수도 있다. 진단받지 않은 학습장애, 따돌림, 사회적 고립 또는 인종차별 같은 문제에 관해 관심을 촉구할 수 있는 하나의 방법이 되기 때문이다. 하지만 반항이 정체성으로 확대되면 사미르의 사례처럼 상황이 빠르게 통제 불능 상태에 빠질 수 있다.

수년간의 연구에 따르면 학생들이 학교에 더 무관심할수록 슬픔, 불안, 우울증을 겪을 확률이 더 높다. 앞서 설명한 것처럼 회피형 학생들은 불행한 목표지향형과 마찬가지로 정신건강 상태가 나쁘다. 이들은 겉으로는 성공적인 학교생활을 하는 것처럼 보이지만 실제 내면적으로는 정서적 고통을 겪고 있다.

수학 시험에 통과하지 못했다는 일시적 사건이 학교에서 적응하지 못한다는 학습자의 정체성으로 변할 때, 아이들은 불건전한 오락으로 스스로를 마비시키고 이는 하락의 악순환을 가속한다. 결국 아무것도 시도하지 않는 것이 하나의 정체성이 되는 것이다.

정체성의 형성은 청소년기의 부산물이 아니라 중요한 목표이다. 케임브리지대학교 신경과학자인 사라-제인 블레이크모어는 청소년의 두뇌를 연구한 《나를 발견하는 뇌과학》에서 청소년기는 우리가 결과적으로 어떤 사람이 될지, 즉 자신의 정체성을 형성하기 시작하는 시기라고 주장한다. 물론 우리는 완성된 인간이 아니며 고정된 상태로 있지도 않다. 인간 되기의 아름다움은 진화하고 적응하며 변화하고 성장하면서 배우는 능력에 있다. 하지만 우리가 청소년기에 습득하는 경험, 감정, 능력은 인생의 중요한 토대가 된다. 이 단계에서 청소년들은 자신이 누구이고, 어떤 사람이 되고 싶은지 사회에서 어디에 속하는지에 관한 질문과 씨름해야 한다. 아동 발달 분야를 연구하는 학자 에릭 에릭슨은 이 같은 청소년 발달의 단계를 '정체성 대 역할 혼란'이라고 불렀다. 청소년들은 다양한 정체성을 시험해보면서 자신에게 잘 맞는다고 생각하는 정체성을 찾아가기 시작한다. 회피형 청소년들은 종종 학습이나 정신건강에 도움이 되지 않는 정체성에 갇혀 있는 경우가 많다.

회피형 아이들은 실패를 통해 학습된 무기력에 빠져 사기 수노력을 잃어버릴 위험이 매우 크다. 자신이 처한 환경을 바꿀 힘이 없다고 느낀 사미르의 사례가 이에 해당한다.

자녀들이 학습된 무기력 상태에 빠지기를 원하는 부모는 없다. 한 연구는 학습된 무기력이 가능성에 대한 우리의 인식을 "나는 이것을 할 수 없어"에서 "나는 아무것도 할 수 없어"라는 포기 상태로 변화시키는 방법을 잘 보여준다. 1960년대 말 심리학자 마틴 셀리그먼과 스티븐 마이어는 무작위로 전기 충격을 준 두 집단의 개들을 상대로 학습된 무기력을 관찰했다. 첫 번째 집단은 전기 충격을 통제하거나 피할 수 없었지만, 두 번째 집단은 손잡이를 당겨 전기 충격을 멈출 수 있었다. 그런 다음 두 집단의 개들을 바닥에 전기가 흐르는 실험실에 넣고 또다시 무작위로 전기 충격을 가했다. 하지만 한 가지 속임수가 있었다. 실험실의 일부 바닥은 전기가 흐르지 않았다. 전기 충격을 멈추는 손잡이는 없었다. 하지만 모든 개가 작은 장벽을 뛰어넘으면 안전한 곳으로 갈 수 있었다.

전기 충격 장치를 끄기 위해 손잡이를 누르도록 훈련받은 개들은 충격을 피하려고 즉각 반대편 바닥으로 뛰어갔다. 하지만 상황을 통제하거나 처음부터 그럴 기회가 없었던 다른 개들은 그 자리에 가만히 앉아 있었다. 개들은 무기력해져서 아무것도 하지 않았으며 전반적으로 동기를 잃어버렸다. 어려움에 직면했을 때 무력감을 느꼈고, 상황이 변했을 때조차 무력감을 극복하지 못했다.

학습된 무기력을 경험한 회피형 학생들의 뇌는 자신들에게 불리하게 작용하도록 한다. 여러 연구에 따르면 학습된 무기력 상태일 때 뇌의 신경 활동이 전반적으로 감소하는 것으로 나타났다. 신경과학자들은 통제감을 느낄 때 일반적으로 활성화되는 뇌 영역이 학습된 무기력을 경험하는 순간 감소 활동을 보인다는 사실을 발견했다. 또 이런 감정을 경험할 때는 뇌 영역 사이의 조정 능력도 떨어진다. 관제사 역할을 하는 전전두피질과 신체의 운동 조절, 감정, 기억을 관장하는 뇌의 다른 영역과 소통도 감소한다. 중앙통제소가 이륙하고 착륙하는 비행기를 관리할 수 없는 상태가 되는 것이다. 그래서 학습된 무기력을 겪은 뇌는 학습에 어려움을 겪는다.

좋은 소식은 청소년들의 경우 약간의 도움을 받으면 언젠가 분명히 경험하게 될 어려운 시기에 자신의 삶에 대한 주도권을 행사하는 법을 배울 수 있다는 것이다. 이것이 손잡이를 누르도록 훈련받은 개들이 배운 교훈이다. 우리에게는 해결책 있고 이런 상황에서 벗어날 수 있다.

지난 50년에 걸친 연구를 돌아보면서 셀리그먼과 동료들은 이것이 자신들의 연구에서 가장 중요한 교훈이라고 주장한다. 희망은 길러질 수 있다. 문제를 극복하고 방해물을 헤쳐 나가는 능력도 학습과 연습을 통해 습득할 수 있다.

뇌는 사용하는 방식에 따라 발달한다. 손잡이를 누르도록 훈련받은 개들이 전기 충격을 주는 바닥에서 탈출하는 방법을 찾아내려고 할 때 개의 전전두피질이 가장 활발하게 작동했다. 전전두피질은 우리가 어려운 문제를 해결하는 데 중요한 역할을 한다. 상황이나 환경을 판단하고 해결책을 찾아낸다. 청소년 시기에 전전두피질은 뇌의 다른 신경망과 연결되는 과정에서 많은 에너지를 소모한다. 이 과정은 성인 초기까지 계속된다. 청소년이 어려움을 겪을 때 그들의 뇌는 문제해결 능력을 키우고 있는 것이다.

회피형에 속하는 청소년은 자신이 속한 상황을 새롭게 바라보기 위해 전전두피질을 활성화하는 도움이 필요한 경우가 많다. 모든 문제에는 해결책이 있고 혼자 힘으로 그 문제를 해결할 수 있다는 사실을 아는 것은 중요하다. 그렇게 하려면 종종 어른들의 도움이 필요할 것이다. 처음에는 어른들이 문제를 비판적으로 분석하고 방향을 알려주는 해결사가 되어야 한다. 사미르는 초기에 충분한 도움을 받지 못했기 때문에 반항자 정체성에 깊이 빠져들었다. 그의 어머니는 일과 복잡한 가정 문제로 지쳐 있었다. 반면 스텔라는 부모, 과외 선생님, 치료사 등의 도움을 받았다. 그래서 그녀는 주도권을 잡고 화학 과목의 문제를 극복하는 방법을 스스로 찾아낼 수 있었다.

반항하는 아이들이 앞으로 나아가고 반항자의 정체성에 빠지는 것을 피하려면 애정 어린 관계가 필요하다. 부모, 멘토, 교사 등의 도움을 받는 관계 구축은 학습에 무관심한 아이들이 스스로 노력하고 도전하며 필요한 도움을 찾거나 눈앞의 장애물을 제거할 수 있는 안전한 공간을 만들어준다. 다시 말하면 참여하고 배우는 공간을 제공해주는 것이다.

어른의 무관심이 반항을 불러오다

때때로 아이들은 조용히 반항하기 때문에 교사들이 알아채지 못하는 경우도 있다. 겉으로는 학교 규칙에 따르고 수업을 들으며 숙제도 한다. 하지만 내적으로는 벗어나고 싶어 한다. 이럴 때는 부모의 역할이 중요하다.

2013년 영국 서머싯에 사는 줄리아 블랙은 아침을 만들기 위해 부엌에 들어갔다가 딸 에스머가 강아지 침대에 웅크리고 있는 것을 보았다. 그녀는 화사한 딸의 얼굴이 매우 어두워 보였다고 기억한다. 에스머는 학교에 가고 싶어 하지 않았다. "저를 감옥에 보내는 것이 더 좋을 거예요. 학교가 그런 느낌이거든요."

에스머의 삶은 그렇지 않았지만, 학교는 매우 따분하게 느껴졌다. 에스머는 어릴 때부터 책을 읽기 시작했고 자기만의 이야기를 쓰는 것을 좋아했다. 음악과 춤 그리고 놀이를 좋아했다. 하지만 학교는 이런 관심을 억누르는 것 같았다. 에스머가 글을 보여주면 모든 선생님이 맞춤법과 문장부호 오류만 지적했다. 그림 그리는 것도 좋아했지만 선생님들은 에스머가 선 안쪽에만 색을 칠하라고 했다. 에스머는 학교가 자신을 통제하고 억누른다고 느끼기 시작했다.

학교에 친구들이 있었지만 학교와 관련된 어떤 정체성도 느끼지 못했다. 오히려 학교가 정체성을 억압하고 자신에게 맞지 않는 획일적인 정체성으로 대체하려고 한다고 느꼈다. 학교 공부가 쉬웠기 때문에 에스머는 좋은 성적을 받았다. 별로 노력하지 않고도 숙제를 빨리 끝낼 수 있었고 실제로 그렇게 했다. 하지만 학습에 깊이 몰입하지 않았고 수업을 더 흥미롭게 만들기 위해 에스머가 할 수 있는 일도 없는 것 같았다. 조용하고 호기심이 많은 에스머는 무엇인가 자신에게 의미 있는 일을 하는 것을 좋아했지만 학교는 그런 일을 하는 곳이 아니었다.

에스머는 내성적이고 수줍은 성격이어서 수업 시간에 문제가 되는 행동을 하지 않았다. 자신에게 있다고 생각하는 작은 힘을 이용해 자신만의 방식으로 저항했다. 에스머는 수업에 완전히 무관심해졌다. 수업 시간에도 딴짓하기 일쑤였다. 책장을 넘기지도 않았다. 에스머는 누가 알아채는지 보려고 같은 페이지만 계속 응시했다. 하지만 아무도 에스머의 이런 행동을 알아보지 못했다.

에스머는 학교를 자신이 이해하는 방식으로 설명했다. "이런 교육제도에서는 제가 중요하지 않은 존재라는 것을 알았어요." 무언가를 해내는 엔진의 일부가 되고 싶었지만, 에스머는 기계의 작은 나사에 불과했다. 그 당시 학교에 관해 에스머가 기억하는 두 가지 중요한 감정은 무력감과 자신의 정체성과 교육제도가 원하는 정체성 사이의 괴리였다.

그 당시 아홉 살이었던 에스머는 강아지 침대 사건을 기억하지 못한다. 하지만 그때의 지루함을 기억하고 있다.

사미르처럼 눈에 띄게 저항하는 아이들은 학교에 가지도 않고 과제도 하지 않았다. 하지만 에스머처럼 책을 읽는 척하면서 조용히 학습을 회피하고, 수업에 참여하지 않지만, 겉으로 문제를 일으키지 않는 아이도 있다. 부모, 교사 그리고 코치들은 두 가지 유형을 모두 주의 깊게 살펴봐야 한다. 회피 상태에 너무 오래 머물면 청소년들은 그 안에 갇혀버리고 학습된 무기력을 내면화한다. 처음부터 회피형으로 태어나는 아이는 없다. 아이들은 매우 다양한 형태로 "나는 할 수 없어"라는 자신의 서사를 만들어낸다.

에스머의 어머니는 회피 상태를 "불이 꺼진 상태"라고 표현한다. 강아지 침대 사건 이후 그녀는 아들과 딸을 자퇴시키고 한동안 집에서 가르쳤다. 얼마나 많은 아이가 학교에서 어려움을 겪고 있는지 가까운 곳에서 직접 지켜봤다. 유명한 영화제작자였던 그녀는 딸이 매일 학교에서 얼마나 불행했는지 알고 나서 접근 방식을 바꾸었다. 그녀는 학부모회에 가입한 후에 학교운영위원회에도 참여했고 학교를 더 재미있는 곳으로 만들기 위한 다양한 행사를 기획했다. 그리고 매우 인기 있는 서커스 공연을 개최해 상을 받았다. 일 년 반 동안 홈스쿨링을 한 후에 아이들은 학교로 돌아갔다. 그녀는 아이들의 열정을 끌어내기 위해 동네에 창의센터를 열었다. 성취도가 높은 아이부터 낮은 아이까지 많은 학생이 모여들었다. 창의센터를 찾아온 아이들은 지루함과 과도한 압박을 느꼈고 반항적 행동을 보이거나 무력감에 빠져 있었다.

지난 수년에 걸쳐 에스머의 어머니는 아이들을 불이 '꺼진' 상태에서 '켜진' 상태로 만들기 위해 노력했다. 처음에는 학교 밖에서, 다음에는 학교 안에서 그리고 마침내 2018년에는 부모들과 함께 일했다. 그녀는 모든 아이가 열정을 가지고 있다고 굳게 믿고 있다. 하지만 학교가 지나치게 학업을 강조하기 때문에 이런 열정이 묻혀버리거나 억압당한다고 생각한다. "학생들의 참여도가 얼마나 낮은지 충격을 받았어요." 그녀는 말했다. 학생들은 창의센터에 오기는 했지만 무엇을 해야 하는지, 그리고 어디에서 시작해야 하는지 전혀 몰랐다. "너는 무엇을 좋아하니?"라는 질문을 받아본 적이 없고 자신이 누구인지 탐구할 기회도 없었기 때문에 자기 주도력도 없었다. 그녀는 영화 제작, 코딩, 엔지니어링, 기술, 미술, 음악, 아이가 탐구할 만한 것은 무엇이든 제안했다. 아이들은 매우 즐거워했다. 하지만 교사와 부모 등 어른들은 반발하는 경우가 많았다. 아이들은 정작 관심도 보이지 않는 학교 공부할 시간만 빼앗긴다는 걱정 때문이었다.

창의센터 경험은 많은 것을 깨닫게 해주었다. 블랙은 우리에게 "저는 학습의 위기를 정말 가까이서 직접 목격했습니다"라고 말했다. 그녀는 학습에 대한 무관심이 고소득층, 중산층 그리고 저소득층 아이들에게 똑같이 영향을 미칠 정도로 광범위하게 퍼져 있다는 사실을 놀라울 만큼 확실하게 깨달았다. 아이들은 고통받고 있었다. 부모들은 이런 사실을 모르고 있거나 성적에만 너무 집중한 나머지 학습에 대한 무관심 문제에 대해서는 걱정하지 않는 것 같았다.

에스머는 운 좋게 자신의 강점을 인식하고 이를 키워주었으며 반항 기질을 버리고 자랄 수 있도록 도와준 어머니가 있었다. 그녀는 이제 자신의 정체성, 즉 과학적이고 창의적인 사고방식을 가지고 있다는 사실을 잘 알고 있으며, 이 두 가지를 결합해 미래의 직업으로 연결할 자신감으로 무장한 상태다.

내 아이가 회피형이라는 신호

- 자주 의욕을 잃고 그 이유조차 명확하게 설명하지 못한다.
- 자신만이 어리석고 무능력하다고 믿는다.
- 자신은 외톨이고 친구 집단에 끼지 못한다고 느낀다.
- 도움을 주겠다는 모든 제인을 거부한다.
- 지속적으로 분노를 표출한다.
- 무력감에 휩싸여 있다.
- 자신의 문제는 성격 결함이라고 여긴다.
- 성과가 좋지 않을 때 자기 부정이나 비하를 한다.
- 과제를 하지 않거나 학교에 가지 않는다.
- 위험한 행동에 관여한다.

회피형 아이를 키우는 일은 스트레스를 받고 불안감을 유발하며 때로는 가슴 아픈 경험이 될 수 있다. 부모, 교사 그리고 사회복지사 등 대부분의 어른은 본능적으로 부정적 행동을 멈추게 하려는 방식으로 회피형 아이들에게 대응한다.

물론 회피형을 포함해 모든 아이는 어떤 것이 적절한 행동이고, 그렇지 않은 행동인지 알아야 하고, 자신의 행동에 책임을 져야 한다. 하지만 원인을 이해하지 못한 채 문제 행동을 교정하는 방식은 효과가 거의 없다. 회피형 아이들을 전문적으로 돕는 노련한 교육자들은 행동 문제를 성격적 결함이 아니라 도움을 요청하는 외침으로 받아들인다는 사실을 명심하라. 당신도 그렇게 해야 한다. 결과적으로 빅픽처 러닝의 공동 설립자 엘리엇 워셔와 찰스 모즈코프스키의 말처럼 "우리의 가장 중요한 과제는 학생들을 포기하지 않고 한 개인으로 성장할 수 있는 시간을 주는 것이다."

아이들은 학습과 인생에서 성공하기를 원한다. 회피형 아이들은 '아무도 나에게 신경 쓰지 않아(사미르)' '나는 할 수 없어(스텔라)' 혹은 '나는 불행해(에스머)'라는 것을 행동으로 알려준다. 이런 행동을 볼 때 우리는 그 자체를 최고 단계의 위험신호로 받아들여야 한다. 청소년기라는 가장 중요한 시기를 현명하게 지내기 위해 회피형 학생들은 후진 기어를 전진 기어로 바꿀 수 있는 도움을 받아야 한다. 우리가 애정과 관심으로 대응할 때 반항이라는 모습으로 나타나는 자기 주도력을 올바른 방향으로 이끌 수 있고 몰입형으로 나아가는 분명한 길을 열어줄 수 있다.

5

주도적 학습의 정점
몰입형
행복하게 배우는 아이

초등학교 시절 테빈은 선생님의 말씀을 따르려고 노력했다. 테빈은 새로운 것을 배우고 친구들과 만나는 것이 즐거워 학교에 왔다. 수업 시간에 연습문제를 풀어보려고 노력했지만 다른 많은 것들이 훨씬 더 재미있는 것 같았다. 하루 종일 책상에 앉아서 배운 것을 기계적으로 반복하는 것은 지루하고 답답하다고 생각했다. 그는 선생님의 설명은 대충 듣고 과제의 질문에도 최대한 짧게 답했다. 그리고 조금씩 숙제를 하지 않기 시작했다.

선생님들은 테빈이 똑똑하고 호기심 많은 아이라는 것을 잘 알았다. 테빈은 친구가 많았고 수업 시간 외에도 질문을 많이 했다. 하지만 선생님들은 그가 학교의 지시를 따르도록 하는 데 애를 먹었다. 학교는 추가적 지원이 테빈의 문제 행동을 고치는 데 도움이 되기를 바라면서 절박한 심정으로 개별화 교육 계획을 제공했다.

중학교 시기에 테빈은 수동형과 회피형 사이를 오갔다. 그는 최소한의 노력만 하면서 대충 학교생활을 했지만 결국 너무 짜증이 나자 그냥 공부하지 않기로 작심했다. 그는 수업을 빼먹기 시작했고 여러 차례 정학을 당했다. 때때로 억눌린 좌절감이 폭발해 수업을 방해했고 모든 것이 정말 바보 같다며 선생님에게 고함을 지르기도 했다. 학교의 모든 교사는 물론 교육구의 일부 관계자들도 테빈을 '문제아'로 인지했다. 가족과 친구들은 테빈이 자신의 인생을 망치고 있다고 걱정했다.

테빈의 문제 행동은 고등학교 2학년 때 절정에 달했다. 테빈이 여러 문제를 일으키자 교장은 테빈과 그의 부모에게 면담을 요청했다. 테빈은 자신이 정학당할 것이라고 짐작했지만 교장은 친절하고 차분한 태도로 그에게 아이오와 빅Iowa Big이라는 혁신적인 고등학교 프로그램을 시도해보라고 권했다. 이 프로그램에 가입하면 테빈은 하루의 절반은 기존 고등학교에서 수업을 듣고 나머지 절반은 지역의 비영리단체, 정부 기관, 기업과 함께 프로젝트를 진행하면서 배운 지식을 지역사회의 문제해결에 적용하게 된다.

사실 테빈은 일곱 살 때 새로 지은 집을 보면서 건축에 관심을 가졌다. 테빈은 기초 공사가 진행되는 동안 건축 설계도를 연구했다. 또한 놀라움으로 벽이 쌓여가는 과정을 지켜보았다. 테빈은 집을 짓고 있는 현장의 직원들과 이야기하면서 수많은 질문을 했다. 재미로 평면도를 그려보고 부모에게 컴퓨터로 평면도를 그리는 방법을 배울 수 있도록 도와달라고 했다. 그리고 무료로 사용할 수 있는 컴퓨터 설계 소프트웨어CAD를 활용해 하교 후나 주말에 컴퓨터로 건물을 설계하기 시작했다.

테빈의 부모는 아들이 건축가가 설계한 평면도에 호기심이 있다는 것을 알게 됐을 때, 아들의 관심을 키워주고 지지해주었다. 건설 현장의 사람들과 이야기를 나누었고 집으로 돌아오는 차 안에서도 추가적인 질문에 답해주었다. 테빈의 부모는 아들이 학교에서 반항적인 행동을 해 처벌을 받았을 때도 그를 계속 공사 현장에 데려가 건축 과정을 보여주었다. 그들은 테빈의 흥미를 북돋아주었고 개인적 흥미로 발전할 수 있도록 도와주었다.

학교 밖에서 테빈은 수동형이나 회피형이 아니었다. 탐구자였다. 테빈의 부모는 그가 집중할 수 있는 건설적인 무엇인가가 필요하다는 것을 알고 있었다. 문제아가 아니라 능력 있고 똑똑한 아이로서 정체성을 개발할 수 있는 공간이 필요했다. 그들은 건축가가 하는 일이 무엇이고 건축가가 되기 위해 어떤 종류의 공부를 해야 하는지 설명하면서 테빈의 흥미와 현실 세계가 연결되도록 도와주었다. 그들은 테빈이 고등학생이 되면 아마도 지역 건축가 사무실에 인턴으로 지원할 수 있을지도 모른다고 이야기했다. 테빈의 부모는 아들이 학교에서 낙담한 채 집으로 돌아왔을 때조차 설계 작업을 할 때면 생기가 도는 것을 알고 있었다.

아이오와 빅 프로그램에 등록한 첫 주에 테빈은 달라진 학교 환경에 감탄했다. 일렬로 늘어선 책상도 없었고, 20분 안에 끝내야 하는 연습문제도 없었으며, 교실 앞쪽에 칠판도 없었다. 이전에 익숙했던 환경과 달리 폐쇄적이고 틀에 박힌 것은 아무것도 없었다. 대신 모든 것이 개방적이고 탁 트인 느낌이었다.

그의 첫 프로젝트는 학교의 전교생이 모여 회의를 할 수 있는 공간을 설계하는 것이었다. 교사들은 테빈이 건축에 관심이 있다는 것을 알고 있었다. 교사들이 기회를 주자 테빈은 모든 CAD 지식을 활용해 프로젝트에 몰두했다. 그는 흥분과 긴장 그리고 자신감을 동시에 느꼈다. 교사들은 모든 과정을 함께하면서 조언해주었다. 그는 설계 과정에 필요한 수학, 공간을 사용할 잠재적 고객과 상담하고 고객의 요구를 반영해 설계를 수정하는 방법을 배웠다. 결국 테빈에게 필요한 것은 바로 학습에 대한 더 많은 자유라는 사실이 드러났다.

학교에서 수동형과 회피형 사이를 오갔던 테빈은 결국 몰입형으로 발전했다. 회의실을 재설계하는 프로젝트는 단지 시작일 뿐이었다. 동네의 보행자 다리가 홍수에 유실되자 테빈과 동료 학생들은 시 당국이 새로운 교량을 설계하는 일을 도왔다. 그는 자신의 업무가 실질적인 영향력을 펼치자 보람을 느꼈다. 프로젝트를 할 때마다 지역사회에 봉사하겠다는 그의 열정은 점점 커졌다.

그는 고등학교 졸업반 때 자신만의 프로젝트를 설계하기로 결심했다. 왜 더 많은 학교가 아이오와 빅 프로그램과 같은 방식을 활용하지 않는 것일까? 테빈은 학생들이 다른 학습 방법이 있다는 사실조차 모른다고 생각했다. 그다음 한 해 동안 그는 학교 설계 문제에 몰두했다.

테빈은 교실 밖에서의 열정 덕분에 자신이 학업에서 완전히 이탈하지 않을 수 있었다고 이야기한다. 그는 사미르처럼 자신이 무능력하다는 생각을 내면화하지 않았다. 테빈의 부모가 그렇게 되지 않도록 도와주었다. 그는 자신은 똑똑하고 기회가 주어진다면 스스로 공부할 수 있다는 사실을 알고 있었다. 테빈은 학교에서 어려움을 겪고 있는 아이들을 둔 부모를 위해 어떤 조언을 할까? "뒷마당에 무엇이 있나요? 또는 지역사회에는 무엇이 있나요? 아이들에게 열정을 불어넣기 위해 주말에 어떤 활동을 할 수 있나요? 아이들이 이런 열정을 품는 것이 그들의 학교생활과 학습에 도움이 될 것입니다."

청소년들이 자기 주도력을 발휘하고 이를 활용해 학습에 대한 참여도를 높이는 것이 바로 진정한 몰입형의 모습이다.

주도하는 아이, 회피하는 아이

몰입형은 학습 참여라는 산의 정상에 도달한 유형이다. 몰입형은 출석하고 활동에 참석하는 방식으로 행동한다. 또 주변 사람들과 관계를 맺고 과제에 관심을 보이면서 정서적으로 참여한다. 그리고 내용을 깊이 있게 이해하기 위해 노력하면서 인지적으로 참여한다. 하지만 이 모든 것을 실천하고 있는 행복한 목표지향형 아이들과 달리, 몰입형은 다른 유형에서 찾아볼 수 없는 특성이 하나 더 있다. 바로 학습을 발전시키기 위해 크고 작은 방식으로 주도력을 발휘하는 것이다. 다시 말하면 탐구는 참여의 네 번째 차원, 즉 주도적 참여를 필요로 한다. 이는 우리 주변에서 일어나는 거대한 기술적 그리고 사회적 변화를 헤쳐나가기 위해 모든 아이와 어른들에게 필요한 매우 중요한 능력이다.

주도적 참여 능력이 있는 학생들은 스스로 더 도움이 되는 학습 환경을 만들려고 노력한다. 이들은 자신의 흥미와 관심사를 수업 내용과 연결한다. 과제를 수행하는 방법을 제안하기도 하고, 관심 있는 것을 탐구하기 위해 도움을 요청한다. 여러 국가에서 실행된 연구에 따르면 교사가 학생의 주도적 참여를 지지하는 교실에서 아이들은 더 좋은 성적과 더 좋은 시험 결과를 거두는 것으로 나타났다. 이는 같은 학교에서 교사가 아이들에게 탐구 환경을 제공하지 않은 교실과 비교했을 때의 결과다.

몰입형 아이들은 크고 작은 방식으로 자신의 학습 과정에 영향력을 미친다. 이들은 학습된 무기력의 정반대 편에 있고 매일 자신들이 속한 세상에 대해 적극적으로 질문하는 능력을 연습하고 있다. 이들은 스스로 다음과 같은 단순한 질문을 던진다. 내 관심사는 무엇일까? 나의 흥미, 목표 그리고 우선순위는 무엇일까?

이들은 단지 결과물을 만들기 위한 것이 아니라 창의적인 탐구 여행을 위한 역량을 키워가고 있다. 이것이 바로 문제에 대한 새로운 해결책을 만들기 위해 인공지능과 협력하게 될 세상에서 몰입형 아이들이 살아가는 데 필요한 역량이다. 사람은 아이디어를 구상하는 반면 기술은 상품을 생산하는 것이다.

교사들이 학교에서 탐구학습을 위한 환경을 제공하지 못하면 가족, 코치 그리고 멘토가 학교 밖에서 탐구 능력을 기르는 방법을 찾아야 한다. 이렇게 하면 성적이 좋아질까? 아마도 그럴 것이다. 하지만 완벽하지는 않더라도 적당한 수준의 학교 성적을 유지하면서 학교 밖에서 탐구 역량을 기르는 아이는 창조하고 질문하며 독립적으로 사고하는 비판적 사고방식과 능력을 개발하게 될 것이다. 이것이 자기 주도력의 시대가 요구하는 역량이다.

무엇을 배우든 또는 어디에서 배우든 몰입형 학생들은 학습에 대한 주인의식을 가지고 있다. 이들은 자신의 흥미를 추구하고 목표를 설정하며 도전을 추구한다. 그리고 도전이나 목표 달성이 어려워져도 무너지지 않는다. 심각한 장애물과 마주치면 도움을 요청한다. 자신의 삶을 의미 있게 만드는 방법을 찾아본다. 이들은 실수를 되돌아보고 실수에서 배운다. 몰입형 아이들은 모든 것을 알고 있다고 생각하지 않고 모든 것을 배우려고 한다. 이들은 더 깊이 배우고, 지식을 넓히며, 다시 배우고, 기존의 사고방식을 버리면서 앞으로 나아간다. 이들은 정확하게 일하는 방법에 대한 명확한 지시가 없어도 과제를 수행하는 것을 두려워하지 않는다. 이는 목표지향형 아이들이 부러워하는 능력이다. 몰입형 아이들은 다양한 일을 시도하는 것에서 활력을 얻고, 자신들의 호기심을 충족시키려고 주변에서 사람이나 자원을 찾아낸다.

탐구는 힘들지만 종종 즐거움이 되기도 한다. 탐구에는 집중하기, 질문하기, 피드백 받기, 반복하기, 목표 수정하기 그리고 모든 순간이 즐겁지는 않더라도 과정 속의 도전을 즐기는 일이 포함된다. 그 결과 아이들이 몰입형에 있을 때 생산적이고 행복하다. 이는 아무 생각 없이 오락에 빠진 상태와 고통스럽게 숙제를 하는 상태 사이의 중요한 중간 지대다.

아이가 언제 어떻게 몰입형이 되는지는 중요하지 않다. 아이들이 자신과 다른 사람들에게 해를 끼치지 않는 한 탐구 내용은 그들의 역량을 키우는 무대일 뿐이다. 어떤 아이들은 관료제의 흥미로운 작동 방식을 파고들어 정치학 수업을 재미있게 만드는 방법을 찾아낸다. 어떤 아이는 스포츠를 통해 탐구하거나 인터넷에서 깊이 있게 탐구한다. 또 어떤 아이들은 다양한 활동 사이의 연결점을 찾는다.

아이들은 교사, 코치 또는 부모가 보상을 주기 때문에 몰입형이 되는 것이 아니다. 외적 보상으로는 아이들을 몰입형으로 길러내지 못한다. 학생의 흥미나 행복과 상관없이 통제, 갈등 그리고 어떤 대가를 치르더라도 성과를 내야 한다는 압박도 마찬가지다. 몰입형은 질문을 장려하고 위험을 감수하는 환경이 필요하다. 모든 학교와 교실은 이런 환경이 아니기 때문에 부모가 가정에서 이런 여건을 조성해주는 것이 매우 중요하다. 이런 주도적 참여를 적극적으로 장려함으로써 우리는 순응 문화와 균형을 이룰 수 있다. 이는 청소년의 정체성을 획일화된 틀에 억지로 맞추는 것이 아니라 탐구를 통해 키워주려고 노력하는 것이다.

4장에서 언급한 것처럼 에릭 에릭슨은 청소년기의 가장 중요한 과제는 개인의 정체성 형성이라고 주장했다. 청소년들은 일관성 있는 자아를 형성하려고 노력하는 과정에서 마치 새로운 옷을 입어보는 것처럼 다양한 정체성을 시험해본다. 이 과정에는 질문이 필요하다. **내가** 관심 있는 것은 무엇일까? **나는** 어떤 사람이 되고 싶은가? **내가** 가치 있게 생각하는 것은 무엇일까? 교사와 부모는 이 과정에 영향을 미칠 수 있지만 결정할 수는 없다.

아이들은 탐구를 해나가면서 어떤 사람이 되고 싶은지 탐색하는 데 필요한 능력을 키운다. 질문하는 호기심, 열망과 희망을 표현하는 용기, 청소년의 자의식에 반대되는 규범에 도전하려는 의지가 바로 그것이다. 자신의 흥미나 능력에 상관없이 단지 부모가 시켰다는 이유로 의사가 되고 싶다는 아이와 정반대 모습이다. 이는 내가 정말로 의학의 어떤 점을 좋아하는가? 라는 질문을 던지는 것을 의미한다. 여기에는 의사보다 사회복지사가 더 좋을 수도 있겠다는 생각처럼 하나 이상의 진로를 고려하는 유연성도 포함된다. 부모로서 우리는 자녀가 발전시키는 긍정적이고 사회 친화적인 관심을 지지하고 우리가 별로 좋아하지 않는 관심사에 대해서는 대안을 제시함으로써 유연함을 몸소 보여줄 수 있다.

10대 청소년의 정체성을 연구하는 학자 대프너 오이서먼은 말했다. "어른들은 아이들이 단지 하나가 아니라 다양한 미래를 꿈꾸기를 원합니다." 아이들이 단지 하나의 미래만 상상한다면 "아이들이 실패할 수밖에 없는 상황에 놓이도록 하는 셈이죠."

우리는 모든 아이가 몰입형에 들어갈 수 있는지에 관한 질문을 자주 받는다. 우리는 확실히 그렇다고 답할 수 있다. 모든 아이는 몰입형이 될 수 있다. 하지만 이것이 모든 아이가 실제로 탐구자가 될 것이라는 의미는 아니다. 어떤 아이들은 선천적으로 탐구하는 성향이 있다. 깊이 파고들고 호기심이 이끄는 데로 따라간다. 예를 들면 마음을 사로잡는 것에 오래 집중하는 경향이 있는 ADHD 아동에게 탐구하는 것을 그만두고 저녁 차리는 것을 도와달라고 하는 것은 상당히 어려울 수 있다. 다른 아이들은 몰입형이 되기 위해 더 많은 도움, 무엇인가를 시도하도록 살짝 밀어주는 발판 그리고 여정을 격려하는 조언이 필요하다.

사미르는 회피형에서 벗어나기 위해 주변의 배려심 있는 어른들의 도움을 받아 소속감 불확실성, 학습된 무기력, 우울증, 자살 충동 같은 다양한 문제들을 극복해야만 했다. 이런 어려움은 고등학교 학생뿐만 아니라 누구에게 심각한 문제다. 방치부터 노숙까지 심각한 방해물에 직면한 아이들은 이런 걸림돌을 제거하기 위한 도움을 받아야 할 것이다. 다른 아이들은 참여를 불러일으키기 위해 스마트폰만 보는 습관을 끊을 수 있게 하는 도움이 필요하다.

어떤 아이들은 바로 우리 눈앞에서 몰입형으로 생활하지만 알아차리지 못하는 경우도 있다. 아이들의 흥미와 관심사를 발견하는 일은 쉽지 않다. 아이들은 말이 많고 부산스러우며 일시적인 관심을 보이는 경향이 있다. 하지만 누가 시키지 않아도 아이들이 반복적으로 무엇인가에 관심을 보인다면 그것은 진짜 관심사일 수 있다.

학습의 주인은 학생이다

2002년 2월 어느 추운 아침에 아이오와대학교 존 마셜 리브 교수는 학교에서 아이들에게 동기를 부여하는 획기적인 방법이 있다는 사실을 입증하겠다고 결심했다. 교사가 교실에서 아이들에게 더 많은 자율성을 주면 학생들은 학습에 더 많은 책임감을 느끼고 궁극적으로 더 많은 것을 성취한다는 것이다.

리브의 견해는 널리 받아들여지지 않았다. 교사들은 통제하는 것을 좋아하고 대부분이 자율은 혼란을 가져온다고 믿었다. 하지만 리브는 확신이 있었다. 초창기에 그는 모든 미국 중서부의 고등학교를 돌아다니면서 여러 주에 걸쳐 수업을 관찰했다. 그리고 교사가 말하는 것뿐만 아니라 학생들의 반응까지 모든 것을 기록했는데 여기서 하나의 행동양식을 발견했다. 학생들은 종종 많은 질문을 하거나 아이디어와 제안을 하면서 수업 시간에 배운 내용을 자신의 경험과 연결시키려고 노력했다. 하지만 이유가 무엇이든 교사들은 학생들의 이런 노력을 받아들이지 않았다. 아마도 산만한 학생을 관리하느라 바쁘거나 종이 울리기 전에 진도를 마쳐야 하기 때문일 것이다.

리브는 이런 행동양식을 설명하는 표현을 아직 만들지 못했거나 학생들의 학습 참여가 학업 결과에 얼마나 큰 영향을 미치는지 깨닫지 못했다. 하지만 리브는 학생의 학습 동기가 핵심적인 욕구의 충족 여부와 직접적으로 관련돼 있다고 추정했다. 여기에는 어느 정도의 자율성에 대한 욕구 그리고 질문하고 관심을 표현하고 주장하는 능력이 포함돼 있다. 그와 연구팀은 교사들이 학생들의 관심 표현에 반응하지 않는다는 사실도 발견했다. 수업 시간의 80퍼센트에서 85퍼센트 정도에 걸쳐 교사들은 학생의 질문과 제안을 간과하거나 답변하지 않거나, 대수롭지 않게 여기거나 혹은 무시하는 것으로 나타났다. 대부분 경우 진지하게 받아들여지지 않았고 전혀 다루어지지 않는 경우도 많았다.

리브는 교사들에 대한 깊은 존경심을 가지고 있다. 선생님들은 종종 인정도 받지 못하면서 이해가 상충하는 수많은 일들을 끊임없이 처리하고 있다. 하지만 어떤 주제에 대한 학생들의 자연스러운 관심이 이런 방식으로 무시당하면 얼마나 빨리 무관심으로 바뀌는지 쉽게 알 수 있다. 리브는 이런 무관심을 참여로 바꾸는 방법을 찾기 시작했다. 테빈의 학교인 아이오와 빅이 설립되기 11년 전에 리브는 한 고등학교에서 10주에 걸쳐 통제된 실험을 시작했다.

고등학교 교사들은 두 집단으로 나뉘었다. 실험군이라 불리는 절반의 교사들은 '개입'을 받았다. 즉, 실험에 참가한 교사들은 워크숍에서 학생 동기부여 이론에 관해 배우고 자율성 지지 교육이라는 새로운 교수법이 아이들의 동기와 참여를 촉진한다는 실증적 증거들을 접했다. 대조군에 속한 다른 절반의 교사들은 10주 후에 개입을 받았다.

리브의 연구팀은 교사들에게 학생들이 "이것은 바보 같아요/ 지루해요/ 짜증나요"라는 말을 할 때 말을 막지 말고 그들의 견해를 받아들이라고 권장했다. 선생님들은 학생들이 수업 시간에 개인적 관심사를 추구할 수 있도록 허용하라는 권유도 받았다. 리브는 선생님들이 처음에 겪은 가장 큰 어려움은 엄청나게 쏟아지는 질문에 답하는 것이 아니라 학생들이 질문이나 제안하지 않는 것이라는 사실을 발견했다. 학생들은 무엇에 관심을 가져야 하는지 지시받는 데에 너무 익숙해져 수동적 태도에 길들여지게 됐다. 리브의 연구팀은 학생들에게 무엇을 해야 한다고 말하는 대신 권유하는 어조를 사용해 학생들에게 선택권을 주라고 제안했다. 마지막으로 연구팀은 교사들에게 자신들의 왜 그런 방식으로 수업을 진행하는지 설명하라며 조언했다. 학생들을 괴롭히려고 숙제를 내주는 것이 아니라 혼자 힘으로 지식을 정리하고 자기 것으로 만들 수 있도록 숙제를 내주는 것이다.

이 연구에서 주목할 점은 이들이 초보 교사가 아니라는 것이다. 교사들의 평균 경력은 15년이었고 평균 학급 규모는 25명이었다.

연구원들은 5주 후와 10주 후에 학교를 다시 방문했다. 방문할 때마다 관찰자들은 수학, 경제, 영어 그리고 과학 수업 시간에 교실

뒤쪽에 조용히 앉아서 실험군과 대조군에 속한 교사와 학생이 하는 모든 행동을 기록했다. 자료 수집자들은 연구의 내용, 어떤 교사가 어떤 집단에 속해 있는지 또는 관찰 일지의 어떤 항목이 연구와 관련이 있는지를 정확하게 알지 못했다.

그해에 연구팀이 밝혀낸 결과뿐만 아니라 이후 20년에 걸쳐 페루에서 중국까지 18개 국가에서 수행된 35건의 무작위 대조군 연구로 얻은 결과는 놀랍고도 흥미로웠다. 실험군에 속한 학생들은 더 많은 동기를 부여받았고 참여도 훨씬 높았다. 학생들은 더 행복해했고 더 친절했으며 더 많은 일을 성취했다. 일반적으로 효과의 크기는 0.7에서 0.9 사이였다. 이는 리브의 접근법이 매우 성공적인 교육 방식이라는 것을 통계학적 전문 용어로 표현한 것이다.

이런 결과는 수학, 영어, 체육 등 과목과 무관하게 그리고 이런 개입이 한 학기 동안 계속됐는지 아니면 한 학년 동안 계속됐는지와 상관없이 동일하게 나타났다. 또 어떤 교사를 대상으로 했는지도 관계가 없었다. 미국의 자유방임적 교사와 마찬가지로 한국의 엄격한 교사에게도 효과가 있었다. 학생들은 교사의 권위를 훼손하지 않았고, 교사가 학생들과 대화하는 방식의 미묘한 변화가 학생들이 지시와 조언을 받아들이는 방법에 큰 차이를 만들어냈다. 학생들은 교사가 자신의 관심사에 신경을 쓰고 있고, 자신의 의견이 중요하며, 학습하는 방식에 관해 선택권이 있다는 것을 알게 됐다.

학생들은 자율성을 존중받는 환경을 통해 탐구자의 능력을 키우고 있었고 그 결과는 분명했다. 학생들은 학습에서 장기판의 졸이 아니라 학습의 주인이었다.

리브와 연구팀은 교사들을 대상으로 설문 조사를 할 때 구조, 통제, 혼란, 자율성 지지라는 네 가지 교수법을 구분하고 숙제를 내주는 방법과 같은 신중하게 표현된 예시를 통해 다음처럼 교수법을 설명한다.

- **구조**: 숙제를 능숙하게 해내기 위해 필요한 것이 무엇인지 설명한다. 모든 학생이 숙제를 성공적으로 끝마치는 데 필요한 것을 이해하고 있는지 확인한다.
- **통제**: 숙제를 잘해야 한다는 점을 분명하게 전달한다. 그렇지 않으면 불이익 뒤따를 것이라는 점을 알린다.
- **혼란**: 모든 것을 지나치게 자세히 설명하는 대신 숙제를 내주고 학생들이 스스로 하도록 내버려 둔다.
- **자율성 지지**: 여러 종류의 다양한 숙제를 제시하고 학생들에게 그 가운데 몇 개를 선택하도록 한다.

리브와 동료들은 다른 어떤 방식보다 자율성 지지 접근법이 학생들의 자기 주도적 참여를 극적으로 향상한다는 결과를 여러 차례 발견했다. 선택의 힘이 가장 중요한 요인 가운데 하나였다. 청소년들에게 관리 가능한 수준의 선택권이 주어지면 자기성찰을 끌어낼 수 있다. 학생들은 행동에 더 큰 책임을 느끼게 되고, 과제 수행에 더 많은 노력을 기울인다. 지시나 명령형의 언어보다 제안하고 권유하는 어조를 사용하고, 학생들의 견해를 경청하는 것 같은 미묘한 변화와 함께 학생들에게 선택권을 주는 것은 다음과 같은 선순환을 만들어낸다.

- 학생이 숙제에 더 많은 노력을 기울인다.
- 학생이 더 많은 것을 성취한다.
- 학생이 더 능력이 있다고 느낀다.
- 교사가 학생의 노력을 인지하고 더 많은 선택권을 준다.
- 학생은 인정받는다고 느끼고, 더 큰 힘을 얻는다.
- 학생이 몰입형으로 학습에 참여한다.

선택할 수 있는 어느 정도의 자율성을 갖게 된 학생들은 스스로 "나는 어떤 과제를 하고 싶어 하는 걸까?"와 같은 중요한 질문들을 던지기 시작한다. 그리고 교사가 "과제의 어떤 점이 마음에 들었니?"라고 물어볼 때 이는 존중의 표현이지만 동시에 관심사에 관한 질문이기도 하다.

이러한 질문에 답하는 행위는 의사 결정 능력을 키워준다. 애초에 질문을 허용하는 자율성은 동기와 에너지를 끌어낸다. 이들이 합쳐져 아이들이 더 좋은 성과를 내는 것은 물론 더 행복함을 느끼도록 도와주는 탐구자로서의 능력을 키운다. 학생들은 선택권이 있기 때문에 주인의식을 가질 수 있고, 의견을 말할 수 있기 때문에 목표를 설정할 수 있으며, 가치 있는 목표를 세웠기에 도전을 추구하고 극복할 수 있다. 학생들이 스스로 정한 목표이기 때문이다. 이런 탐구자의 능력이 없다면 학생들은 단지 요구에 반응만 할 뿐이다. 하루를 어떻게 보낼 것인지에 관해 어느 정도의 선택권을 갖고 싶지 않은 사람이 있을까?

부모도 이러한 전략을 활용할 수 있다. 자녀에게 수업, 과외활동, 심지어 집안일까지 선택권을 줄 수 있다. 《돌파구의 시기: 성공하는 청소년 양육을 위한 새로운 과학적 프레임워크The Breakthrough Years: A New Scientific Framework for Raising Thriving Teens》에서 엘런 갤린스키는 청소년은 특히 부모가 자신의 말을 들어주고 존중해주기를 바란다고 주장한다. 이를 위한 한 가지 좋은 전략은 아이들을 의사 결정 과정에 참여시키는 것이다. 중학생 아들이 방과 후에 비디오게임을 하며 놀고 있는데 이제 게임을 그만하고 숙제와 집안일을 하라고 하면 반항하지 않을까? 갤린스키는 다음과 같은 '공동 해법' 전략을 사용할 것을 제안한다. (1) 아들과 문제에 관해 설명하는 시간을 가진다(훈계, 비난, 비판하지 않는다). (2) 다양한 문제해결 아이디어를 이야기한다(부모는 자녀의 아이디어를 진지하게 받아들여야 한다). (3) 각각의 아이디어에 관해 이야기하고 그것이 왜 효과가 있는지 또는 왜 효과가 없는지에 관해 논의한다. (4) 함께 시도할 아이디어 하나를 선택한다. 아이들은 대개 효과가 있는 해결책을 제시한다. 그리고 해결책이 자신들의 아이디어라면 반발이 줄이든다. 샐린스키에 따르면 비디오게임 문제를 해결하기 위해 게임을 중단하고 숙제할 시간을 알려주는 타이머를 설정하자는 제안은 아이가 제시한 해결책이다. 아이들의 자율성을 지지하는 것이 기준이나 기대치를 포기한다는 의미는 아니다. 그런 기준을 어떻게 충족시킬지에 관한 논의에 아이들을 참여시키는 것이고 아이들이 간절히 원하는 존중을 보여주는 것이다. 청소년의 자율성을 지지한다고 해서 부모의 권위가 약해지는 것은 아니다. 이는 오히려 아이들의 자기 주도력을 키워준다.*

아이들에게 공부와 학교에 관해 자율권과 선택권을 주는 것을 두려워하는 부모들이 많다. 내 아이가 진로에서 벗어나서 대학에

★ 리브와 그의 동료들은 주도적 참여를 지원하기 위해 함께 사용하면 효과가 있는 일곱 가지 교수법을 제시한다. 학생의 관점을 이해하고, 학생이 개인적인 관심사를 추구하도록 유도하고, 학생의 필요를 충족시키는 방식으로 학습 활동을 제시하고, 설명적 근거를 제공하고, 부정적인 감정을 인정하고 수용하며, 제안형 언어에 의존하고, 인내심을 보여주는 것이다-저자

갈 기회를 망치면 어떻게 될까? 또 다른 질문도 있다. 안전한 길만 선택하고 제한된 선택권이나 자율성만 허용함으로써 아이가 학습 동기를 잃거나 최악의 경우 미래에 대한 의욕과 관심을 잃으면 어떻게 될까? 테빈과 키아에게 필요했던 것은 더 많은 자율성과 선택권이었다. 오늘날 많은 청소년도 마찬가지다. 우리가 만난 많은 청소년은 테빈이 전통적인 고등학교에서 그랬던 것처럼 자신이 멈춰 있는 것처럼 느꼈다고 말했다. 그들은 자신이 어떤 사람인지, 자신이 속한 공동체에서 자신의 자리가 어디인지 알고 싶어 한다. 하지만 아무도 그들에게 세상 밖으로 나갈 기회를 주지 않는데 어떻게 이런 것들을 할 수 있겠는가? 정체성을 찾으려면 실제로 찾아 나서야 하고 탐구해야 한다. 대부분의 전통적인 학교와 마찬가지로 학교가 청소년의 이런 자기성찰의 기회를 제공하지 못할 때 부모의 적극적인 개입이 훨씬 더 중요해진다.

목표지향형 아이들은 평균 학점, 대학 합격 또는 이력서가 자신을 정의한다고 믿는다. 반면 몰입형 아이들은 더 깊이 파고든다. 이들도 목표지향형의 아이들처럼 좋은 성적이나 대학 진학을 원할 수 있지만 그것이 자신들에게 왜 중요한지 이해하고 있다.

반항에서 탐구로의 놀라운 전환

　사미르는 몰입형으로 변하지 않을 것 같았다. 중학교 때는 침대에서 나오지도 않고 샤워도 하지 않았으며 어머니와 싸웠고 학교도 가지 않았다. 사미르는 여러 번에 걸쳐 자살을 생각했다.

　사미르가 중학교에서 낙제한 뒤 학교는 그에게 헬렌이라는 이름의 학생 지원 담당관을 배정했다. "그동안 밀린 공부를 어떻게 따라잡으려고 하니?"라고 첫 질문을 했던 이전의 교사들과는 달리 그녀는 사미르를 처음 만났을 때 "왜 학교에 오지 않니?"라고 물었다. 이것은 미묘하지만 상당히 큰 변화였다. 마침내 사미르가 고통스러워서 학교에 오지 않는다는 사실을 이해해주는 이가 생긴 것이다. 사미르는 자신 주변에 쌓아 올렸던 벽을 낮추기 시작했다.

　자살 시도까지 했던 사미르에게는 불안과 우울증과 관련된 개별화 교육계획이 곧바로 제공됐다. 그는 이전에는 경험하지 못했던 방식으로 헬렌의 지지를 받고 있다고 느꼈다. 사미르는 말했다. "헬렌은 학업을 완수하는 능력이 문제가 아니라는 사실을 알고 있었어요. 동기를 부여하는 것이 문제였거든요." 헬렌은 "나는 능력이 부족해"라는 부정적 메시지의 악순환을 멈출 뿐만 아니라 사미르가 성공에 필요한 능력을 개발할 수 있도록 그와 함께 일하기 시작했다. 그녀는 사미르가 ADHD를 앓고 있을 것으로 추정했다. 공부하거나 시험을 볼 때 작은 소음 하나에도 주의가 산만해졌기 때문이다. 그녀는 방해 요소가 적은 교감실에서 시험을 치를 수 있도록 배려해주었다. 만약 성적에 대해 불안감을 느끼기 시작하면 집에 있지 말고 학교에 나와 자신의 사무실에서 공부하라고 말했다. 또한 ADHD 학생에게 도움이 되는 공부 방법 수업에 등록하도록 했다.

이전에도 이야기했지만, 다시 강조하자면 학습의 마법이 일어나는 곳은 도전과 지지 사이에 있다. 시간이 지나면서 사미르는 학교에서 배운 내용을 더 많이 이해하기 시작했다. 학교생활이 더 편안하게 느껴졌다. 정서적으로 유대감을 느낄 수 있는 사람들도 생겼다. 더 많은 과제를 완수할수록 자신감도 더 커졌다. 그는 학교가 제공한 것에서 벗어나 학교를 통해 자신이 하고 싶은 것을 생각하면서 미래를 내다보기 시작했다.

학생들이 몰입형으로 활동하기 위해서는 이런 구조화되지 않은 자기 성찰적 사고의 시간이 필요하다. 이는 다른 사람들의 요구에 훌륭하게 반응하는 행복한 목표지향형의 청소년과 개인적으로 관심 있는 것에 집중하는 몰입형의 청소년 사이의 본질적인 차이점이다. 사미르는 당시에는 이런 사실을 몰랐지만, 자기성찰을 통해 자신이 어떤 것에 열정을 느끼는지 깨닫게 됐다. 이 모든 과정이 청소년이 주변 환경을 의미 있게 받아들이고 추구하고 싶은 목표를 설정하는 데 도움이 되는 뇌의 특정 영역을 활성화했다.

사미르는 자신이 원하는 것을 배우고 실천하기 위해 자기 주도력을 행사하는 완전한 몰입형 학생이 됐다. 그는 자신이 흥미를 느낀 분야에 깊이 몰입할 수 있는 기회를 잡았다. 그는 학교 정책 문제를 연구할 때 데이터와 정보를 빠르게 습득하고, 연관 관계를 분석하고, 질문을 던지고, 자신만의 아이디어를 제시했다. 그는 매우 생산적이고 행복했다. 학교의 운영 규정에 관해 더 많이 배우는 것을 좋아했고 점점 더 자신감을 느꼈다. 그는 자신만의 분야를 찾은 것 같았다.

이 시점에서 사미르 인생에서 악순환에 빠졌던 모든 것이 바뀌기 시작했다. 그는 새로운 친구들과 어울리기 시작했고 학교로 돌아가 학업을 충실히 수행했다. 교육위원회에서 맡는 역할이 그에게 커다란 자신감을 심어주었고 수업 시간에 더 열심히 공부할 수 있도록 더 많은 동기부여를 했다.

사미르의 이야기는 극적이지만 특이한 사례는 아니다. 우리는 한때 회피형에 갇혀 정신건강 문제로 어려움을 겪으면서 학교를 그만두려 했지만, 적절한 지원과 기회를 통해 몰입형으로 변하면서 학습의 여정을 변화시킨 많은 청소년과 이야기했다. 반항하는 아이들이 종종 몰입형으로 변하는 이유는 자신이 속한 상황을 변화시키려는 충동 즉, 자기 주도력을 발휘하고 있기 때문이다. 다만 행동하고 싶은 충동이 학습과 멀어지는 방향으로 향하고 있는 것이 문제였을 뿐이다. 하지만 더 잘 배우기 위한 것이든, 더 행복감을 느끼려는 것이든, 아니면 둘 다를 위한 것이든, 적절한 지원을 받으면 자기 주도력은 생산적인 목적을 향하고 몰입형의 능력이 발휘된다. 테빈처럼 몇 주가 걸릴 때도 있고, 사미르처럼 몇 년이 걸릴 때도 있다. 수동형이나 목표지향형에 오래 머물렀던 학생들은 더 오랜 시간이 걸릴 수도 있다. 이들은 자기 주도력의 방향을 전환하는 것이 아니라 자기 주도력을 기르기 위한 도움이 필요하기 때문이다.

부모의 관심이 아이의 몰입을 키운다

스텔라는 지금까지 여러 유형 사이를 오갔다. 영어와 수학에서는 대충 공부하는 수동형이었고, 화학 시간에는 회피형으로 변했으며, 프랑스어 수업에서는 목표지향형의 모습을 보였다. 그녀는 아버지 덕분에 오랜 시간 몰입형으로 지냈다.

스텔라의 아버지 댄은 딸을 "아이들을 끌어당기는 자석"이라고 부른다. 스텔라는 언제나 어린아이들을 좋아했고 아이들도 스텔라에게 끌렸다. 10대 시절에는 네다섯 살 어린이들에게 수영을 가르치기 시작했다. 아이들은 들떠 있고 말이 많았으며 주의를 기울이지 않았다. 스텔라는 아이들을 가르치기 위해 점점 큰 목소리로 말했다.

어느 날 그녀는 아이들의 시끄러운 소리보다 자신의 목소리가 더 크게 들리도록 소리치는 대신 거의 속삭이듯이 아주 조용히 아이들에게 지시 사항을 말했다. 놀랍게도 아이들은 모두 조용해졌고 그녀의 말을 들으려고 몸을 앞으로 기울였다. 스텔라는 아이들이 집중하고 배울 수 있도록 문제를 해결했다는 뿌듯함을 느꼈다.

그러다가 고등학생 때 스텔라는 아서 밀러의 〈시련〉 영어 수업 시험에서 낙제했다. "영어 수업에 무슨 문제가 있니?" 아버지가 물었다. 그녀는 자신이 시험을 잘 보지 못했다는 사실을 알고 있었지만, 시험 자체가 형편없이 설계됐다고 생각했다. 시험 문제에는 책 속에 나오는 인용문들이 있었는데 누가 어떤 말을 했는지를 시간 순서대로 배열해야만 했다. 아버지는 말했다. "그것은 사소한 지식이지 학습이 아니야." 그 일이 있은 지 얼마 후에 스텔라는 아버지에게 학교 수업이 얼마나 형편없는지, 그리고 그런 것들이 얼마나 수업을 싫어하게 만드는지에 관한 문자를 보냈다. 대부분의 부모는 아이들에게 수업 시간에 문자를 보내지 말고 수업에 집중하라고 말했을 것이다. 하지만 댄은 다른 방법을 택했다. 두 사람은 어떤 수준의 아이들이든 학습에 관해 긍정적 감정을 가질 수 있고 자신이 관심 있는 것을 배우기 때문에 학교에 오는 것을 즐거워하는 가상 학교를 시작하기로 했다. 성적은 기존의 학교와 다르게 평가될 것이다. 스텔라는 어떻게 해야 할지 방법을 몰랐다. 이는 전환점이 되는 순간이었다.

스텔라는 단지 학교에 다니면서 끝까지 마치려고 노력하는 것이 아니라 학생으로서 일상의 경험을 자신만의 교육철학을 개발하는 데 활용하기 시작했다. 그녀는 영어, 프랑스어 또는 화학 수업에서 학생으로서의 경험이나 어린아이들에게 수영을 가르치는 선생님으로서의 경험에 대해 성찰하고 그 의미에 관해 아버지와 이야기하곤 했다. 어느 날 오전에 친구와 갈등으로 힘든 시간을 보낸 후에 영어 수업 시간에 선생님이 질문을 하자 스텔라는 눈물이 날 것 같았다. 스텔라는 손을 들지 않았다. 마음을 추스르려고 노력했다. 하지만 선생님은 스텔라를 지목했고 그녀는 고개를 숙인 채 더듬거리며 대답했다. 스텔라는 자신의 가상 학교에서는 학생들을 무작위로 지목하지 않을 것이라고 결론을 내렸다. 학생들이 조용히 있다면 아마도 그럴 만한 이유가 있을 것이고 그 자리에서 곤란하게 만드는 것은 도움이 되지 않을 것이기 때문이다.

스텔라는 임모르디노-양 교수가 청소년기 뇌의 연결성을 키우는 데 매우 중요하다고 생각한 초월적 사고를 하고 있었다. 몰입형에 속한 아이들은 성찰과 의미 찾기 과정을 반복적으로 수행한다. 스텔라는 단지 학교에 다니기만 하는 것이 아니었다. 그녀는 학교에 관해 초월적 사고를 하고 있었다. 그녀는 수업 시간 중에 과제를 풀면서도 과제의 본질, 즉 과제가 어떻게 아이들의 학습을 도울 수 있도록 더 잘 구성될 수 있는지에 관해 성찰하고 있었다. 그녀는 자신의 생각에 관해 성찰하는 메타인지에 완전히 몰입했고 매우 흥미를 느꼈다. 그녀는 자신의 학습을 주도하고, 아버지와 대화를 이끌었으며, 질문을 던지고, 현재 상황을 벗어나 해법을 찾고 있었다. 그녀는 단순히 주어진 것에 반응하는 것이 아니라 궁극적으로 학습이라는 여정을 스스로 헤쳐나가고 있었다.

스텔라의 아버지는 그녀가 몰입형이 될 수 있는 환경을 조성하는 데 가장 중요한 역할을 했다. 스텔라의 아이디어에 대해 아버지는 딸이 어떤 것을 가르치는 일이 얼마나 어려운 것인지에 관해 생각해보도록 유도했다. 스텔라가 선생님이라며 영어나 프랑스어 또는 화학을 어떻게 가르칠까? 만일 학생을 지목하지 않는다면 수업 시간에 가만히 있는 학생을 참여시키기 위해 활용할 수 있는 전략은 무엇일까? 조용한 학생들이 학습하고 있다는 것을 어떻게 알 수 있을까? 아버지는 스텔라의 수업에서 무엇이 문제인지 알고 있었지만 가르치는 일이 얼마나 어려운 것인지에 관해 딸이 비판적으로 생각하도록 했다. 가상 학교에 관한 지속적인 대화는 어느 한쪽을 무조건 옹호하는 것이 아니라 나란히 함께하는 탐구 과정이었다. 스텔라의 관심을 존중하고, 그녀의 목소리와 의견을 인정하며, 그녀가 더 깊이 생각하도록 이끌었다.

이것이 바로 자기 주도적 참여다. 스텔라는 자신이 무엇을 배우고 싶고, 무엇에 관해 생각하고 싶은지를 스스로 선택했다. 그녀는 질문했고, 자료를 찾았으며, 옳다고 생각했을 때는 자신의 주장을 밀어붙였다. 그녀는 아버지가 물어볼 때까지 기다리지 않고 먼저 적극적으로 나섰다. 댄은 그녀의 가상 학교 아이디어에 진심으로 관심을 보여주었다. 그는 스텔라의 아이디어를 개선하고 발전시키기 위해 끊임없이 의견을 제시했다. 댄은 스텔라가 학교에서 하는 일이 장차 교사가 되어 자신만의 학교를 시작하려는 목표와 긴밀하게 연결돼 있다는 사실을 시의적절하게 상기시켜주었다. 그는 학교의 운영 계획에 관해 가르치는 것보다 오히려 자연스러운 관심을 키우기 위한 환경을 만들어주었다. 스텔라가 일단 무엇인가에 흥미를 갖게 되면 그는 그녀의 노력을 끌어낼 필요가 없었다. 그녀의 관심과 노력이 저절로 흘러넘쳤기 때문이다.

스텔라가 몰입형으로 변한 것은 학교가 제공한 교육 경험 때문이 아니라 그런 환경에서도 자신의 문제를 극복했기 때문이다. 그녀는 고등학교 내내 관심을 받지 못했고 무시당했으며 아무도 그녀의 목표에 신경을 쓰지 않는다고 느꼈다. 그녀의 관심은 경험에서 비롯됐다. 학교에 관해 싫어하는 것과 바꾸고 싶어 하는 것에서 시작됐다. 그리고 학교 밖에서는 다행스럽게도 질문을 던지고 자신의 관심사에 대해 비판적으로 생각하게 만드는 교사의 자질을 갖춘 아버지의 영향으로 촉발됐다.

부모는 자녀를 잘 알고, 동기를 부여할 수 있는 불꽃을 일으킬 더 많은 시간과 에너지를 쏟아부을 수 있기 때문에 이런 일을 할 수 있다. 교육제도가 이미 교사들에게 요구하는 부담을 고려할 때 어떤 교사도 30명 또는 100명이나 되는 학생들을 위해 이런 일을 할 수는 없다. 교사들 가운데 상당수는 이미 자기 주도력을 기를 수 있도록 설계되지 않은 학교에서 일하고 있기에 불가능하다.

5년 후, 혹은 그보다 더 먼 미래에 스텔라가 무엇을 하느냐는 중요하지 않다. 중요한 것은 스텔라가 포기하지 않고 계속 버텨냈고, 그 과정에서 어려운 문제들을 극복했으며, 몰입형으로 활동하는 데 도움이 되도록 자신의 경험을 의미 있게 만드는 방법을 배웠다는 점이다. 스텔라는 계획하고 적용하는 방법을 배웠고, 문제가 생겼을 때도 늘 그렇듯이 계속 나아가는 방법을 찾아냈다. 그리고 성공할 확률이 희박할 때조차 희망을 품는 방법을 익혔다. 더 잘 배우는 방법도 습득했다. 이것이 바로 탐구자의 모습이다.

BOOK21

문학-실용

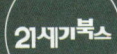 21세기북스는 급변하는 시대의 흐름 속에서 독자의 요구를 먼저 읽어내는 예리한 시각으로 〈칭찬은 고래도 춤추게 한다〉, 〈설득의 심리학〉 등 밀리언셀러를 출간하며 경제 경영 자기계발 분야의 독보적인 브랜드로서 자리매김했습니다.

 21cbooks   jiinpill21   21c_editors

 북이십일의 문학 브랜드 아르테는 세계와 호흡하며 세계의 우수한 작가들을 만납니다. 국내에 소개되지 않은 혹은 잊혀서는 안 되는 작품들에, 새로운 가치를 담아 재창조하여 '깊고 아름다운 책'을 만들고자 합니다.

 21arte   21_arte   staubin

가정/육아

수연이네 삼 형제 완밥 레시피
한 번에 만들어 온 가족이 함께 먹는
인스타 팔로워 85만 수연이네의 집밥 레시피
유수연 지음 | 값 28,000원

유아식을 시작하는 13개월 아이부터 까다로운 어른 입맛까지 요리 한 번으로 만족시키는 수연이네 온 가족 식사

세상에서 가장 쉬운 본질육아
삶의 근본을 보여주는 부모, 삶을 스스로 개척하는 아이
지나영 지음 | 값 18,800원

한국인 최초 존스홉킨스 소아정신과 지나영 교수가 전하는 궁극의 육아법. 부모는 홀가분해지고 아이는 더 단단해진다! 육아의 결승선까지 당신을 편안히 이끌어줄 육아 로드맵

아이를 무너트리는 말, 아이를 일으켜 세우는 말
상처 받기 쉬운 아이의 마음을 지키는 대화법 70가지
고도칸 지음 | 한귀숙 옮김 | 값 19,000원

"아이의 안정감은 편안한 대화로부터 시작됩니다."
10년간 소아정신과에서 일한 저자는 부모들이 아이의 마음을 세워주는 소통을 하길 바라며 대화법 70가지를 소개한다. 아이를 한 인간으로 존중하며, 상처받기 쉬운 마음을 보듬는 방법에 관해 이야기한다.

0~3세 기적의 뇌과학 육아
컬럼비아대 뇌과학자 엄마가 알려주는
생후 1,000일 애착 형성 가이드
그리어 커센바움 지음 | 이은정 역 | 값 20,000원

아마존 육아 베스트셀러! 딱 3세까지만, 육아할 땐 뇌과학! 정서지능, 회복탄력성, 언어능력을 동시에 발달시키는 최강의 애착 육아 바이블. 잘 때, 예민할 때, 울 때, 조용할 때 등 상황별 대처법 수록

육아 효능감을 높이는 과학 육아 57
아이비리그 진학률 1위,
스탠퍼드 온라인 하이스쿨(OHS) 교장이 알려주는 과학 육아
호시 도모히로 지음 | 신찬 옮김 | 값 18,000원

학생들의 자발성을 이끌어내는 교육 방식으로 매년 수많은 학생을 아이비리그로 진학시키는 교육 컨설턴트인 저자가 OHS 입학을 원하는 초등학생을 위한 프로그램에서 소개한 육아법을 전격 공개한다.

취미/실용/공부

목공의 즐거움
목공을 시작해도 될까요?
옥대환 지음 | 값 32,000원

쉰 넘어 대패를 처음 잡아본 문과 출신이 두서없이 풀어놓는 취목의 세계. 이 책은 평생 문과로 살아온 이력과 대비되는 10년의 목공 경력 기록으로, 매력 있는 취미인 목공에 기웃거리는 사람들에게 나무와 톱의 세계로 푹 빠질 수 있게 한다.

이런 진로는 처음이야
읽다 보면 저절로 쾌속 성장하는 자기 탐색 프로젝트
이찬 지음 | 값 17,800원

나에게 딱 맞는 직업을 찾고 싶은 10대를 위한 인생 내비게이션
서울대 '진로와 직업' 교육 전문가 이찬 교수가 청소년들에게 제안하는 네 꿈 찾기 프로젝트

이런 철학은 처음이야
흔들리는 10대, 철학에서 인생 멘토를 찾다
박찬국 지음 | 값 17,800원

서울대학교 철학과 박찬국 교수의 청소년을 위한 맞춤 철학 이야기
세상에서 가장 쉬운 철학 입문서! 쉽고 재미있는 지식교양으로 청소년은 물론 학부모·교사에게까지 열광적인 지지를 얻고 있는 〈처음이야〉 시리즈의 철학 편

이런 수학은 처음이야(전4권)
읽다 보면 저절로 개념이 잡히는 놀라운 이야기
최영기 지음 | 값 17,000원

서울대 수학교육과 최영기 교수가 전하는, 쉽게 배워 복잡한 문제까지 정복하는 수학 교실. "진작 이렇게 수학을 배웠더라면!" 수학을 포기하고 싶었던 우리 아이들의 '수학 고민'을 한방에 풀어주며 초중등 자녀를 둔 학부모들의 압도적인 지지와 선택을 받았던 화제의 베스트셀러

이런 공부법은 처음이야
내 인생 최고의 공부는 오늘부터 시작된다
신종호 지음 | 값 17,800원

서울대 교육학과 '광클 수업' 신종호 교수님의 공부 거부감을 기대감으로 바꾸는 공부 처방전
〈유퀴즈〉〈당신의 문해력〉〈부모 vs 학부모〉 화제의 공부 멘토!
서울대 교육학과 신종호 교수가 들려주는 공부의 본질!

에세이

우리는 사랑 안에 살고 있다

구독자 85만 국민 힐링 채널
〈리쥬라이크〉 유준이네 첫 에세이

유혜주, 조정연 지음 | 값 19,800원

간지러운 연애부터 요절복통 육아,
가슴 절절한 부모의 마음까지
무던한 하루 위에 쌓아간 사랑의 기록들

기어코 반짝일 너에게

오늘은 크리에이터 내일은 배우,
서툴지만 분명하게 빛나는 청춘의 기록들

김규남 지음 | 값 16,800원

화제의 인기 급상승 유튜브 〈띱Deep〉의 주연배우 김규남의 첫 에세이
"나에 대한 믿음 없이는 계속해서 나아갈 수 없다는 걸 안다. 내세울
것 없고, 보잘 것 없는 나라도 우리 스스로를 좀 더 믿어보기로 하자."

고층 입원실의 갱스터 할머니

남몰래 난치병 10년 차,
빵먹다살찐떡이 온몸으로 아프고 온몸으로 사랑한 날

양유진 지음 | 값 18,800원

100만 크리에이터 '빵먹다살찐떡' 양유진이 고백하는 난치병 '루푸스'
투병 "다행인 것은 이제 환자라는 걸 즐기는 지경까지 왔다는 것이다"
오롯한 진심으로 당신에게 슬쩍 건네는 유쾌하고 담백한 응원

죽을 때 후회하는 스물다섯 가지

1000명의 죽음을 지켜본 호스피스 전문의가 하는
'후회 없는 죽음'을 위해 지금 당장 실천해야 할 25가지

오츠 슈이치 지음 | 황소연 옮김 | 값 18,800원

1000명이 넘는 이들의 임종을 목격한 호스피스 전문의가 기록한 '죽기 전에 하는 후회'의 목록과, 현장의 생생한 사연을 바탕으로 한 다양한 삶의 드라마를 그려냈다.

살림지옥 해방일지

집안일에 인생을 다 쓰기 전에 시작하는 미니멀라이프

이나가키 에미코 지음 | 박재현 옮김 | 값 18,000원

게으른 사람도 살림을 잘할 수 있는 유일한 길
'살림'이라는 삶의 필수 활동이 즐거워져야 인생도 즐거워진다는
간명한 메시지를 담고 있으며, 그 실천법까지를 아우르는 책이다.

THE DISENGAGED TEEN

2부

공부할 마음을 끌어올리는 방법

6

학습 유형 살펴보기

건설적 대화를 시작해야 할 때

아이들은 오랜 학습 기간에 걸쳐 몇 시간, 몇 주, 몇 개월 또는 몇 년 동안 모든 학습자 유형을 경험하게 될 것이다. 스텔라는 자신이 성공할 수 있다는 자신감, 교사, 특정 수업에서 능력 그리고 그날의 기분에 따라 다양한 학습자 유형 사이를 오갔다. 그녀는 화학 시간에는 회피형, 영어와 수학 시간에는 수동형, 프랑스어 수업에서는 목표지향형 그리고 아버지와 함께 보내는 시간에는 몰입형으로 다양하게 바뀌었다.

하지만 때로는 아이들이 한 가지 참여 유형에 보내는 시간이 부모가 원하는 것보다 훨씬 더 오래 지속되기도 한다. 스텔라의 아버지 댄처럼 당신도 그것이 무엇이든 자녀를 수동형, 회피형, 목표지향형으로 만드는 모든 요인을 상쇄시키기 위해 몰입형에 적합한 환경을 만들어줄 수 있다. 하지만 중요한 점은 현재 아이들이 속한 상황이 단지 하나의 단계일 수 있다고 믿는 것이다. 지금 아이들을 규정짓고 있는 정체성에서 벗어나도록 하려면 그것이 가능하다고 생각해야 한다.

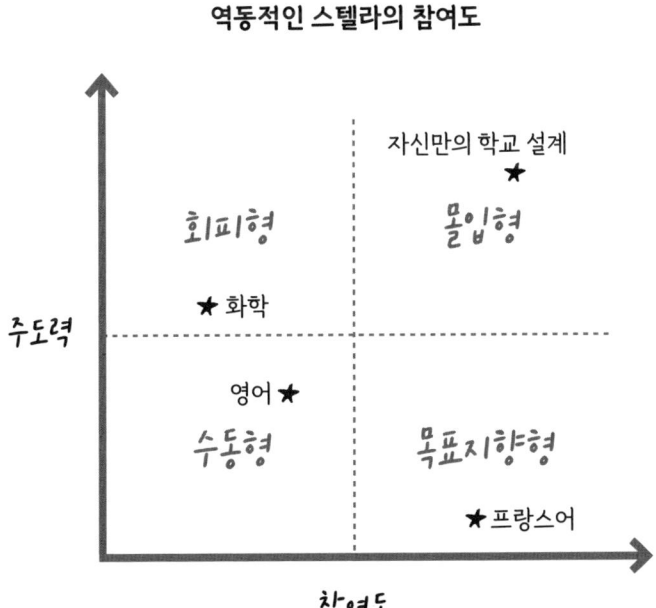

역동적인 스텔라의 참여도

참여도: 아이들이 생각하고 느끼고 행동하는 것
주도력: 아이들이 스스로 시작하거나 주도하는 것

이것은 실천하기 어려울 수 있다. 부모는 자녀가 특정한 유형의 학습자라고 결정하고 꼬리표를 붙이려는 유혹에 빠지기 쉽다. 하지만 이런 과도한 단순화는 위험하다. 자녀들을 특정한 틀에 가두면 아이들의 잠재력을 제한하고 성장을 촉진하는 기회를 놓칠 위험이 있다. 부모로서 우리는 아이들이 우리와 절대로 대화하지 않을 것처럼 행동할 때도 아이들의 삶에 가장 큰 영향을 미치는 존재다. 부모가 아이들의 학습 유형이 변할 수 있다고 믿지 못하면 아이들도 변화에 어려움을 겪을 가능성이 높다. 변화하고 성장할 수 있는 여지를 만들어주는 것이 부모의 역할이다.

토머스를 기억할 것이다. 이 소년은 라틴어 때문에 어려움을 겪었다. 토머스가 그 학교에 가게 된 것은 우연이 아니었다. 어머니 마리아는 고학력자이고 박물관을 좋아하며 진지한 주제에 관해 이야기하는 것을 즐긴다. 그녀는 아들에게 자신처럼 배움에 관한 열정을 키울 기회를 주고 싶었다. 토머스가 다녔던 초등학교는 쉬웠고 친구들도 공부에 특별한 관심을 보이지 않았다. 그래서 토머스의 부모는 똑똑한 아이들과 함께 어울리면 아들의 학업 성적이 오를 것이라고 기대하면서 토머스를 전학시켰다.

하지만 토머스는 학업에 대한 열정이 생기기는커녕 공부를 훨씬 더 싫어하게 됐다. 토머스와 어머니는 더 자주 다투기 시작했다.

토머스의 부모에게 아들은 일시적으로 수동형에 속한 아이가 아니었다. 수동형이 정체성으로 굳어진 아이였다. 그렇지 않다고 생각할 증거가 있을까?

토머스의 성적은 크게 떨어졌지만 축구에 대한 관심은 증가했다. 그는 기존의 축구팀에 더해 비용이 매우 많이 드는 두 번째 원정 축구팀에 가입하게 해달라고 졸랐다. 마리아는 본능적으로 안 된다고 했다. 토머스는 축구를 더 많이 할 것이 아니라 성적을 올려야만 했다.

토머스가 늘 공부에 관심이 없었던 것은 아니었다. 어렸을 때는 자신감이 있고 호기심이 많은 아이였다. 시사 문제에 관심이 많아 어른들과 이야기하는 것을 좋아했다. 보스턴 지역 언론사에서 일하는 아버지가 직장 체험 날에 토머스를 시장의 집무실로 데려갔을 때 시장과 모의 질의응답 시간이 있었다. 토머스는 손을 들고 도널드 트럼프가 제임스 코미 연방수사국장을 해임한 이유를 물었다. 그의 질문은 큰 화제가 되어 지역 뉴스에 보도됐다.

공부만 하고 따분한 학교를 벗어나면 토머스는 단순히 출석만 하는 것이 아니라 모든 것을 쏟아부었다. 축구, 야구, 농구 코치들은 그를 매우 좋아했다. 몇몇 코치들은 토머스에게 일정 관리, 점수 기록, 스포츠팀의 문제해결 등 운영을 도와달라고 요청했다. 토머스는 세세한 부분까지 주의를 기울였고 스스로 일을 찾아서 했다. 토머스는 일찍 나왔고 해야 할 일을 알려줄 필요가 없었다. 팀에 도움이 되고자 하는 열정은 경기장 밖에서도 계속됐다. 라틴어 동사를 지켜워했던 똑같은 뇌가 선수의 경력, 출신 국가, 타율과 득점 통계, 다른 선수나 다른 팀과 포지션 비교 등 모든 정보를 기억하는 무한한 능력을 보여주었다. 스포츠에 관해서 토머스는 단순히 참여하는 것이 아니라 배우고 성장하고 싶은 열망이 강했다. 득점, 리바운드, 선수 효율 지수, 유효 슈팅 성공률에 관해 이야기할 때는 자신감이 넘쳤다. 토머스가 이런 일을 할 때 마리아는 전혀 다른 아이를 보는 것 같았다고 했다.

마리아는 토머스가 라틴어 수업(그리고 수학과 영어 수업)에서는 수동적이었지만 몰입형의 경험도 많이 했다는 사실을 깨닫기 시작했다. 토머스는 학교의 수업에 관해서는 거의 이야기하지 않지만, 선수의 이력이나 경기의 중요한 순간에 관해서는 통찰이 흘러넘쳤다. 그는 언제나 자신의 기록, 경기 역량 그리고 지식을 향상할 방법을 찾고 있었다. 마리아도 토머스가 농구 경기에서 드리블을 하거나 모호한 통계를 비교할 때 매우 집요하다고 인정한다. 그녀는 축구에 반대하는 입장을 다시 생각하게 됐다. 갑자기 아이가 가장 좋아하는 것을 빼앗는 일이 터무니없다고 생각하기 시작했다.

한동안 깊은 고민을 한 후에 마리아와 남편은 토머스를 학업도 적절히 하면서 스포츠로 유명한 학교로 전학시켰다. 그는 평균 학점이 3.2이고 숙제도 한다. 마리아는 여전히 토머스가 시험을 위해 더 많이 공부하기를 바란다. 하지만 이제 그는 더 이상 자신이 반에서 가장 멍청하다고 느끼지 않고 친구들에게 편하게 도움을 요청한다. 그는 자신의 행동 방식과 그 원인을 이해하기 시작했다. 토머스는 하룻밤 사이에 우수한 학생이 되지 못했지만 더 이상 갇혀 있다고 느끼지도 않는다. 그는 이전 학교에서 느꼈던 무관심과 저항에서 벗어났고 더 좋은 성적을 원한다. 이런 목표를 달성하려면 노력이 필요하겠지만 그의 저항은 의욕으로 바뀌었다.

몰입형이 될 환경을 만들어준 마리아는 토머스가 적어도 지금은 자신이 바라는 사람이 될 수 있는 길을 열어주었다. 아울러 수동형에서 벗어날 가능성도 함께 열어주었다. 그가 스포츠를 통해 얻는 에너지는 활용할 가치가 있는 자원이었다. 토머스에게 이것까지 빼앗아버리면 더 이상 이용할 에너지원이 없다. 마리아는 이제 모든 상황을 다른 시각에서 바라본다.

토머스와 스텔라는 다른 모든 청소년이나 사람들과 비슷하다. 여러 학습자 유형 사이를 역동적으로 오가고 흥미와 감정이 환경과 상호작용하는 과정에서 성공하거나 실패하기도 한다. 아이들이 특정한 학습자 유형에 갇혀 있을 때 부모는 그 상태에서 벗어나도록 도와주어야 한다. 이를 위해서는 아이에게 어떤 일이 벌어지고 있는지 알아보고, 아무리 판단하고 싶은 마음이 들어도 비판하지 않는 방식으로 대응해야 한다. 다음 장에서는 각각의 학습자 유형을 도와줄 수 있는 구체적인 조언 함께 이를 실천하는 방법을 알려줄 것이다.

우리의 조언이 효과를 발휘하려면 10대 자녀와 건설적인 대화를 나눌 수 있는 능력이 매우 중요하다. 당신은 이런 역량을 이미 가지고 있거나 지금 개발하고 있는 과정일 수도 있다. 앞서 이야기한 것처럼 대화가 청소년 발달에 미치는 영향은 포옹이 유아에게 미치는 영향만큼 중요하다. 이는 건강한 두뇌 발달의 기초가 된다. 다음에 설명하는 내용은 어떤 유형이든, 어느 시점이든, 모든 아이에게 적용할 수 있는 접근 방식이다.

부모와의 대화 그리고 격려의 힘

독자들은 부모의 영향력이 크지 않다고 생각할 수도 있지만 연구 결과에 따르면 그렇지 않다. 1984년에 미국 일리노이대학교 시카고 캠퍼스 허버트 월버그 교육학 교수는 참여를 포함해 무엇이 학생의 학습을 유발하는 동기인지에 관한 중요한 연구 결과를 공개했다. 그가 발견한 핵심 요인은 유연한 가정 교육 과정, 즉 부모가 자녀와 이야기하고 함께하는 활동이었다. 이 놀라운 활동의 핵심은 일상에 관한 부모와 자녀의 대화였다. 예를 들면 부모 또는 자녀가 재미로 읽는 책에 관한 토론이나 격려, TV 프로그램을 함께 모니터

링하고 비판적으로 분석하는 것 등이다. 허버트 교수는 또 친구들과 사교 활동과 애정, 미소, 웃음, 변덕, 뜻밖의 행운 등에 관한 감정을 표현하는 것이 아이들의 발달에 긍정적 영향을 미쳤다는 사실도 발견했다. 그는 교육에서 종종 간과했던 유연한 가정 교육 과정이 사회경제적 지위보다 학업 성취도에 관한 예측성이 배나 높다는 사실을 보여주었다.

30년이 지난 후에도 이런 부모-자녀의 상호작용은 영향력을 잃지 않았다. 약 450건의 연구 결과에 따르면 미국 부모들은 여전히 학생의 참여도, 행복 그리고 학습에 영향을 미치는 것으로 나타났다. 자녀가 어릴 때 가장 효과적인 전략은 '인지적-지적 관여'다. 이는 취학 전 자녀들과 함께 블록 쌓기, 노래 부르기, 침대에서 책 읽어주기 등을 하면서 보내는 모든 시간을 말한다. 수백만 번에 걸쳐 사물을 가리키면서 명칭을 알려주는 것과 작은 뇌가 세상을 이해하도록 도와주는 다른 모든 행동이 여기에 해당한다.

하지만 아이들이 나이가 들면 학교에서 참여와 학습을 돕기 위해 부모가 할 수 있는 가장 좋은 일은 '대화와 격려'다. 달리 말하면 학교에서 배우는 내용과 일상에서 벌어지는 일에 관해 이야기하고 학업 성취에 관해 응원하며 힘든 시기를 견디도록 도와주는 것이다. 이것이 직접적으로 숙제를 도와주는 것보다 자녀의 성장에 훨씬 더 큰 도움이 된다.

가정에서 자녀와 나누는 대화는 학습 태도를 형성하는 데 중요한 역할을 한다. 작가 이언 레슬리는 "호기심은 전염성이 있다. 무관심도 마찬가지"라고 한다. 아이들의 관심사, 경험, 문제에 관해 의미 있는 대화에 참여함으로써 부모는 자녀들이 생각과 감정을 탐구할 수 있는 환경을 만들어주고 호기심이 어떤 가능성을 열어줄 수 있는지를 보여주는 본보기가 될 수 있다. 이런 대화는 유연한 가정 교육 과정의 기초, 즉 탐구심을 키우는 비옥한 토양이 된다.

　당신의 자녀가 어떤 학습자 유형인지와 상관없이 대화의 힘을 이용하는 세 가지 중요한 접근 방식이 있다. 이 책에서 소개하는 다양한 접근법은 특정 학습자 유형에 갇혀 있던 자녀들을 양육하면서 경험한 어려움을 자발적으로 공유해준 전문 교사와 아동 발달 전문가들이 제공한 것이다. 이런 방법을 통해 탐구를 장려하고 호기심을 키우며 자녀들이 성장하는 데 필요한 유연성과 회복탄력성을 발달시키는 가정환경을 만들 수 있다.

학교 비난은 아이의 무관심을 부른다

　고정형 사고방식을 드러내는 또 다른 방식은 학교를 단정적으로 비난하는 것이다. 오늘날 주류 언론에서 접하는 학교 관련 보도의 대부분은 불만의 형태로 전달된다. 학교가 너무 어렵거나 쉽다고 한다. 너무 현대적이거나 구식이고 너무 진보적이거나 충분히 진보적이 아니라는 것이다. 아이들은 이런 언론의 메시지를 그대로 받아들인다. 그리고 학교 시스템을 비난하면서 여전히 그 안에서 잘하라고 요구하는 부모의 위선을 알아차린다. 학교 교육 시스템이 완벽하지 않다는 것을 인정할 수는 있다. 완벽한 시스템은 없다. 아이들이 학교에서 더 많이 노력할수록 더 많은 것을 얻는다는 것도 사실이다. 학교를 획일적으로 나쁘다고 비난하는 것은 아이들의 무관심을 부수길 수 있다.

학교에서 일어나는 모든 일들을 좋게 말하라고 이야기하는 것이 아니다. 말을 신중하게 가려서 하라는 것이다. 가능하다면 불만 사항을 최대한 구체적이고 제한적으로 이야기하라. "교육 시스템이 엉망이야" "생성형 AI 때문에 학교가 쓸모없어질 거야" "학교에서 지금 배우는 내용이 졸업할 때쯤에는 완전히 구식이 될 거야" 같은 말을 피하라. 그렇다고 불공정한 시험이나 힘들었던 날에 관해 공감하지 말라는 뜻은 아니다.

가정에서 긍정적인 학습 문화를 만들려면 부모가 학습에 관해 어떻게 느끼는지가 아이들의 생각에 직접적으로 영향을 미친다는 사실을 알아야 한다. 가능하다면 최대한 학습이 가치가 있는 것처럼 보이도록 하라. 필요하다면 잘못된 점을 지적하지만 동시에 긍정적인 점과 잘되고 있는 부분, 앞으로 개선될 수 있는 부분도 함께 지적하라.

학습 내용을 대화 주제로 삼아라

자녀를 수동형, 목표지향형, 회피형이라는 틀에 가두지 말고 학습자로서 자신에 관해 솔직하게 이야기하도록 하라. 편협한 성취지향적 질문 대신 개방적이고 목표지향적인 질문으로 아이들이 학습에 호기심을 갖도록 해야 한다. "오늘 과학시험이 어땠니?" "영어 논술에서 몇 점 받았니?" "오늘 숙제는 무엇이니?" 같은 질문은 대화를 확장하는 것이 아니라 대화의 문을 닫아버리는 경향이 있다.

임모르디노-양 교수는 "최소한의 공부만 하는 수동형 자녀를 둔 부모들은 아이들이 배우는 내용을 세심하게 살펴봐야 한다"라고 조언한다. 그녀는 아들을 포함해 자신의 자녀에게 이런 방법을 꾸준히 적용했다.

자녀가 학교에서 배우는 내용에 관해 대화를 끌어내기 위해 다음과 같은 개방적인 질문을 해보라.

"오늘 과학 시간에 무엇을 배웠니?"라는 질문에 "배운 것이 없어요"라고 대답하면 다음을 시도해보라. "오늘도 과학 시간에 세포 분열에 관해 토론했니?" 단순히 "네"라고 하더라도 포기해서는 안 된다. 다음과 같은 질문을 해보라.

"그것 참 재미있구나… 나도 옛날에 항암 화학 치료를 받을 때 머리카락이 빠지는 현상은 빠른 세포 분열 때문에 머리카락이 빨리 자라는데 약물이 이를 암세포가 성장하는 것으로 착각하기 때문이라고 배웠거든. 선생님이 이런 이야기를 하셨니?" 세포 분열에 관한 기억이 없다면 "나를 가르쳐 달라"는 방식으로 접근하라.

"세포 분열이라. 재미있구나. 내 기억에는 세포가 둘로 나뉘는 것으로 배운 것 같은데. 지금은 잊어버렸네. 정확히 어떻게 되는 것이니?" 아이들은 대체로 부모에게 자신의 더 잘 알고 있다는 것을 보여주고 싶어 한다. 그래서 부모에게 개념을 가르치도록 하면 말문이 트이는 경우가 많다.

학교에서 배운 내용에 관해 이야기하는 것은 아이들에게 그 내용이 중요하다는 사실을 다시금 확인시키는 것이다. 중요한 것은 정답을 알아내는 것이 아니라 질문을 하는 것이다. 아이들이 AI가 모든 것을 알고 있어 공부할 필요가 없다고 이야기하면 수학에서 계산기의 역할을 알려주라. 새로운 생성형 AI 도구는 언어 계산기와 같다. 정보를 찾아서 종합하는 계산의 속도를 높여주지만 AI를 이용하는 아이들은 여전히 사고하는 연습을 해야 할 것이다. 멜버른대학교 존 해티 교육학 교수의 말처럼 부모의 역할은 교사가 아니라 학습자가 되는 것이다. 하루 동안 아이가 배운 내용 그리고 당신이 궁금해하는 것에 관해 배우고 아이들에게 배움에 대한 애정을 보여주는 것이다.

심문은 대화가 아니다

모든 수업에 대해 분 단위로 자세히 이야기해보라고 하면서 아이들에게 부담을 주면 안 된다. 당신도 직장의 지루한 일에 관해 다시 이야기하고 싶지 않듯이 아이들도 별로 기억할 만한 것이 없는 하루를 되풀이하고 싶지 않을 것이다. 자녀가 배우는 것에 몰입하도록 하고 폭넓은 대화가 아니라 깊이 있는 대화를 목표로 정하라.

좋아하는 수업 먼저, 어려워하는 수업은 나중에

수동형이나 회피형에 속해 있을 때 아이들은 늘 뛰어난 성과를 보여주는 최적의 상태가 아니다. 그런데도 부모는 아이들이 가장 힘들어하는 수업이나 학교생활 물어보기로 대화를 시작한다. 이는 매일 우리에게 가장 짜증 나는 직장동료나 프로젝트에 관해 물어보는 것과 같다.

경험이 많은 전문적인 교사는 힘들어하는 아이들과 이야기할 때 반대로 접근한다. 아이들이 좋아하는 것에 관해 먼저 물어본다.

시간표를 살펴보라

이렇게 하면 광범위한 질문 대신 몇 가지 구체적인 질문("오늘 과학 시간에 무엇을 해부했니?")을 할 수 있을 것이다. 우리와 면담한 모든 교사는 부모가 자녀들이 학교에서 무엇을 하고 있는지, 어떤 수업을 듣고 있는지 그리고 시간표가 어떤지에 대해 어느 정도 파악하고 있어야 한다고 말했다. 저녁 식사 전에 시간표를 훑어보는 것은 세부 일정을 관리하는 수단이 아니라 더 좋은 대화를 위한 작은 관리 수단이 된다.

낯설어도 놀라지 말라

많은 혁신적 교수법은 낯설게 보일 것이다. 배운 주제에 관한 만화 그리기, 아이디어 발표를 위한 동영상 제작, 원자 구조에 관한 게임 개발, 수학을 가르치는 새로운 방법을 배우기 등 모두가 친숙하지 않은 교수법이다. 이런 방식을 경험하지 않았다는 이유로 외면해서는 안 된다. 교사들은 종종 학생들이 학습에 더 몰입하도록 하려고 이런 전략을 활용한다. 교사들의 창의성은 교육의 엄격한 수업의 질을 떨어뜨린다는 두려움 때문에 억눌리는 경우가 많다. 하지만 훌륭한 교사는 일반적으로 이런 활동과 좋은 글을 쓰는 방법을 균형 있게 가르칠 것이다.

호기심 가득한 질문을 시도하라

이 모든 방법을 시도하는데 여전히 짧게 대답하더라도 화내고 싶은 충동을 자제해야 한다. 이 시점에서 판단하지 않는 태도를 유지하는 것이 중요하다.

우리가 만난 많은 교육자도 자녀가 집에 와서 학교가 따분하고 아무 일도 없었다고 말할 때 얼마나 화가 나는지 인정했다. 하지만 경험 많은 교사였던 그는 이렇게 말한다. "판단하지 않는 태도를 유지하려고 노력하세요." 대신 호기심을 표현하라고 조언했다. 아이들이 "수학 시간에 아무것도 하지 않았어요"와 같은 말을 하면 아이들이 학습 내용을 가시적으로 표현할 수 있도록 만드는 프로젝트제로 방식의 질문을 시도해보라. 예를 들면 다음과 같다.

- 그렇게 말하는 이유가 무엇이니?
- 그 단원은 무엇에 관한 것이었니?
- 선생님이 그것을 다른 방식으로 설명했다면 어땠을까?
- 다음 시간에는 어떤 것을 보고 싶니?
- 선생님께 그것을 어떤 방식으로 제안할 수 있을까?
- 네가 어떤 것을 다르게 할 수 있을까?

공부의 즐거움을 보여주라

부모가 학습에 있어 자녀의 첫 번째 역할 모델이라는 존 해티의 주장을 기억하는가? 부모는 호기심을 보여주고, 세상에 참여하며 학교 또는 학교 밖의 세상과 관계를 형성하는 등 학습의 즐거움을 보여주는 모범이 되어야 한다.

때때로 학교는 일련의 닫힌 문처럼 느껴질 수 있다. 우리는 계속 문을 열고 그 안에 좋은 것이 있을 것이라고 기대해야 한다. 그리고 "이것은 너에게 맞지 않는 방이야(아이들을 틀 안에 가두기)" 또는 "그 방은 별로야(학습 문화를 망치기)"라고 미리 결정해서는 안 된다.

부모가 할 수 있는 노력

다음 장에서는 네 가지 학습 참여 유형에 대해 자세히 살펴보고, 자녀들이 어떤 학습자 유형에 속하든 그들을 지원하는 실용적 전략을 제시할 것이다. 수동형 아이들에게 더 많은 자율권을 주는 것이 어떻게 자신이 열정을 발견하고 학습 선택을 강화하는 데 도움이 될 수 있는지 배우게 될 것이다. 또 목표지향형의 아이들이 성취욕을 균형감 있게 유지하도록 돕는 방법도 배우게 될 것이다. 그리고 성적에 상관없이 자신들이 소중한 존재라는 사실을 이해하고 불편함에 익숙해져서 더 많은 위험을 감수하도록 돕는 방법도 알게 될 것이다. 회피형 아이들과 함께 그런 행동을 하는 근본적 이유를 파악하는 방법도 소개할 것이다. 미래의 자기 모습을 그려보는 것도 회피형에서 벗어나는 한 가지 방법이다. 마지막으로 자녀들이 자기 주도력 시대에 교육에서 성공할 수 있도록 학습에 대한 애정을 촉진하기 위해 부모가 할 수 있는 일이 무엇인지 함께 알아볼 것이다.

앞서 소개한 존스홉킨스대학교 공중보건학 교수 크리스티나 베델은 건강한 관계가 아이들의 성공적인 성장을 예측하는 가장 중요한 요인이라고 주장한다. 핵심은 기말시험, 대학 입학 같은 단기적 목표보다 관계에 우선순위를 두는 것이다.

7

열정의 불꽃 찾기
수동형의 경우

2010년대 발달과학자 론 달과 피츠버그대학교 심리학 교수 제니퍼 실크는 부모가 청소년기의 아이들에게 잔소리할 때 뇌에서 어떤 일이 벌어지는지 궁금했다. 이들은 과학자였기 때문에 아이들이 어머니에게 부정적인 피드백을 받았을 때 실제로 "배측전전두피질과 미측 전대상피질에서 어떤 일이 일어날까?"와 같은 궁금증이 생겼다. 우리의 목적에 맞게 간단히 말하면 왜 아이들이 우리가 힘들게 배운 교훈을 그렇게 듣기 싫어하고 외투를 제자리에 걸어놓지 않으려고 하는지 이유를 밝혀내고 싶었다는 것이다.

연구자들은 청소년과 그들의 부모로 구성된 집단을 모집하고 이들을 서로 떨어뜨린 다음 어머니들이 중립적 발언, 칭찬, 비판하는 음성을 녹음했다. 그런 후에 9세에서 17세에 이르는 32명의 학생들을 대상으로 뇌의 어떤 부분이 활성화되고 어떤 부분이 반응을 보이지 않는지를 기능적 자기공명영상장비MRI로 관찰했다. 부정적 피드백 상황에서 뇌를 활성화하는 말은 "너에 대해 내가 불만인 것 한 가지는…"으로 시작하는 녹음이었다. 우리와 친분이 있는 한 어머니는 다음과 같이 말했다.

"너에 대한 나의 한 가지 불만은 네가 사소한 문제에도 화를 낸다는 것이야. 내가 아래층에 가서 신발을 가지고 오라고 말할 수도 있잖아. 너는 신발을 가지고 위층으로 올라가 너의 방에 가져다 두어야 한다며 화를 낼 거야. 네 방이 조금 지저분하니 청소해야 한다고 말하면 너는 화를 내겠지. 그리고 하기 싫다고 하지. 너는 너무 쉽게 화를 내. 그래서 성질을 좀 죽일 필요가 있어."

이런 현명한 조언이 아이의 뇌에 있는 감정 신경망 활동을 증가시키는 결과를 가져왔다는 것은 놀라운 일이 아니다. 이 조언은 감정 조절에 활용되는 인지 신경망과 타인의 관점에서 사물을 보는 데 도움이 되는 두뇌 시스템의 활동을 감소시키는 결과를 가져왔다. 이런 말이 청소년들이 자신의 단점에 대해 생각하고 행동을 고치는 방법에 관해 생각하도록 만들었을까? 그렇지 않다. 오히려 아이들을 화나게 하거나 마음을 닫게 해서 부모가 하는 말을 무시하도록 만들었다. 비판은 아이들의 부정적 감정을 증가시켜 오히려 부모가 지적하고 싶은 문제에 관한 해결을 어렵게 했다. 이런 연구 결과를 파악하기 위해 뇌 스캔 연구까지 할 필요는 없지만, 기본적으로 잔소리가 생산적이지 않다는 사실을 입증했다는 점을 깊이 생각해볼 필요가 있다.

다른 연구에서도 잔소리가 역효과를 낸다는 것이 확인된다. 멜버른대학교 존 해티 교수는 전 세계 200만 명 이상의 학생을 대상으로 부모의 개입이 학생의 성취도에 미치는 영향을 연구한 2,000건의 연구를 분석했다. 그는 아이들의 행동을 고치기 위해 부모가 가장 흔하게 사용하는 방법 가운데 하나인 잔소리가 아이들을 더 생산적이거나 자신을 되돌아보게 만드는 것이 아니라 학교 성적을 떨어뜨리는 결과를 초래한다는 사실을 발견했다. 해티는 "부모가 자신의 역할을 아이가 숙제를 다 하도록 지시하는 것 같은 감시자로 생각하는 경우 효과는 부정적"이라고 말한다. 다시 말하면 부모의 도움이 주로 "지금 이 일을 끝내!"처럼 잔소리가 되면 아이들의 성취도는 오르지 않고 오히려 떨어진다.

이것이 부모를 조금 방어적으로 만들지도 모른다. 우리는 아이들에게 숙제하고, 설거지하고, 복도에 신발을 벗어 놓지 말라고 이미 200번이나 이야기했기 때문에 잔소리를 하는 것이다. 우리가 잔소리하는 이유는 일을 미루는 행동이 방바닥에 쌓여 있는 더러운 옷처럼 청소년기에는 흔한 특성이기 때문이다. 일반적으로 우리는 일을 미루는 것을 수동형 아이들의 행동과 연관 짓지만 모든 아이가 그렇게 행동한다. 인지적으로 또는 정서적으로 힘든 일, 즉 체계적이지 않고 어렵고 개인적으로 의미가 없거나 본질적으로 보람이 없는 일을 마주할 때 우리는 일을 미루는 경향이 있다. 한 연구에 따르면 대학생의 80퍼센트에서 95퍼센트가 일이나 과제를 미루는 것으로 나타났다.

10대 청소년과 그들의 부모와 면담에서 아이들은 부모가 잔소리를 끝이 없을 정도로 너무 많이 한다고 불평했다. 반면 부모들은 아이들이 자기 일을 하지 않기 때문에 잔소리를 할 수밖에 없다고 말한다. 아이들은 일이나 공부를 계속 미루다가 갑자기 마감이 다가온 것을 알고 깜짝 놀라 일을 시작한다. 부모 입장에서 아이들이 공부를 하지 않아 미래가 제약받은 것을 지켜보다 보면 화가 날 수밖에 없다. 많은 부모가 우리에게 잔소리가 아이들이 학업이나 숙제를 끝마치도록 하는 유일한 수단이라고 말했다.

잔소리의 부정적인 효과

잔소리는 실제로 어디서도 효과가 없다. 연애 관계에서도 효과가 없고 해티의 연구 결과처럼 10대 청소년에게도 효과가 없다. 잔소리는 10대가 뇌의 중요한 부분을 발달시키는 데 필수적인 자율성을 감소시키기 때문이다. 또 스트레스를 증가시켜 오히려 미루는 습관이 더 오래 가도록 한다. 이는 더 많은 잔소리로 이어지고 자율성을 더 위축시킨다. 잔소리는 아이들이 성과를 낼 수 있도록 도와주는 것이 아니라 능력이 없다는 메시지를 전달할 뿐이다. 그래서 아이들의 사기를 꺾고 동기도 떨어뜨린다. 부모와 아이들은 지옥처럼 출구가 없는 잔소리-미루기 악순환에 갇히게 된다.

우리가 아이들에게 잔소리하거나 훈련소 교관처럼 감시하면 시험, 숙제, 논문, 프로젝트 등 당면한 과제들을 해결할 수 있다. 하지만 이는 근본적 문제를 미래로 미루는 것이다. 우리가 아이 곁에서 영원히 잔소리하는 것은 불가능하다. 가끔은 과제를 끝내지 못하거나 시험에서 떨어지는 부정적 결과가 오히려 아이들이 공부하도록 동기를 부여하는 계기가 될 수 있다. 시험, 퀴즈, 숙제 등에서 어느 정도 실패할 자율성을 허용해주면 아이들이 통제력을 갖게 되고, 이것이 시간이 지나면서 동기를 유발하게 된다. 게다가 잔소리하지 않으면 아이들이 짜증 내는 데 에너지를 쓰지 않기 때문에 눈앞에 있는 과제를 완수하는 데 주의력을 집중할 여력이 생긴다.

청소년기의 중요한 목표는 정체성 확립이라는 사실을 기억하라. 학교는 정체성을 찾아가는 중요한 환경 가운데 하나다. 아이들은 매일 학교에 가야 하기 때문에 과제나 시험공부를 어떻게 할지 선택하는 것이 아이들이 자율성을 행사하는 몇 가지 방법 가운데 하나가 될 수 있다. 이는 아이들이 내적인 동기를 키우는 중요한 발판이 된다. 사랑이나 종종 절박함 때문에 아이들에게 공부하라고 하거나 일을 마치라고 강요하면 우리도 모르는 사이에 아이들의 뇌가 효율적인 자기 관리 방법을 배우는 데 필요한 자기 주도력을 개발하지 못하도록 방해하게 된다. 결국 스스로 숙제할 수 있으려면 아이들이 혼자 숙제하는 연습을 해야 한다. 어떤 아이도 부모가 옆에서 대신 드리블을 해주는 방식으로 농구 드리블을 완벽하게 배울 수 없다.

부모는 잔소리를 그만하고 더 세심하고 신중한 접근법을 취해야 한다. 아이들이 얼마나 많이 공부해야 하는지 몰라서 실패 직전에 있을 때 부모는 때때로 실패를 허용해야 한다. 시험을 망치거나 무엇이든 맘대로 다 하도록 하라는 것이 아니다. 수동형의 아이들이나 잠시 수동형을 경험하는 아이들은 자신이 무엇을 할 수 있는지 시험해보고 있다는 뜻이다. 부모가 잔소리를 안 하고 과제에 신경을 쓰지 않으면 아이들은 자신의 결정과 그에 따른 결과를 스스로 책임져야 한다. 숙제를 내지 않아 미제출 처리를 받으면 자신의 엉터리 계획에서 교훈을 얻는다. 공부를 안 하는 아이에게 더 많은 자율성을 주는 것은 역효과를 낳을 수도 있다는 사실을 우리도 잘 알고 있다. 하지만 다음과 같이 생각해보라. 당신의 목표가 오늘 밤 숙제를 끝내는 아이인가 아니면 공부하는 법, 시간을 관리하는 법 그리고 학습에 관해 스스로 결정을 내리는 방법을 아는 아이인가?

이는 자유방임적인 양육을 의미하는 것이 아니다. 또 부모가 숙제를 도와주기 위해 할 수 있는 유익한 일을 하지 말라는 뜻도 아니다. 예를 들면 아이가 물어볼 때 답해주고 조용히 공부할 공간을 만들어주며 시험이 있을 때 집안일을 면제해주고 아이가 잘 모를 때 기본적인 공부 방법을 가르쳐주는 일을 하지 말라는 이야기가 아니다. 아이들이 스스로 공부할 수 있도록 돕는 것과 억지로 공부하도록 강요하는 것은 다르다. 발달심리학자 알리자 프레스먼은 "아이들이 이미 할 수 있는 것은 혼자 하도록 하라. 아이들이 거의 할 수 있는 일은 아이들이 할 수 있도록 안내하고 격려하라. 아이들이 할 수 없는 일은 아이들을 가르치고 본보기를 보여주"라고 말한다. 부모가 제공하는 발판의 수준은 아이에 따라 다르다. 학습장애가 있거나, 신경발달장애가 있거나, 정신건강 문제로 어려움을 겪는 학생들은 종종 더 직접적인 도움이 필요하다. 연구자들은 저소득 지역의 학교들은 자원이 더 부족하고 양질의 교육을 제공할 가능성이 낮기 때문에 부모의 경제적 능력이 부족한 아이들에게도 이런 도움이 필요하다는 사실을 발견했다.

중요한 것은 아이들에 대한 기대와 필요한 도움 사이의 적절한 균형점을 찾는 것이다. 1장에서 소개한 효과적으로 동기를 유발할 수 있는 문구를 떠올려보자. "나는 너에게 기대하는 것이 많고 네가 기대에 부응할 수 있다는 사실을 알기 때문에 이런 조언을 하는 거야." 이런 말을 들은 아이들은 선생님의 의견을 받아들여 실제로 글쓰기 과제를 수정할 확률이 배나 높았다. 교사는 도움을 주면서 기대 수준을 높이는 것이다. 이 두 가지 행동에는 학생에 대한 존중과 선택에 대한 어느 정도의 자유가 담겨 있다. 부모도 이런 원칙을 이용할 수 있다. 아이들에게 숙제하는 방법에 대한 선택권을 주고, 대화할 때 존중하며, 숙제를 잘 마무리해야 한다는 기대를 분명하게 표현하라.

수동형 아이들에게는 우리가 필요하다. 코앞에서 지켜보면서 감시하는 것이 아니라 우리가 아이들이 할 수 있다고 믿는다는 사실을 알려주어야 한다. 아이들이 다양한 학습 전략과 시간 관리 전략을 시험하는 동안 우리는 그들을 지원하는 역할을 해야 한다. 10대에게는 인생이 일종의 연습 무대처럼 느껴질 수 있다. 청소년들은 숙제 대신 틱톡을 선택하는 것처럼 다양한 방법으로 무엇인가를 시도하고 있다.

자율성 지지 전략

　우리는 잔소리와 통제에서 벗어나 자율성 지지로 전환하는 새로운 접근 방식을 제안하고 싶다. 어떤 것이 자율성을 높이는 데 도움이 되는지 알아보려면 자신에게 "이것이 아이가 혼자서 그 일을 해내는 방법을 배우는 데 도움이 될까?"라는 질문을 던져보는 것이 좋다. 시도할 기회조차 얻지 못하면 어떤 것이든 배우기 어렵다. 자녀에게 완전한 자율권을 주라고 이야기하는 것이 아니다. 아이들은 어리고 여전히 부모의 지도와 지원이 필요하다. 우리는 아이들이 스스로 무엇인가를 하는 방법을 배우는 데 도움이 되는 세심하고 강력한 전략의 변화를 제안하는 것이다. 이는 자기 주도력을 기르는 데 매우 중요한 요소다. 《자기 주도적 아이 Self-Driven Child》의 공동 저자 윌리엄 스틱스러드와 네드 존슨은 또 다른 조언을 한다. 문제를 해결하기 위해 부모가 아이보다 더 열심히 노력해서는 안 된다는 것이다. 이는 아이들을 약하게 만들고 해결책이 자신이 아니라 부모에게 있다고 믿게 만든다. 저자들은 부모에게 "나는 너를 너무 사랑해서 숙제에 관해 너와 싸우고 싶지 않아"라는 말을 하라고 제안한다. 우리는 면담을 통해 대부분의 아이가 시간이 좀 걸리더라도 자신들이 책임을 지고 무엇을 할 수 있는지 보여줄 기회를 원한다는 사실을 발견했다. 평소에 자주하는 말에 대해 생각해보라.

"지금 당장 숙제를 시작해야 해" 대신 "어떻게 오늘 밤에 숙제를 끝낼 계획이니?"라고 물어보라.

　5장에서 우리는 아이들이 몰입형으로 활동하기 시작하는 데 도움이 되는 미묘하지만 매우 효과적인 존 마셜 리브의 자율성-지지 교육 전략에 관해 배웠다. 이 전략의 장점은 부모도 이를 활용할 수 있다는 점이다. 취침 시간이 엄격하고 집에서 할 일이 많거나 혹은 통금 시간과 규칙이 없더라도 상관이 없다. 이 방법은 가족의 가치관, 훈육 방법 또는 아이들에 대한 기대를 바꾸는 것이 아니다. 학습장애가 있는 아이들, 신경발달장애가 있는 아이들 그리고 근접 발달 영역의 안과 밖에 있는 아이들을 둔 부모들도 활용할 수 있다. 자율성-지지 접근법은 기본적으로 형식이 아니라 방식에 관한 것이다. 그리고 대화는 앞서 말한 것처럼 청소년기 발달에 가장 중요한 요소다.

　리브는 우리가 특히 좋아하는 다섯 가지 전략을 소개한다. 이 전략들은 약간의 연습이 필요할 수도 있다. 리브는 일주일에 5일, 하루 8시간 자신의 접근법을 연습하는 교사들도 완전히 익숙해지는데 약 한 달이 걸렸다고 말했다. 따라서 당신과 자녀들도 이런 방법을 숙지하려면 약간의 시간이 필요할 것이다.

1단계: 아이들의 관점을 수용하라
　리브의 첫 번째 조언은 고치려는 생각을 하지 말고 듣는 것이다. 그는 이 전략을 "잠시 아무 생각하지 않기"라고 부른다. 가장 먼저 해야 하는 일은 아이들에 관해 부모가 원하는 것을 잠시 내려놓는 것이다. 즉 부모의 기대, 부모가 원하는 바람직한 행동을 접어두고 아이에게 온전히 집중하는 것이다. 아이에게 요구하고 싶은 생각을 비우고 단지 아이들이 하는 말을 경청하라는 뜻이다.

리브의 생각은 부모가 조언을 한 후에 아이들이 왜 그것을 받아들이지 않는지 궁금해하지 말고 아이들의 관점을 먼저 수용하라는 것이다. 아이들의 생각이나 행동을 고치기 전에 먼저 관계를 맺으라는 것이다. 그는 이것을 공상과학 TV 시리즈 〈스타트렉〉에 나오는 일종의 보호막인 역장에 비유한다. 부모가 먼저 아이들의 관점을 수용하지 않으면 그들은 보이지 않는 역장을 만들어 침입자에게서 자신을 보호한다. 아이들은 부모의 충고라는 군대가 자신을 향해 진군하는 것을 볼 때 본능적으로 공격에서 자신을 보호하게 된다. 역장이 올라가는 것을 보지 못할 수도 있지만 확실히 느낄 수는 있다.

아이의 관점을 수용하면 역장을 낮출 수 있다. 부모는 더 이상 침입자가 아니다. 무슨 일이 벌어지고 있는지 물어보는 연합군이자 도움의 원천이 된다.

누군가의 관점을 이해하는 가장 빠른 방법은 물어보는 것이다

(리브는 관점을 받아들이는 것이 생각을 읽는 것과 다르다고 지적한다). 다음과 같은 질문을 활용해 대화를 시작해보라.

- 오늘 숙제에 관해 어떻게 생각하니?
- 숙제는 어느 부분이 가장 재미있니?

2단계: 인정하라

다음 단계는 자녀의 대답을 진심으로 들어주는 것이다. 자녀의 관점을 이해하는 것이 목표라는 사실을 기억하라. 따라서 부모는 진정성을 가지고 아이의 말에 들어야 한다. 아이들은 헛소리를 탐지하는 데 뛰어나다. 그래서 부모가 비난이 아니라 정말로 궁금해서 물어보는 것이라는 점을 확실히 알려주기 위해 노력해야 한다.

어떤 대답을 하든 그것을 인정하라. 아이들에게는 판단을 감지하는 뛰어난 능력이 있어 부모는 최대한 판단을 보류해야 한다. 다음과 같은 말을 해보라.

- 네가 정말 지루해한다는 것을 충분히 이해해. 내 생각에는 네가 친구들과 놀고 싶은 것 같아. 내가 너라도 그렇게 느꼈을 거야. 사실 나도 일을 하지 않았으면 좋겠다고 생각하거든.

이런 말은 단순히 역장을 낮추는 것이 아니라 완전히 해제하는 효과가 있다.

3단계: 설명하라

그다음으로는 리브가 말하는 "설명에 대한 근거"를 제시하라. 아이들은 어떤 것에 대해 구체적인 이유를 들어 설명할 때 더 많은 동기를 부여받는다. 리브가 말하는 구체적 이유는 "숙제를 안 하면 성적이 나빠질 것이다"라고 하거나 "내가 하라고 했으니까 숙제해라"가 아니다. 다음과 같이 시도해보라.

- 올림픽에 출전하는 선수들이 경기장 안팎에서 많은 연습을 해야 자신의 종목을 완전히 숙달하는 것처럼 우리의 뇌도 새로운 지식을 습득하기 위해서는 많은 연습이 필요해.
- 모든 사람이 때때로 자신이 모르는 것과 마주치게 돼. 숙제는 스스로 시간을 들여 깊이 탐구하고 배우는 기회야.

어떤 일이나 행동의 이유를 차분하게 설명해주는 일은 학생들이 스스로 맥락을 이해하는 데 도움이 된다.

4단계: 제안형 언어를 사용하라

이번 단계에서는 자녀가 끝내지 못한 숙제를 마무리할 수 있도록 도와주는 몇 가지 전략을 공유하려고 한다. 가장 중요한 점은 지시형 언어 대신 리브가 말하는 제안형 언어를 사용하는 것이다. "20분 동안 해보고 얼마나 할 수 있는지 알아보자"라고 말하는 것과 "식탁에 앉아서 저녁 먹기 전까지 20분 동안 숙제해"

라고 말하는 것은 완전히 다르다. 다음처럼 해보라.

- 친구에게 도움을 요청할 생각은 해봤니?
- 모르는 건 학교에 가서 선생님에게 물어보자.

5단계: 인내심을 가져라

리브의 마지막 조언은 정말 중요하다. 모두 노력을 했는데도 효과가 없다면 더 이상 매달리지 마라. 장기적인 목표는 수동형 아이들이 학교에 관심을 갖도록 하는 것이라는 점을 기억하라. 이 경우 인내심은 미덕이 아니라 유일한 방법이다.

리브는 이렇게 말한다. "제가 정말로 아이에게 바라는 것은 오늘 당장 숙제하도록 만드는 것이 아닙니다. 숙제하는 활동의 가치와 중요성을 느끼거나 근면성을 키우는 것이죠. 그래서 오늘 밤 숙제를 끝내지 않더라도 아이들을 비난하거나 실망하지 않을 것입니다. 내일 다시 시도할 거니까요."

이런 방법은 도박이라고 느낄 수도 있다. 사고방식을 바꾸고 접근 방식을 바꾸었지만, 잔소리를 하지 않아 자녀가 마냥 일을 연기하는 것에 익숙해지면 어떻게 될까? 그렇다고 해도 우리는 아이들에게 공부하라고 강요할 수는 없다. 아이들이 계속 미루고 꾸물거린다면 책임 의식을 키우기 위해 숙제를 빼먹거나 시험을 망치는 것과 같은 약간의 단기적 고통은 감수할 가치가 있을 것이다. 이런 책임 의식이 없다면 아이들은 동기를 키우고 몰입형으로 발전하는 데 어려움을 겪을 것이다.

수업 밖에서 관심과 흥미를 키워라

하버드대학교 연구원 잘 메와 사라 파인은 6년 동안 미국 고등학교를 성공적으로 이끈 요인이 무엇인지에 관해 연구했다. 이들은 높은 시험성적뿐만 아니라 학생들의 호기심을 불러일으키는 참여 학습으로 유명한 명문 고등학교를 방문했다. 이들은 며칠 동안 학교에 머물면서 수업을 관찰했다. 교사, 학생, 코치들과 면담하고 학교 환경과 학생들의 성과에 관한 데이터를 비교 분석했다. 놀랍게도 가장 우수한 학교에서조차 학생의 수업 참여도는 낮았다. 하지만 전통적인 정규 수업 이외 영역에서는 참여도가 매우 높았다. 연구원들은 깊이 있는 학습은 주로 학교 밖이나 정규 수업 이외 활동에서 더 자주 이루어지고 있다는 사실을 발견했다. "가장 의미 있는 학습의 대부분은 핵심적인 교과 수업이 아니라 학교의 주변부, 즉 선택과목, 동아리, 과외활동에서 이루어지는 것 같았다."

학생들은 정규 과목이 아닌 주변 활동에서 더 큰 자율성을 누렸다. 활동을 선택할 수 있는 재량권이 주어지기 때문에 학생들은 이미 자신만의 학습 방향을 결정하는 이점을 느꼈다. 메타와 파인은 또 이런 공간에서 학생들은 시험에 대한 부담 없이 여러 가지를 시도하고 실패하면서 다시 도전할 기회를 얻게 된다는 사실을 발견했다. 위험 부담은 낮고 관심에는 진정성이 있었다. 학생들은 강의하는 교사가 아니라 자신들을 안내하고 도와주는 전문가들과 만날 수 있었다. 자율을 좋아하는 10대에게는 매우 소중한 기회였다.

메타와 파인의 결론은 지난 20년에 걸친 긍정적인 청소년 발달에 관한 연구로도 뒷받침된다. 청소년투자포럼 공동 설립자이자 사회학자인 캐런 피트먼은 이런 종류의 경험을 키우는 것은 모든 아이에게 중요하지만, 사회에서 소외된 아이들에게는 특히 더 중요하다고 강조한다. 불리한 환경에 놓인 아이들이 그들이 마주하고 있는 많은 문제를 극복하기 위해서는 메타와 파인이 이야기하는 풍부하고 다양하며 의미 있고 흥미로운 학습 경험이 필요하다. "생계를 유지할 기회, 학습하고 탐구하고 이바지할 기회"는 개별 학습 지원 그리고 여름 학교와 함께 소외 계층 아이들의 건강한 발달에 필수적이라고 피트먼은 말한다.

부모는 흥미를 북돋우고 어딘가에 있을 탐구자로서의 잠재력을 키워주는 방식으로 수동형 아이들을 도와줄 수 있다. 대부분의 경우 이런 탐구 활동은 교실 밖에서 이루어진다. 따라서 학교 밖에서 흥미와 관심을 키우는 활동은 있으면 좋은 것이 아니라 꼭 필요한 것이다. 동아리, 스포츠, 과외활동, 지역사회 기반의 활동, 종교 단체는 아이들이 스스로 참여해 학습에 대한 자기 주도력을 실천해볼 수 있는 기회가 된다. 무엇을 배우느냐가 아니라 어떻게 배우는지가 더 중요하다. 아이들은 자신에게 결정권이 있다고 느끼는 것만으로도 활기를 띤다. 학습자 중심 교육을 강조하는 비영리단체 교육재구상의 설립자 켈리 영은 말한다. "흥미는 학습으로 향하는 관문이다. 이것이 전부는 아니지만 학습에 관한 관심과 열정을 북돋아준다."

뉴욕시 브롱스에서 엄마와 여동생과 함께 살고 있는 브리아나는 흑인이라는 이유로 억울하게 수감 생활을 해야 했던 소년의 다큐멘터리를 보고 부조리한 인종차별에 대해 생각하게 되었다. 브리아나는 화가 났고 상황을 바꾸고 싶었지만 브리아나는 너무 어려서 무엇을 바꾸고 싶은지 또는 그런 일을 하려면 어떻게 해야 하는지 알 수 없었다.

그녀가 선택한 방법은 과외활동이었다. 18세가 된 브리아나는 말한다. "과외활동의 좋은 점은 교실에서 배우지 못한 것을 보완해준다는 것이죠." 그녀는 공연예술 공립학교를 규칙에 얽매인 시험처럼 단조롭고 지루한 곳이라고 묘사한다. 이 가운데 어느 것도 그녀에게는 의미가 없었다. "원하는 방식으로 자신을 보여줄 수 없는 것 같았어요. 그래서 저는 불안감이 너무 컸고, 사람들이 시험 점수로 저를 판단할 것이라고 느꼈어요. 그들은 저를 모르잖아요. 그저 사람들이 저를 한 개인으로 봐주었으면 좋겠다고 생각했어요."

브리아나는 학교에서 주로 수동형으로 지냈다. 투표 참여 독려 활동, 환경운동, 리더십 활동 등 자신이 정말로 관심 있는 일에 집중할 수 있을 정도로 학교 성적을 유지했다. 브리아나는 교실 밖에서 호기심이 많고, 열정적이며, 흥미와 의욕이 넘쳤다. "제게 정말로 깊이 기억에 남는 것들, 즉 진정한 교육은 학교 밖에서 이루어졌어요."

브리아나의 사례처럼 많은 아이는 성장 과정에서 다양한 관심사를 경험하게 될 것이다. 자녀의 관심사가 그냥 발전하도록 놔두는 것과 자녀가 하나의 관심사에 집중해 완전히 자기 것으로 만들고 온전히 즐기도록 하는 것 사이에는 미묘한 차이가 있다. 가장 중요한 원칙은 자녀가 열정적으로 시간을 투자하는 것이 있다면 계속 그 일을 하도록 격려해주는 것이다. 그렇지 않다면 부모는 자녀가 기존의 관심을 발전시키고 새로운 것에 관심을 가질 수 있도록 도와줄 수 있다. 브리아나에게 도움이 됐던 다양한 방법을 활용하면 수동형으로 많은 시간을 보내는 자녀에게 활력을 불어넣을 수 있다.

벌로 관심사를 빼앗지 말라

모든 아이는 탐구자로서의 시간을 많이 경험해야 한다. 학교에서 최소한의 공부만 하면서 수동형으로 지내는 아이들은 특히 더 그렇다. 그래서 좋은 성적을 받아야만 학교 밖의 활동이나 동아리에 가입하도록 하는 유혹이 생길 수 있지만 그렇게 해서는 안 된다. 브리아나의 어머니는 성적이 떨어졌다고 해서 딸이 좋아하는 활동을 금지하지 않았다. 대신 학교에서 가능한 최선을 다하라고 격려했고 유권자의 투표 참여를 독려하는 방과 후 활동에 관해 물어봤다. 마리아는 토머스가 두 번째 축구팀에 가입하지 못하도록 할 생각이었지만 축구가 그에게 활력을 불어넣어준다는 사실을 알고 있었기 때문에 그렇게 하지 않았다.

열정을 공유하라

열정을 함께 나누는 부모는 관심이나 흥미를 갖는 것의 장점을 직접 보여주는 본보기가 될 수 있다. 이런 부모는 자녀가 새로운 환경, 다양한 주제, 사람들을 경험할 수 있도록 도와준다. 브리아나 어머니의 열정은 직업과 상관이 없었다. 두 사람은 정의, 용서, 사회 변화를 공통적인 주제로 다루는 시낭송회에 정기적으로 참석했다. 브리아나는 어머니가 글쓰기를 좋아했고, 대학에 진학해 자신의 재능을 살리고 싶었다는 사실을 알았다. 어머니는 대학에 가지 못했지만 집에서 취미로 시를 썼고 시에 대한 열정을 딸들과 공유했다. 브리아나는 자신의 글쓰기를 통해 더욱 자신감을 얻었고, 어머니의 격려에 힘입어 시를 더 열심히 공부했다. "저는 글쓰기가 정말 자유롭다는 사실을 알게 됐어요. 말 그대로 모든 생각을 자유롭게 글로 쓸 수 있고 전혀 제약이 없기 때문이에요."

영감을 주는 친구를 찾아라

고등학교에 입학할 때쯤 브리아나의 친구는 5,000달러의 장학금을 받을 수 있는 지터스 리더스Jeter's Leaders 프로그램에 관해 이야기해주었다. 브리아나는 지터스 리더스에 지원했고 합격했다. 그녀의 세상은 순식간에 전혀 새로운 방식으로 펼쳐졌다. 브리아나는 다른 학교에서 온 성취욕이 높은 아이들을 만나고 커다란 꿈을 품게 됐다. 브리아나는 그때를 회상하며 자신 안에 깃든 잠재력에 대해 생각해볼 수 있었다고 했다.

친구들은 10대 청소년들의 학습 태도와 학교생활에 큰 영향을 미칠 수 있다. 연구 결과는 대부분의 부모가 이미 알고 있는 내용을 뒷받침해준다. 행동적 참여와 정서적 참여는 자녀, 부모, 교사 사이의 관계만큼이나 친구와 학급 친구에 의해 크게 영향받는다. 또래 친구들은 부정적 영향을 미쳐 학생들이 불안감을 느끼고 학습에 흥미를 잃게 할 수 있다. 브리아나의 사례처럼 긍정적 영향을 미치는 친구들은 더 많이 노력하고, 더 적극적으로 학습에 참여하며 더 높은 목표를 설정하는 데 영감을 줄 수 있다. 친구들 사이의 이런 긍정적 관계는 학교와 방과 후 프로그램을 재미있고 배움을 추구하는 즐거운 공간으로 만들 수 있다. 예전부터 부모들이 자녀가 잘못된 또래 집단과 어울릴까 걱정한 것도 바로 이런 이유 때문이다.

숨은 열정을 찾아주는 조력자가 돼라

브리아나는 자신의 열정을 불러일으키고 몰입할 만한 일을 발견했다. 하지만 대부분의 아이들은 열정의 불꽃을 찾으려면 많은 도움이 필요하다. 이럴 때는 아이를 세밀하게 관찰하는 것이 좋은 출발점이 될 수 있다. 관심사라고 생각하지 못했던 것을 눈에 띄지 않는 곳에 숨겨 놓았을 수도 있다.

아이들이 자연스럽게 끌리는 것을 세심하게 관찰하면 개인적인 열정을 알아내는 데 도움이 된다. 부모의 개인적 선호를 내려놓는 것도 좋다. 모든 아이가 단체 활동이나 동아리에 참여하고 싶어 하는 것은 아니다. 그렇다고 해서 아이들의 관심과 흥미를 살려주는 방법을 통해 탐구자로서의 순간을 더 많이 경험할 수 없다는 뜻은 아니다.

앞서 우리가 이야기했던 디에고는 피닉스 공립 차터학교에서 치열하게 경쟁하는 친구들의 불안감에 휘말리지 않고 수동형으로 지내고 있다. 그는 "어느 장소에서 몰입형이 되어야 하는지가 중요한가요?"라고 물었다. "저는 학교에서는 수동형이지만 학교 밖에서는 몰입형이에요. 종이비행기 만드는 것을 정말 좋아하고요." 그의 부모는 디에고가 종이비행기의 비행거리를 최대로 늘리는 방법을 배우려고 몇 시간 동안 온라인 동영상을 시청하고 연습한다는 사실을 안다. 하지만 절대 디에고의 관심사를 무시하거나 어리석다고 이야기하지 않는다. 늘 같이 참여한다. 거실 바닥에 흩어져 있는 종일 비행기를 피해다니느라 짜증이 났지만, 아들에게 탐구할 공간을 만들어주고 있었다. 엄격하고 학업 지향적인 학교에서 경험과 달리 디에고는 집에서 종이비행기를 만들고 실험하는 일에 관해서는 완전한 자율권을 인정받았다. 종이비행기는 학습과 재능 계발로 이어지는 관문이다. 이런 활동은 학교 성적처럼 측정하지 않기 때문에 때때로 중요하게 생각하지 않지만, 아이들이 자기 주도력의 기초가 되는 역량을 키우는 데 매우 중요하다. 다시 말해 흥미 있는 목표를 찾아내고 장애물을 극복하려고 시도하며 일이 생각대로 되지 않을 때 방향을 바꾸고 스스로 문제해결 방법을 알아내기 위해 노력하는 역량을 기르는 것이 중요하다. 이런 탐구의 순간들이 디에고가 몰입형으로 발전하는 데 도움이 될 것이다.

공부도 방법을 알아야 한다

수동형에 속한 일부 아이들은 부모가 너무 간섭하지 않고 내버려 두기를 원한다. 다른 아이들은 학교 밖의 관심사가 주는 자유가 필요하다. 하지만 때때로 이것만으로는 일을 미루는 행동을 능동적인 태도로 바꾸기에 충분하지 않다. 어떤 아이들은 하고 싶지 않아서가 아니라 새로운 것을 배우고 숙지하는 학습 방법을 모르기 때문에 수동형에서 벗어나는 데 애를 먹는다. 일을 미룬다고 잔소리하면 아이들은 마음을 닫아버린다. 이는 잘못된 방향으로 접근하는 것이다. 우리가 어떻게 하면 아이들이 학습에 참여할 수 있는지 알 수 있도록 학습 전략 개발을 도와준다면, 자율성이 훨씬 더 안전한 선택이라고 느낄 것이다. 자율성을 지원하는 접근법은 대화의 분위기와 구조를 지시에서 제안하는 방식으로 그리고 아이들 대신 해결하는 것에서 아이들과 함께 해결하는 방식으로 바꾸어준다.

일을 미루는 습관이 게으름 때문이라고 믿고 싶지만, 그 핵심에는 지금 즐거움을 느끼고 미래에 대해 너무 걱정하지 않으려는 욕구와 감정 조절 능력 부족이라는 두 가지 위험한 요인의 조합이 자리 잡고 있다. 자녀가 부정적인 감정을 불러일으키는 과제를 받았다고 가정해보자.

아이들은 재미있는 게임을 그만두고 따분한 수학을 공부해야 하는 좌절감, 과제에 대한 혼란, 무엇을 해야 하는지 모르는 수치심, 모든 즐거운 것으로 인해 생기는 주의력 산만, 그리고 어려운 것에 대한 거부감 등을 느낄 것이다. 아이는 숙제를 시작하면서 쓰나미처럼 몰려오는 부정적 감정을 줄일 수 있다. 아니면 이런 부정적 감정을 모든 과제를 회피해야 한다는 강력하고 암시적인 신호로 이해할 수 있다. 이것이 앞서 살펴봤던 키아가 학교 과제가 점점 어려워졌을 때 선택한 방법이다. 과제를 회피하면서 일시적으로 부정적인 감정 문제를 해결한 것이다!

물론 과제를 회피하면 반복적인 부정적 사고, 부적응적인 대처(끊임없이 소셜미디어를 보거나 불건전한 온라인 콘텐츠를 보는 것) 그리고 낮은 자기 연민으로 이어진다. 이는 스트레스를 증가시키고 더 많은 회피로 이어진다. 이것이 불러오는 결과는 뻔하다. 스트레스를 피하려고 과제를 미루지만, 오히려 스트레스가 더 많이 쌓이고, 이는 더 많은 과제를 미루는 결과로 이어진다. 아이들은 '미루기 악순환'이라고 불리는 하향 고리에 갇히게 된다.

많은 10대 청소년이 미루기 악순환에 빠지는 이유 가운데 하나는 제대로 공부하고 배우는 방법을 배운 적이 없기 때문이다. 아이들은 정말로 어떻게 시작해야 하는지 모른다. 수동형에서 대부분의 시간을 보내는 많은 학생과 마찬가지로 토머스도 자신의 근접 발달 영역으로 들어가는 데 어려움을 겪고 있다. 복잡한 과제를 관리할 수 있는 작은 단위로 나눠 효율적으로 공부하는 기본 전략을 배운 적이 없기 때문이다.

공학 프로그램을 시작했을 때 브리아나는 학습 방법 측면에서 자신이 얼마나 뒤떨어져 있는지 알고 깜짝 놀랐다. 브롱스 공연예술학교는 효율적인 필기 방법이나 시험공부 방법을 가르쳐주지 않았다. 아미나는 정해진 목표를 달성하기 위해 공부하는 방법을 알고 있었다. 하지만 자신만의 목표를 정하는 방법을 배우지 못했고 예일대학교에 입학한 후에 어려움을 겪었다.

수동형에 속한 많은 학생이 어떻게 그렇게 많은 기초적인 학습 역량을 키우지 못했을까? 답은 간단하다. 대부분의 학교는 아이들에게 학습하는 방법을 가르치기보다 학습 내용을 가르치는데 더 많은 시간을 할애하고 있기 때문이다.

어떤 학생들은 자연스럽게 학습 방법을 익히고, 시간을 관리하고, 과제를 배분하고, 언제 도움을 요청해야 하는지 파악하고, 자신의 학습 방법을 되돌아보면서 개선할 방법을 고민한다. 자신의 학습 과정에 관한 이런 성찰을 메타인지라고 부른다. 이는 학교와 인생에서 성공하는 데 중요한 인지 능력이다. 이런 능력을 어릴 때부터 일찍 개발하면 학교나 다른 모든 활동에서 능력 있는 아이로 여겨지는 경우가 많다. 이런 아이들은 긍정적인 평가를 받고 더 열심히 노력하며 이것이 선순환을 이룬다.

아이들이 이런 능력을 배울 수 있도록 돕는 방법은 미루기 악순환을 학습 방법 배우기 선순환으로 바꾸는 것이다. 여기에는 다음과 같은 구성 요소들이 포함된다.

학습에 관한 인식 키우기

질문: 나의 스트레스 수준은 어느 정도인가? 나의 정신적 능력은 어느 정도인가? 이를 위해서는 스트레스에 관한 인식을 '피해야 한다'에서 '관리하는 방법을 배워야 한다'로 바꿀 필요가 있다.

계획 세우기

질문: 무엇을 해야 하는가? 이를 위해서는 아이들이 해야 할 일의 목록을 작성하고 어떻게 실행할 것인지에 계획을 세워야 한다.

점검하기

질문: 발전하고 있는가 아니면 시간을 낭비하고 있는가? 이것이 효과적인 전략인가? 이를 위해서는 유용한 질문을 통해 실

시간으로 학습 과정을 되돌아보고 평가하는 것이 필요하다.

평가하기

되짚기: 나에게 효과가 있었던 방법은 무엇인가? 결과만이 아니라 학습 과정에 대한 성찰은 학습자의 메타인지 능력을 향상하고, 대부분 학습자의 성과도 함께 높여준다.

아이들이 학습 방법 배우기 선순환을 익히도록 돕는 것은 잔소리가 아니라 발판을 마련해주는 것이다. 아이들이 계획을 대신 세워주는 것이 아니라 계획하는 방법을 보여주어야 한다. 주도권을 빼앗지 않고 아이들이 계획을 세우도록 도와주는 것이다. 즉, 스스로 계획을 세우도록 격려하고 계획을 점검하며 계획이 어떻게 진행되는지 살펴보도록 하는 것이다. 시간이 지나면서 아이들이 스스로 더 많은 일을 할 수 있는 능력을 키우면 서서히 도움을 줄여나간다.

전략 1: 인식 키우기
스트레스의 부정적 이미지 지우기

메타인지는 단지 학습 습관을 이해하는 것에 국한되지 않는다.

사고의 습관을 바꾸고 스트레스, 열정 그리고 산만함에 대처하는 방식까지 바꾸는 것을 의미한다. 학습에 관한 인식을 키우는 첫 단계는 스트레스를 없애야 하는 것이 아니라 관리해야 하는 것으로 인식하는 것이다. 스트레스를 연구하는 스탠퍼드대학교 알리아 조이 크럼 교수는 평소에 스트레스를 많이 받는 금융전문가 388명을 대상으로 실험을 한 결과 스트레스에 대한 인식 전환이 얼마나 강력한 효과가 있는지 입증했다. 크럼 교수는 스트레스가 긍정적 영향을 미칠 수 있고 당신이 중요한 일을 준비하고 있다는 사실을 알려주는 뇌의 신호라는 신경생물학 이론을 배운 금융 전문가들이 그렇지 않은 사람들보다 건강 상태, 스트레스에 대한 인식 그리고 업무 성과 면에서 더 좋았다는 사실을 발견했다.

하지만 이 연구에는 놀라운 반전이 숨겨져 있었다. 연구에 참여한 모든 금융 전문가들의 실제 스트레스 수준은 변하지 않았기 때문이다. 이들은 모두 스트레스가 심한 환경에서 일했다. 달라진 것은 스트레스를 받아들이는 방식이었다. 결국 가장 해로운 것은 스트레스 자체가 아니라 스트레스를 대하는 태도와 사고방식이었다.

이 방법은 아이들에게도 효과가 있다. 미국 전역의 고등학교에서 5,000명의 학생들을 대상으로 한 여러 연구에서 스트레스와 지능에 대한 인식 전환이 핵심 교과목의 학업 성취도를 높인 것으로 나타났다. 한 연구에서 스트레스가 성적을 향상할 수 있고 지능은 고정된 것이 아니라 개발될 수 있다는 이야기를 함께 들은 아이들이 수학과 과학에서 14퍼센트 이상 더 높은 합격률을 보였다. 아이들은 스트레스에 대해 어떻게 생각하느냐가 스트레스에 대응하는 방식을 변화시켰고, 결과적으로 시험성적도 바꾸어놓았다.

노스이스턴대학교 심리학 교수이자 감정 전문가인 리사 펠드먼 베럿은 딸의 태권도 승급 심사 준비하던 때를 기억한다. 딸은 체구가 작았고 상대는 덩치가 매우 컸다. 코치가 다가와 딸을 보면서 긴장감을 잘 다스리라고 말했다. 그는 스트레스를 받지 말라고 하는 대신 스트레스를 이용하라고 했다. 스트레스는 뇌가 많은 에너지를 이용할 수 있도록 준비하는 방법이다. 뇌에서 스트레스를 어떻게 인식하느냐가 신체에 영향을 미친다. 심리학자이자 작가인 리사 다무르는 다음과 같은 방식으로 설명한다. 스트레스가 불편한가, 아니면 관리할 수 없는 수준인가? 살다 보면 스트레스를 정말로 감당할 수 없을 때가 있다. 그때가 아이들에게 도움이 필요한 순간이다. 하지만 대부분의 스트레스는 단지 불편한 정도다. 이 정도의 스트레스는 전혀 문제가 되지 않는다.

자녀가 스트레스를 받아들이는 방법을 깨닫고 그 원인을 찾아보도록 돕는 것에서 시작하라. 그런 다음 스트레스를 긍정적인 방식이 아니라 실용적인 방식으로 받아들이도록 도와주어야 한다. 이런 방식은 10대들에게 특히 효과적이다. 크럼 교수는 다음 세 가지 단계를 제안한다. 첫째, 스트레스를 인정하라. 둘째, 스트레스를 즐겁게 받아들여라. 셋째, 스트레스를 이용하라. 다시 말해 스트레스와 긴장감을 잘 관리하고 활용하라는 것이다.

전략 2: 계획 세우기
아이들 스스로 시작하도록 돕기

10대 아이들이 과제나 공부를 잘할 수 있다고 느끼고 자신의 정신적 능력과 스트레스 수준을 알고 있다면 다음 문제는 무엇을 해야 하는지 아는가다. 많은 수동형 아이들은 어떻게 계획을 세우고, 어떻게 우선순위를 정하고, 또 어떻게 과제를 지속해야 하는지 정말로 모른다. 어렵거나 지루한 과제일 경우 특히 그렇다. 아이들이 지적 능력이 모자란 것이 아니라 그런 능력과 습관을 아직 습득하지 못했기 때문이다.

우리는 아이들이 이런 능력을 개발할 수 있도록 도울 수 있다. 루이스의 사례를 살펴보자. 그는 한 공립고등학교에서 수동형으로 대부분의 시간을 보내고 있다. 이 학교의 수업 일정은 매우 빡빡하다. 온종일 나폴레옹 전쟁과 열역학에 관해 배우지만 학습 방법을 배우는 시간은 거의 없다. 그는 학교에서 집으로 돌아오면 쉬는 것을 좋아한다. 숙제를 좋아하지 않고 대개는 최소한의 노력만으로 무난히 학교생활을 하는 듯 보인다.

5월의 어느 날 루이스는 학교에서 돌아와 식탁 위에 가방을 내려놓고 의자에 털썩 주저앉은 채 멍하니 손을 내려다보며 말했다. "역사 과목에 낙제할지도 몰라요." 루이스는 미국 역사 AP 과정을 수강하고 있는데 합격하려면 AP 시험에서 3점을 받아야 했다. 루이스는 그날 치른 모의고사에서 최하 점수인 1점을 받았다. 시험은 2주 뒤로 예정돼 있었다. 어머니 수전은 처음으로 루이스가 공부하는 방법을 모른 채 지금까지 지내왔다는 사실을 알게 됐다. 어머니는 속으로 크게 당황했다. 중학교 때 역사 과목에서 낙제하면 성적표가 좋지 않게 보일 것이기 때문이다. 하지만 겉으로는 침착함을 유지하면서 자신의 사회복지사 교육 경험을 활용해 자율성을 존중하는 방식으로 대응했다.

어머니의 조언을 듣고 계획을 세운 루이스는 일주일 동안 계획적으로 공부한 끝에 시험에서 3점을 받았다. 아주 기초적인 학습 방법과 동기를 부여하는 적절한 스트레스로 루이스는 적어도 일주일 동안 목표지향형으로 한 단계 발전할 수 있었다.

세상에는 도표, 시간표, 점검 목록까지 자녀가 계획하는 능력을 기를 수 있도록 도와주는(부모가 자녀를 도울 수 있도록 지원하는) 실행 능력 코치들이 많다. 우리는 20년 경력의 학습 상담사 애너 호머윤에게 전체적인 관점에서 계획을 세우는 방식을 배웠다. 그녀는 학생들은 학업을 끝내는 것뿐만 아니라 운동과 수면에 대한 계획도 세워야 한다고 강조한다. 그녀의 최근 저서 《결승선 지우기: 성적과 대학 입학을 넘어선 성공을 위한 새로운 청사진 Erasing the Finish Line: The New Blueprint for Success Beyond Grades and College Admissions》에 따르면 고차원적인 실행 능력을 개발하는 것이 학생을 돕는 가장 중요한 출발점이다. 실행 능력을 갖추면 학생들은 일상적인 일과 인생의 장기적인 방향에 관해 자기 주도권을 갖게 된다.

그녀가 학생들과 함께 실천하는 활동 가운데 한 가지는 학생들이 5분 동안 한 장의 종이에 기억할 수 있는 모든 숙제, 프로젝트, 과제, 약속, 예정된 활동, 마감일을 적도록 하는 것이다. 그리고 다음 5분 동안 긴급하게 처리해야 하는 일에는 1, 약간의 여유가 있는 일에는 2를 적어 우선순위를 정하게 한다. 그리고 다시 5분간 학생들에게 자신들이 통제할 수 있는 것(비디오게임 시간, 친구들과 노는 시간)과 통제할 수 없는 것(에세이 과제 마감일)을 구별하도록 한다. 이렇게 15분이 지나면 한 가지 계획이 세워진다.

호머윤은 계획을 지속적으로 추진하는 방법에 대한 지침도 제시한다(예를 들면 계획을 일정표에 옮겨 적고, 자료를 정기적으로 정리하는 것이다). 그러나 그녀의 조언에서 가장 중요한 것은 실행하고자 하는 태도다. 계획을 세우고 기록하고 확인하고 점검하라. 계획에는 학교의 과제와 공부뿐만 아니라 방과 후의 휴식 시간, 수면, 스포츠, 강아지와 산책하기, 친구와 노는 시간 등 모든 것이 포함돼야 한다. 계획 세우기는 벌이 아니라 자유다.

가장 중요한 것은 시작하기 전에 약간의 시간을 내 계획을 세우는 것이다. 그리고 부모의 역할은 수학 숙제가 영어 폴더에 있고, 책가방 깊은 곳에 남은 사과가 썩어 쥐를 불러들일 정도로 모든 것이 엉망진창인 초반에 아이들의 곁을 지켜주는 것이다. 한 번에 모든 것을 다하려고 하지 마라. 한 가지를 선택하라. 그리고 아이들이 모든 숙제를 기록하고 업데이트하는 습관이 들기 전 2~3주 동안 계획표를 확인하면 좋다. 아이들에게 사전에 계획을 세우면 나중에 비디오게임을 조금 더 할 수 있다는 사실을 상기시켜라!

우리가 발달하고 있는 뇌를 훈련시키고 새로운 능력을 개발하도록 돕고 있다는 사실을 명심하라. 적절한 도움을 받으면 처음에는 귀찮은 일도 시간이 지나면서 습관이 될 수 있다.

전략 3과 4: 점검과 평가
학습 방법 배우기

개러스 사우스게이트가 영국 남자 축구팀 감독을 맡았을 때 영국팀이 중요 대회에서 우승할 것이라고 기대하는 사람은 거의 없었다. 영국 남자 축구팀은 1966년 월드컵대회에서 우승했지만, 이후에는 저주받은 팀 같았다. 온 나라가 비관적인 팬들로 가득하다는 것 외에도 영국팀의 치명적인 약점은 승부차기였다. 경기가 무승부로 끝나 승부차기에 들어갈 때마다 영국 선수들은 항상 패배했다.

그래서 사우스게이트 감독은 승부차기 실력을 향상하는 전략에 집중했다. 그의 전략은 복잡하거나 어렵지 않았다. 선수들에게 승부차기 장면을 머릿속으로 그려보고 경기 도중에 발생할 것으로 예상되는 환경적 요인을 고려하도록 했다. 관중들이 야유를 보내고, 사나운 영국 언론이 무자비하게 조롱하고 비난할 준비를 하는 상황에서 선수들은 얼마나 압박감을 느낄까? 그는 선수들에게 경기 당일까지 기다렸다 엄청난 스트레스를 받는 순간에 어떻게 찰 것인지를 선택하지 말고 미리 한 가지 방법을 정하고 끝까지 그것에 집중하라고 권했다. 감독과 선수들은 승부차기를 분석했다. 페널티킥을 잘 찼는가? 실력이 더 좋아질 수 있을까?

2018년에 콜롬비아와 월드컵 본선 경기에서 영국팀은 승부차기로 이겼다. 사우스게이트 감독의 메타인지적 접근법으로 영국 전체 분위기가 완전히 달라졌다.

연습, 생각, 생각에 관한 생각 그리고 분석을 조합한 사우스게이트 감독의 전략은 스포츠 세계에서는 특별한 방법이 아니었다.

하지만 학교에서는 그렇지 않다. 학생 시절에 채점된 시험지를 돌려받고, 선생님의 피드백을 읽어보고, 틀린 것을 메모한 경험이 얼마나 있었는가? 또 어떤 전략이 효과가 있었는지 혹은 없었는지 되돌아보고 다음번에 어떻게 다른 전략을 구사할지 생각한 적은 얼마나 될까? 피곤하고 배고프고 스트레스를 받는 상황에서 자신의 성과를 생각해보고 그런 상황을 바꾸는 방법을 고민한 적이 얼마나 있었는가? 당신도 우리와 비슷하다면 전혀 없었을 것이다. 생각에 관해 생각하거나 뇌를 훈련하는 것은 가장 효과적인 학습 전략 가운데 하나다. 점점 더 많은 학교가 점검과 평가라는 메타인지 전략의 효과를 인정하고 있다.

대부분의 학교가 교육 구조상 메타인지 능력을 개발하는 교육을 하지 못하고 있다. 다행스럽게도 메타인지 능력을 가르치는 일은 어렵지 않다. 하지만 이를 위해서는 영국 프리미어 리그의 승부차기 훈련처럼 시간, 헌신적인 노력 그리고 코치(바로 당신)가 필요하다.

이런 코치 역할에서 가장 중요한 능력은 비판적이지 않은 좋은 질문을 하는 것이다. 이런 질문들은 청소년이 자신의 습관과 전략을 인지하고, 학습을 되돌아보며, 학습을 향상할 수 있는 더 많은 도구를 개발하는 데 도움이 된다. 몇 가지 메타인지적 질문을 소개하면 다음과 같다.

자기 점검 질문

- 내가 알고 있다는 사실을 어떻게 알 수 있나? 그 정보를 얼마나 신뢰할 수 있고, 알고 있다는 사실을 얼마나 확신하는가?
- 이미 알고 있는 것은 무엇일까? 조금 더 명확하게 알아야 하는 것은 무엇이고, 아예 모르는 것은 무엇일까?
- 지식을 확인하는 가장 좋은 방법은 무엇일까?
- 내가 이해하고 있다고 얼마나 확신하는가? 확신에는 오류가 있을 수 있다는 점은 확인했는가?
- 여전히 집중력을 유지하고 제대로 잘 진행되고 있는가?
- 전략을 바꾸어야 할 때일까?
- 도움을 요청해야 하는 것일까?
- 방해 요인들을 얼마나 잘 관리하는가?

자기 평가 질문

- 에세이 과제에서 A를 받았다. 어떤 부분이 효과가 있었나?
- 완벽하게 준비했다고 생각했는데 시험을 망쳤다. 무엇이 문제였을까?
- 처음에 어렵거나 혼란스럽다고 생각한 것을 마침내 이해하게 됐을 때 어떤 기분일까?
- [   ]를/을 배우는 데 얼마의 시간이 걸렸나? 예상보다 길었

는가 아니면 짧았는가?
- 어떤 것을 배우는 것과 외우는 것의 차이가 무엇일까? 어느 쪽이 더 좋은가?
- 무엇인가를 더 잘 기억하기 위해 어떤 도구나 전략을 이용할 수 있을까? 필기하고, 암기 카드를 만들고, 토론하는 것은 어떨까?

메타인지는 생각에 관한 생각을 유도하기 위해 전략적으로 건네는 질문을 통해 일상생활에 쉽게 적용할 수 있다. 늘 하지 않고 문제가 생겼을 때만 성찰 기법을 활용하면 자녀는 그 의도를 금방 알아차리고 단호하게 거부할 것이다. 매일, 현명하게, 특히 일이 순조롭게 진행될 때도 성찰 기법을 활용하라. 그러면 기대 이하의 성적을 받았을 때 "무엇을 다르게 할 수 있었을까?"라고 자녀에게 물어볼 자격이 생긴다. 언제나 판단을 자제하고 존중을 보여주라.

메타인지에는 훨씬 더 많은 노력이 필요한 듯 보일 수도 있다. 수동형으로 행복하게 학교생활을 하는 아이들은 말할 것도 없고 어떤 청소년이나 어른도 더 많은 노력을 하고 싶어 하지 않는다. 어떤 일을 되돌아보는 것이 그 일을 조금 더 많이 하는 것보다 생산적일 것이라는 사실은 명확하지 않다. 오히려 글을 쓰거나 단어 문제를 풀거나 과학 실험을 시작하는 것이 2분 동안 무엇을 알아야 하는지 깊이 생각하는 메타인지 활동보다 더 편하게 느껴진다.

하지만 전략을 연구하는 자다 스테파노 교수의 연구에 따르면 앞서 언급한 메타인지 방법을 활용해 15분 정도 성찰하는 것만으로도 공부 시간을 상당히 절약할 수 있는 것으로 밝혀졌다. 스테파노의 연구에서 직무 교육이 끝난 후에 15분 동안 일기를 쓰면서 성찰을 한 직원들이 그렇지 않은 직원들보다 교육생 평가에서 훨씬 좋은 성과를 보였고 한 달 후 고객 만족도 평가에서도 높은 점수를 받은 것으로 나타났다.

우리 대부분은 열심히 일하는 것과 더 많이 일하는 것을 동일시한다. 하지만 성찰하지 않으면 전략이 효과가 없다는 사실을 확인할 기회를 놓치게 된다. 그 결과 전략을 수정하기보다 전혀 효과가 없는 일에 더 많은 노력을 쏟아붓게 된다.

지금 자녀가 학습을 최적화하도록 돕는 일은 나중에 엄청난 보상을 얻을 수 있는 작은 투자다. 시간이 흐를수록 아이들의 학습이 5퍼센트씩 향상된다면 이것이 가져올 복리 효과를 상상해보라! 일단 자녀가 학습 방법의 기본 원리를 알게 되면 모든 수업이나 모든 학습 상황에 그 방법을 적용할 수 있다. 학습 방법을 배우는 이런 능력은 아이들이 몰입형의 역량을 키워가는 데 있어 가장 중요한 부분이다. 학습에 관해 자기 주도권을 갖기 위해서는 목표를 선택할 수 있는 여지가 필요할 뿐만 아니라 목표를 달성할 수 있는 능력도 요구된다. 교과서와 학습 목록 등 다양한 학습 전략을 갖추고 있다면 아이들에게 잔소리할 필요가 없다. 자녀에게 자율을 허용하는 것이 위험하지 않고 오히려 해방감을 준다고 느낄 것이다.

8

균형 있는 목표 세우기
목표지향형의 경우

하트포드 사립학교 필드하키팀 골키퍼였던 버네사는 이러지도 저러지도 못하는 상황에 놓였다. 어떤 면에서 기존 학교 교육은 그녀에게 많은 도움이 됐다. 그녀는 평균 학점 3.9로 졸업했고 우등생 명단에 이름을 올렸으며 여러 대학에서 입학 제안을 받았다. 한 대학교는 전액 장학금을 제안했고 다른 대학들도 넉넉한 장학금 혜택을 제시했다. 모든 대학이 그녀가 필드하키를 계속하기를 원했다. 하지만 문제는 그녀가 고등학교 내내 필드하키를 싫어했다는 것이다. 그래서 어떻게 해야 할지 몰랐다.

어떤 대학에 갈지 고민하면서 그녀는 고등학교 시절 자신이 어떤 사람이었는지 되돌아보았다. 자신이 둘로 나뉜 것 같은 느낌을 받았다. 버네사의 가족은 남미에서 이주해온 이주민이다. 가족이 살던 동네는 거의 대부분 가정 형편이 좋지 않은 이주민들이 거주하고 있었다. 이런 공통된 경험 덕분에 동네 친구들과는 금방 친해졌다. 그러나 버네사가 다른 지역의 사립학교에 입학하면서 동네 친구와는 멀어지기 시작했다.

그녀는 학교에서도 잘 어울리지 못했다. 버네사는 학교에서 몇 안 되는 유색인종 학생 가운데 한 명이었다. 그녀는 매일 자신이 다르다는 사실을 느껴야만 했다. 다른 학생들과 달리 좋은 옷을 입지 못했고, 방학 때 해외여행 다니는 친구들과는 가정환경도 달랐다. 버네사는 자신이 다르다는 이유로 관심받기가 싫었다.

버네사는 소속감 불확실성을 경험하고 있었고 스스로 위축됐다. 그녀는 점점 말이 없어졌고, 친구도 거의 사귀지 않았다. 그녀는 학교에서 맺은 친구 관계가 오래가지 않을 것이라고 느꼈다.

그녀는 오로지 자신이 이룩한 성과 덕분에 학교에서 중요한 존재로 인정받고 있다는 사실을 받아들였다. 코치와 동료 선수들은 그녀가 골을 막을 때마다 크게 환호했다. 선생님들은 그녀가 성실하고 수업 시간에 열심히 공부한다고 칭찬했다. 그녀는 우등상으로 뛰어난 성적을 기록할 때마다 주목받았다. 그녀가 모의재판 동아리의 회장이 됐을 때 친구들이 그녀의 말에 귀를 기울였고, 동아리의 지도교사도 세부적인 계획과 전략을 함께 검토하면서 더 많은 시간을 보냈다. 부모님은 그녀가 자랑스러웠다. 그들에게는 자녀 교육이 가장 중요했고, 버네사는 기대 이상으로 아주 잘 해내고 있었다.

하지만 대학 진학을 앞두고 버네사는 혼란에 빠졌다. 그녀는 유일하게 속마음을 이야기할 수 있는 오빠에게 전화를 걸어 자신이 느낀 모든 감정을 이야기했다.

그녀는 오빠와 여러 번에 걸쳐 오랜 대화를 했고 어느 대학에 갈 것인지 결정하는 것도 미루었다. 그녀는 깊은 고민에 빠졌다. 오빠는 대학 입시를 두 개의 자아를 하나로 합쳐 자신을 재발견하는 기회로 삼으라고 조언했다.

버네사가 원하는 것은 무엇일까? 그녀는 자신을 똑똑한 푸에르토리코인으로 인정해주고 유대감을 느낄 수 있는 친구를 원했다. 그녀는 지역사회의 일원이 되고 싶었고, 성과가 아니라 있는 그대로의 자신을 좋아하는 사람들을 원했다. 그녀는 자신이 잘하는 것이 아니라 정말로 좋아하는 활동을 하면서 시간을 보내고 싶었다. 마침내 그녀는 무엇을 하고 싶은지 알게 됐다.

버네사는 필드하키 선수로 활동하는 조건으로 전액 장학금을 주겠다는 대학을 거절했다. 그녀는 필드하키 선수로 돌아가고 싶지 않았다. 대신 학자금 대출을 받았다. 이는 안전한 선택이 아니었다. 하지만 그녀는 생전 처음으로 용기를 냈다. 대신 버네사는 보스턴칼리지를 선택했다. 보스턴칼리지는 성적 우수 장학금을 제안했고 다양한 배경을 가진 학생들을 위한 다문화 센터인 아시안, 히스패닉, 아프리카, 아메리카 원주민 하우스 프로그램에 참여할 수 있었기 때문이다.

버네사가 이런 고통을 극복하기까지는 몇 년이 걸렸다. 그녀는 자신을 되돌아보면서 많은 시간을 보냈고 지도교수의 조언을 받았다. 그녀는 다른 학교에서 비슷한 경험을 한 학생들을 친구로 사귀었다. 심리 치료를 받았고 진정한 자신이라고 느낄 수 있는 새로운 정체성을 찾아가는 힘든 과정을 헤쳐 나갔다. 자신의 뿌리를 찾고 가족을 만나기 위해 여러 차례 푸에르토리코를 방문했다. 그녀는 학생회 활동에 적극적으로 참여했고 다양한 배경을 가진 학생들이 환영받는 학교로 만들기 위해 적극적으로 목소리를 냈다.

버네사는 대학을 졸업할 때 교사가 되기로 결심했다. "아이들이 자신의 모습 그대로 사랑받고 지지받는다고 느끼는 학교를 만드는 방법을 알아보고 싶었어요." 그녀는 뉴욕과 뉴저지에서 아이들을 가르쳤고 뉴욕시 교육부에서 대안 프로그램을 주도했다. 지금은 교육 관련 비영리단체의 최고 경영자로 일하고 있다. 이 단체는 뉴욕시의 70개 학교와 협력해 학생들이 소속감을 느끼고 학습에 깊이 참여할 수 있도록 돕는 학습 경험을 설계하고 있다.

소중한 존재라고 느끼는 것이 중요하다

　목표지향형 청소년들은 너무 많은 것을 잘 해내고 있어 정작 자신들에게 필요한 도움을 간과하기 쉽다. 이들은 일을 완수하는 능력이 뛰어나고 학습 방법을 배우는 선순환 과정을 숙지하고 있다. 공부하는 방법과 일을 시작하고 끝까지 완수하는 방법을 알고 있으며, 부모와 자신을 만족시킬 만큼 좋은 성적을 거둔다. 하지만 이런 성공 뒤에는 어려움이 숨어 경우가 많다. 버네사의 사례처럼 이들은 성적, 시험 점수, 명문대 입학 등 세상이 중요하게 생각하는 성공의 기준을 내면화했다. 어느 시점이 되면 이런 성공이 자신들이 원하는 것인지 아닌지를 결정해야 한다. 상당수의 목표지향형 아이들이 이런 목표가 자신이 원하는 성공이라고 확신하고 대학과 매우 힘든 직장 생활 속에서 즐겁게 성취를 이어간다. 하지만 많은 아이가 다른 사람을 통해 받아들인 목표가 자신의 가치관이나 인생의 방향과 맞지 않을 수도 있다는 현실과 마주치게 된다. 이는 버네사의 사례처럼 해방감을 주기도 하지만 동시에 두려움을 유발하기도 한다.

　불행한 목표지향형 영역(목표지향형의 난제)에 빠지지 않고 목표지향형의 좋은 습관을 기르기 위해서는 아이들이 균형을 유지하고 탐구자로서의 역량을 강화하도록 도와주어야 한다. 이는 목표지향형에 깊이 빠져 있는 아이들에게 자신의 정체성을 개발하고, 자신에게 중요한 것이 무엇인지 알아내고, 실패에 대한 회복 탄력성을 기르는 것을 의미한다. 이런 도움을 줄 때 가장 중요한 것은 성적과 관계없이 아이들이 자신들은 가장 소중한 존재라고 느끼게 하는 것이다. 아이들이 정말로 무엇에 관심이 있는지 생각할 시간과 공간을 주고, 위험을 감수하고라도 도전하도록 장려하는 것이 중요하다. 버네사는 쉽게 무너지고 좋은 성과를 내는 대신 자신이 좋아하는 것에 집중하면서 스스로 동기를 부여받았다. 몰입형의 회복탄력성과 목표지향형의 성실한 태도가 결합되자 그녀는 뛰어난 능력을 보여주었다. 성취욕 이면에 숨겨진 근본적인 '이유'를 발견함으로써 버네사는 자신에게 부족했던 정서적 참여를 끌어낼 수 있었다. 목표지향형에 갇힌 아이들이든, 일시적으로 목표지향형을 경험하고 있는 아이들이든 모두가 이런 변화와 성장을 이룩할 수 있다.

아이들이 목표지향형에서 많은 시간을 보낼 수 있도록 도와주는 기초는 학교나 경기장에서 성과가 아니라 아이들의 존재 자체가 소중하다는 사실을 깨닫도록 하는 것이다. 자신이 소중한 존재라는 사실에 대한 깊은 확신은 진정한 정체성을 형성하는 과정에서 아이들에게 정말 중요하다. 성공이 가장 중요하다고 느끼는 극심한 경쟁 환경에서 아이들은 단지 성적이 아니라 모든 면에서 자신이 사랑받고 있다고 느껴야 한다. 이는 모든 선수에게 참가상을 주라는 뜻이 아니다. 이런 방법은 어릴 때는 효과가 있지만 청소년들에게는 효과가 없다.

소속감이 당신의 가치를 인정하고 존중하며 관심을 보이는 더 큰 집단의 일부가 된다고 느끼는 것이라면, 자신의 존재가 소중하다는 느낌은 상호적인 것이다. 다시 말해 당신이 타인에게 신뢰받는다고 느끼기 위해서는 의미 있는 방식으로 타인에게 도움이 되어야 한다. 이를 위해서는 행동이 필요하다.

자신이 중요한 존재라고 느끼는 개념에 대한 연구는 1970년대 사회심리학자 모리스 로젠버그가 당시로서는 대담한 다음과 같은 질문을 제기하면서 등장했다. 자신이 부모에게 중요한 존재라고 인정받는 아이들이 더 행복한 삶을 살았을까? 로젠버그는 그렇다는 사실을 발견했다. 자신이 중요하다고 느끼는 아이들은 우울증이 덜했고 불안감도 더 적었으며 자존감은 더 높았다. 그는 1979년 최초의 연구 결과를 담은 논문에서 "자신이 중요한 존재라고 느끼는 것은 정말로 중요하다"라고 주장했다.

유아들은 보호자가 안아주고 욕구를 충족시켜줄 때 자신이 중요한 존재라고 느낀다. 유아들은 이런 유대감뿐만 아니라 사랑을 주는 보호자에게 안전을 의지하고, 세상을 탐구하는 놀이를 통해 자신의 소중함을 느낀다. 청소년 시기에 중요한 존재라는 개념은 장차 자신이 되고 싶어 하는 사람으로서 무조건적으로 사랑받는다는 의미다. 학생은 물론 자매나 사촌 또는 손녀, 운동선수나 기업가, 활발한 지역사회 구성원, 학교 지도자일 수도 있다. 중요한 존재라는 것은 필드하키 주 대표팀에 뽑힌 평균 3.9점의 학생이 아니라 장점과 약점을 포함해 모든 면에서 인정받는 것을 말한다. 유명한 발달심리학자인 유리 브론펜브레너는 "모든 아이에게는 자신을 비이성적으로 좋아하는 어른이 적어도 한 명은 필요하다"라는 유명한 말을 남겼다. 이는 성취나 성과가 아니라 아이의 모든 것을 사랑하라는 의미다.

수동형 아이들에게는 결정을 내리고 내재적 동기를 개발할 수 있는 공간을 주기 위해 자율성을 지지해주어야 한다. 반면 목표지향형 아이들의 경우 자신들이 중요한 존재라는 느낌을 키워주려면 한 단계 더 나가야 한다. 어떤 면에서 중요한 존재라는 느낌은 더 깊은 형태의 자율성을 길러준다. 아이들이 성취가 아니라 온전한 인격체로 인정받을 때 전통적인 성공의 경로에서 벗어나더라도 자신의 가치관과 관심사를 자유롭게 추구할 수 있다. 목표지향형에 갇혀 있는 아이들이 이렇게 하기 어려운 이유는 성과에 대해 너무 많은 칭찬을 받기 때문이다. 그래서 이들은 내가 원하는 것이 무엇인지, 어떤 것에 관심이 있는지, 그리고 평상시에는 무엇을 할 것인지에 관해 생각해본 적이 없다. 수동형 아이들이 자신의 선택에 책임지는 방법을 배워야 한다면 목표지향형 아이들은 어떤 선택을 해야 하는지 물어볼 용기가 필요하다.

목표지향형 아이들은 많은 일을 한다. 하지만 이것이 그들이 정말로 하고 싶을까? 많은 아이가 인생에서 의미 있는 목표와 경로 찾는 방법을 모른 채 성인으로 성장하고 있다. 젊은 성인 다섯 명 가운데 세 명이 인생의 목적이나 의미를 찾지 못하고 있다고 말한다.

학교에서 최소한의 노력만 하는 수동형 자녀를 둔 부모는 아이들의 참여 수준을 바꾸고 싶어 하는 경우가 많다. 모든 시간을 성과에 쏟아붓는 목표지향형 아이들을 둔 부모는 다른 문제를 가지고 있다. 이들은 아무것도 바꾸고 싶어 하지 않는다. 이런 부모들은 아이들이 이룩한 성과를 좋아한다. 성과가 부모들을 훌륭하게 보이도록 만들기 때문이다. 성과는 많은 성공을 보장해준다. 하지만 이로 인해 부모들은 잠재적 위험을 보지 못한다. 제니퍼 월러스는《충분한 것은 없다: 언제 성취 문화가 독이 되는가, 우리는 무엇을 할 수 있는가 Never Enough: When Achievement Becomes Toxic and What We Can Do About It》에서 젊은 성인의 절반 이상이 자신들이 성공했을 때 부모가 자신들을 더 좋아했다고 답했다. 그리고 놀랍게도 네 명 가운데 한 명은 부모에게 중요한 것은 자신이 어떤 사람인지가 아니라 자신이 이룩한 성과라고 생각하는 것으로 나타났다.

우리 가운데 상당수는 자녀를 정말로 사랑하기 때문에 자녀들이 소중하다고 생각한다. 하지만 우리는 무의식적으로 어떤 사람인지가 아니라 무엇을 할 수 있는가가 정말로 중요하다는 메시지를 아이들에게 전하고 있다. 자녀들이 가정에서 소중한 존재라고 느끼지 못한다면 어떻게 세상에서 자신이 소중한 존재라고 느낄 수 있을 것인가? 많은 아이가 그렇게 느끼지 못한다고 답했다. 18세에서 25세의 미국 젊은이를 대상으로 실시한 조사에서 무려 44퍼센트가 자신이 다른 사람에게 중요한 존재가 아니라고 응답했다.

관계의 중요성에 초점을 맞추라

수많은 연구에 따르면 삶의 만족도를 예측하는 가장 좋은 지표는 인간관계의 질이다. 75년에 걸쳐 행복한 인생을 만드는 요인에 관해 연구한 하버드대학교의 수많은 심리학 연구에 따르면 청소년이 친구, 교사, 멘토, 코치, 지역사회 구성원, 가족과 좋은 관계를 맺도록 장려하는 것이 시간을 가장 가치 있게 사용하는 방법이라고 한다. 배려하는 관계는 인생에서 힘든 상황과 트라우마를 경험한 아이들에게 특히 중요하다. 이런 관계는 안정감을 회복시킬 수 있고 외부의 위협에서 보호막 역할을 할 수 있기 때문이다.

가정은 관계를 맺고 발전시키는 기반이 된다. 대부분의 부모는 연애를 포함해 좋은 관계를 만드는 방법에 관해 자녀와 이야기하는 시간이 거의 없다. 어떤 사람이 좋은 친구인지 분명하게 설명하라. 자녀의 말에 경청하라. 자녀가 좋은 친구가 될 때 인정해주고 다른 사람을 도울 때 칭찬하라. 자신과 가족 그리고 지역사회를 위해 일하는 중요성을 몸소 보여주어야 한다. 좋은 관계를 구축하고 강화하는 방법을 함께 생각해보라. 가족은 서로 함께 지내는 것 이외에 특별한 목적이 없어도 많은 시간을 함께 보내려고 노력할 수 있다. 학자들은 오래전부터 피크닉, 함께 모여 하는 게임 또는 식탁에서의 대화를 포함해 아동기의 긍정적 경험이 가져다주는 중요한 이점을 강조해왔다. 하지만 많은 가족이 단순히 함께 시간을 보내는 것보다 성과 지향적 활동(스포츠 경기, 발표회, 콘서트, 개인교습)에 더 많은 시간을 쓰고 있다. 우리는 단체 활동에 의지해 관계를 형성하고 자신감을 키우는 것에 전적으로 동의한다. 하지만 목표지향형에 갇힌 많은 아이가 눈에 띄는 성과를 내는 조직적인 활동(이력서에 적을 가치가 있는)에 과도하게 가치를 부여하고 친구, 가족, 지역사회와 함께 단순히 보내는 시간을 과소평가한다.

의미 있는 기여를 권장하라

《무엇을 위해 살 것인가》의 저자이자 스탠퍼드대학교 청소년

센터 소장인 윌리엄 데이먼은 목적을 "자신에게 의미 있고 동시에 자신을 넘어 세상에도 중요한 무엇인가를 성취하려는 안정적이고 일반화된 의도"라고 정의한다. 이 정의의 핵심은 목적이 자신을 넘어 사회 친화적이라는 점이다. 단순히 재미가 있어 영화를 보러 가는 것은 목적이 아니라 도피다. 아이들의 경우 자신의 미래에 의미가 있기에 대학에 진학하고 부모의 열망이 아니라 자신에게 잘 맞는 대학을 찾는 것이 목적이 될 수 있다. 세계 최고의 스케이트보드 선수가 되는 것, 더 훌륭한 도자기공예가가 되는 것, 가족을 위한 경제적 버팀목이 되는 것 또는 기후 운동가가 되는 것 역시 목적이 될 수 있다.

아이들이 자신이 소중한 존재라고 느끼려면 자기 자신에서 벗어나고 타인의 필요를 인식할 수 있도록 도와주어야 한다. 이는 다른 사람들이 당신이 출근해 일하기를 기대하는 일자리나 자원봉사 활동을 통해 이루어질 수 있다. 우리의 목표는 아이들이 진정성 있는 방식으로 사회에 기여하는 것이다. 다른 누군가를 대신해 카운터를 닦는 일은 사소한 것처럼 보일 수도 있지만 의미 있는 일이다. 자원봉사 활동은 형식적인 것이 아니라 진정한 필요를 충족시키는 것일 때 아이들에게 더 넓은 세상을 보여줄 수 있다. 지금까지의 '나' 중심 사고에서 벗어나 다른 사람의 삶에 관심을 갖는 것은 소중한 경험이 될 수 있다. 심리학자 마틴 셀리그먼에 따르면 "자기 자신은 삶의 의미를 찾기에 좋은 장소가 아니"다. 미국 국립정신건강연구소의 전 소장 토머스 인셀은 이를 다른 방식으로 설명한다. "여러 측면에서 다른 사람을 돕는 것이 다른 사람의 도움을 받는 것보다 건강에 더 도움이 된다." 자녀와 함께 다음과 같은 방법을 시도해보라.

집안일을 도와라 자녀에게 가정에서 실질적이고 의미 있는 방식으로 행동하라고 요구하라. 강아지를 산책시키고 쓰레기를 버리거나 식탁을 정리하고, 빨래를 하고 잔디를 깎거나 동생들의 숙제를 도와주고 가족을 위해 음식을 만드는 등 일상적인 집안일은 아이들에게 자신이 중요한 존재라는 증거를 보여주는 기회가 된다.

타인을 도와라 아이들에게 나이 든 친척이나 이웃을 도와주도록 권장하라. 낙엽을 치우거나 식사를 가져다주는 일은 사람들의 하루를 기분 좋게 만들고 아이들의 노력이 얼마나 가치가 있는 것인지를 보여준다.

성찰을 통해 성장할 수 있도록 도와라

자신이 중요한 존재라고 느끼는 것이 사회적으로 인정받고 지지받고 다른 사람들에게 가치 있는 존재가 되는 것이라면 젊은이들은 다음과 같은 질문을 할 필요가 있다. 나는 세상에 어떤 방식으로 기여하고 싶은가? 사람들이 어떤 방식으로 나를 도와주기 바라는가? 나는 어떤 방식으로 사람들에게 신뢰받고 싶은가? 수동형 아이들은 호기심을 자극하고 자신들이 경험할 관심사가 필요하지만, 목표지향형 아이들은 성취에서 잠시 눈을 돌려 자기 자신과 우선순위에 관해 질문해야 한다. 고등학교에서 목표지향형으로 대부분의 시간을 보낸 많은 아이는 대학에 입학하거나 일을 시작할 때가 되어서야 가장 기본적인 질문조차 해보지 않았다는 사실을 깨닫는다. 내가 좋아하는 것은 무엇일까? 내가 어떻게 세상에 기여하고 싶은가? 나는 어떤 사람이 되고 싶은가? 사회에서 자신의 위치를 찾는 일은 약간의 시행착오와 때로는 비효율적인 방황이 필요하다. 나는 무엇에 관심이 있는가? 같은 근본적 질문을 하려면 자기성찰이 필요하다. 이는 더 많은 휴식과 내면을 들여다보는 시간을 의미하고 바쁜 목표지향형 아이들은 대체로 이런 일을 좋아하지 않는다.

　버네사는 수년 동안 자신의 경험을 성찰한 끝에 두 개의 자아를 하나의 일관성 있는 정체성으로 통합할 수 있었다. 중요한 점은 이런 자기성찰 시간이 성과 중심이 아니었다는 것이다. 버네사의 지도교수는 직업을 선택하고 내년 여름 인턴으로 일할 곳을 찾기 위해 자신을 되돌아보라고 이야기하지 않았다. 대신 버네사는 5장에서 설명한 초월적 사고에 몰입할 여유가 필요했다. 버네사의 이런 성찰은 뇌 영역의 연결을 더욱 촉진할 뿐만 아니라 더 확고한 자아나 정체성 형성에 도움이 된다. 아이들이 더 확고한 정체성을 가질수록 다른 사람들의 기대에 흔들릴 가능성도 그만큼 적어진다.

마음 챙김을 실천하게 하라

마음 챙김을 연습하면 스트레스에 지친 목표지향형의 학생들이 불행의 언저리에서 되돌아오는 데 도움이 된다. 연구에 따르면 정기적인 성찰 활동이 스트레스를 줄일 수 있는 것으로 나타났다. 힘든 치료 과정을 대신할 수는 없지만 혼란스러운 세상에서 마음의 평온을 찾을 수 있는 작은 방법이 될 수 있다.

하루의 대부분을 목표지향형으로 활동하는 17세 올리비아는 겉보기에는 여러 측면에서 특권을 누리고 있다. 음악, 리더십, 스포츠 등 여러 분야에서 재능을 발전시킬 수 있도록 충분한 자원을 보유한 명문 사립학교에 다니고 있지만 내면적으로는 아슬아슬한 외줄타기를 하고 있다고 느낀다. 목표지향형으로 끊임없이 앞으로 나아가는 대부분의 아이들처럼 올리비아도 현기증이 날 정도로 많은 활동에 참여하고 있다. 이 가운데 상당수는 일류 대학 진학이라는 목표와 관련이 있다.

코로나 팬데믹 기간에 어머니와 사촌의 권유로 올리비아는 명상을 시작했고 지금까지 꾸준히 해오고 있다. 그녀는 자신만의 성찰 방식을 만들었다. 하루가 끝날 때나 생각날 때마다 10분 동안 다음 세 가지를 실천한다.

일일 스트레스 점검 얼마나 스트레스를 받고 있는지 질문한다.
네 가지 영역 평가하기 사회적 관계, 학업, 건강, 이미지를 평가한다.
실천하기 반복적인 행동양식을 발견하면 문제해결에 나선다. 학업 문제라면 선생님과, 자기 이미지에 관한 것이면 어머니와 이야기한다. 사회적 관계에 관한 것이면 친구에게 도움을 청한다.

이런 습관은 전체를 바꾸지는 못하지만 삶을 통제하고 있다는 느낌을 변화시킨다. 그녀는 하루를 보내는 동안 더 안정된 평온함을 느낀다. 그리고 힘든 시기를 견뎌내는 힘이 된다고 생각한다. 그녀는 자신에게 무엇이 필요한지 더 잘 알게 되고 이를 통해 필요한 도움을 요청한다.

누구나 마음 챙김을 통해 도움을 받을 수 있다. 하지만 목표지향형 아이들은 이를 실천하는 데 필요한 여유 시간을 가질 기회가 훨씬 적다. 이들은 한 가지 일을 끝내면 바로 다음 일을 할 정도로 너무 바쁘게 활동하기 때문에 마음 챙김이 가져다주는 스트레스 감소 효과를 누리지 못한다. 여기에 더해 마음 챙김은 공상과 초월적 사고에 필요한 성찰의 공간을 마련하는 데도 도움이 된다.

끊임없는 공상의 힘

아이들의 공상은 성격적 결함이 아니다. 그렇다고 게으른 운명이나 집 지하실에서 평생을 보내는 삶과 직접 연결되는 것도 아니다. 하지만 어른들은 공상을 멍하니 있는 상태나 주의력 결핍으로 생각하는 경우가 많다. 휴식이나 심사숙고 또는 상상력을 담당하는 뇌의 신경망을 활성화하는 과정이라고 생각하지 않는다.

예일대학교 임상심리학자이자 명예교수인 제롬 L. 싱어는 '공상의 아버지'로 알려져 있다. 그는 공상을 당면한 과제와 직접적으로 관련이 없는 저절로 떠오른 생각이라고 설명했다. 싱어는 사람들이 왜 공상을 하는지 그리고 공상이 창의성과 혁신에 어떤 긍정적 효과를 가져다주는지를 이해해야 한다고 주장했다. 연구를 시작하기 60년 전에 이런 주장을 한 사람은 그가 유일했다. 그 당시 많은 연구자, 심리학자, 그리고 교육자들은 공상을 부정적인 것으로 생각했다. 지금도 많은 사람이 그렇게 생각한다. 공상에 관해 연구할 때 연구자들은 종종 과제와 연관성이 없는 생각, 멍때리기 그리고 주의력 결핍이라는 부정적인 용어를 사용한다. 공상은 문해력과 수리력 같은 학습 성과를 방해하는 것으로 여겨진다. 학생들이 공상을 더 적게 하도록 만드는 방법을 찾는 연구가 많은 것도 이 때문이다.

하지만 싱어와 동료들은 "호기심, 감수성 그리고 아이디어, 감정, 감각에 대한 탐구를 반영하고" 새로운 경험에 대한 개방성과 연계된 긍정적이고 건설적인 공상의 이점을 발견했다. 이런 긍정적이고 건설적인 공상은 자기 인식, 창의성 배양, 즉흥적 사고와 평가, 기억력 강화, 과서 경험에 근거힌 계획, 목표 중심저 사고, 미래 계획 등 다양하고 중요한 인지과정과 연관돼 있다. 이 모든 것들은 청소년들이 세상을 탐구하며 살아가는 데 중요한 역할을 한다. 공상은 창의력을 키우고 더 많은 탐구자의 순간을 경험할 수 있도록 도와준다.

부모와 교사는 학생들에게 공상을 강요할 수 없지만 그렇게 할 기회는 줄 수 있다. 진정한 공상은 청소년들이 외부의 활동이나 자극에 반응하지 않을 때만 일어난다. 이는 부모가 아이들에게 모든 여유 시간을 공부, 설거지, SAT 준비 같은 목적 있는 활동으로 채우라고 요구하는 것을 자제해야 한다는 뜻이다. 다음은 긍정적 공상을 돕는 몇 가지 방법이다.

간섭하고 싶은 충동을 참아라 아이가 제2의 아인슈타인이 될 수 있을지도 모른다. 그는 잘 알려진 것처럼 스위스 베른에서 빈둥거리면서 몇 시간씩 시계를 보다가 상대성이론을 만들어냈다.

진정한 휴식 시간의 중요성에 관해 이야기하라 휴식은 스마트폰을 보거나 좋아하는 방송 시리즈를 몰아서 보는 것이 아니라는 사실을 상기시켜라. 《놓아주는 엄마 주도하는 아이》의 저자 윌리엄 스틱스러드와 네드 존슨은 진정한 휴식을 "목적이 있는 어떤 것, 그리고 고도의 집중저인 사고가 필요한 어떤 것도 하지 않는 시간"이라고 정의했다. 아이들이 공상을 하려면 이런 완전한 휴식 시간이 필요하다.

성찰 시간을 갖는 본보기를 보여라 자녀가 부모가 성찰을 위해 별도의 시간을 내는 모습을 보지 못하면 성찰이 중요하지 않다고 생각할 수 있다.

실패의 두려움을 극복하라

목표지향형 아이들은 자신의 모든 능력을 쏟아붓는다. 대부분의 경우 이는 높은 점수, 1등, 과외활동에서 두드러진 성과 같은 성공을 의미한다. 정상에 오르는 것이 다른 모든 것을 희생하면서 추구하는 목표가 되는 것만 아니라면 이는 좋은 일이다. 정상에 오르면 내려오는 것 외에 더 이상 갈 곳이 없는데 새로운 것을 시도하고 실패할 위험을 감수할 이유가 있을까? 왜 자신을 안전지대 밖으로 밀어내 고군분투하는 위험을 감수해야 할까? 자신이 얼마나 소중한 존재인지 알아보려면 많은 시행착오를 경험해야 하고 여기에는 위험과 성찰이 필요하다. 나는 파티를 좋아하는 학생일까 아니면 열심히 공부하는 학생일까? 혹은 둘 다 좋아할까? 초월적 사고를 하려면 정답과 오답이 명확히 구분되지 않는 불확실성의 영역에서 시간을 보내는 것에 편안함을 느껴야 한다.

실패에 대한 두려움은 목표지향형 아이들이 탐구자의 역량을 키우고 잠재력을 최대한 발휘하는 데 방해가 된다. 안전만 추구하는 것은 탐구자로서 능력을 키우는 데 도움이 되지 않는다. 성취를 위해 모든 시간을 쏟아붓는 15세 소녀 세이디를 예로 들어보자. 세이디는 포틀랜드의 한 사립학교에 다닌다. 소규모 학급과 비교적 성적을 중요하게 생각하지 않는 교사들은 이론적으로 실패에 대한 두려움을 줄여주어야 한다. 하지만 실제로는 그렇지 않았다. 세이디는 수업 시간에 결코 손을 들고 질문하지 않는다. 바보처럼 보이거나 답을 모르는 것처럼 보이는 위험을 감수하고 싶지 않기 때문이다. 모든 목표지향형 아이들은 우리에게 손들고 물어보는 것을 싫어한다고 말했다. 이는 쉽게 무너져 내릴 수 있는 연약한 형태의 지적 능력이다. 대신 우리가 원하는 것은 모른다는 사실을 편안하게 받아들이는 것에서 나오는 회복탄력성이 있는 지적 능력이다.

우리의 목표는 이런 아이들에게 실패를 강요하는 것이 아니다. 아이들을 위험에 노출시켜 불편한 상황과 불확실성 속에서 활동하는 것에 익숙해지도록 하는 것이나. 아미나가 예일대학교에 입학하기 전, 고등학교에서 더 많은 실패를 경험했다면 대학에서 실패했을 때 할 일이 무엇인지 알았을 것이다. 노출 치료에서 치료사는 거미를 무서워하는 환자를 첫날부터 독거미에 노출시키지 않는다. 대신 거미 공포증 환자는 거미의 사진을 보고 자신의 두려움에 관해 이야기하는 것으로 치료를 시작한다. 그런 다음 우리 안에 갇혀 있는 작은 거미를 보여줄 것이다. 두려움에 맞서는 행동은 그것이 아무리 사소하더라도 용기를 키워준다. 생각만으로는 용감해질 수 없고 경험을 통해 직접 느껴야 한다. 이것이 거미 공포증 환자가 나중에 우리 밖에 있는 거미와 마주할 수 있도록 하는 근거가 된다.

목표지향형에 갇힌 학생들의 경우 학습 과정에서 불편한 상황에 익숙해지는 생산적 어려움은 거미 공포증 환자를 위한 노출 치료와 비슷한 면이 있다. 목표지향형 아이들은 실패를 좋아하지 않기 때문에 실패할 위험을 피한다. 이들은 실패하더라도 세상이 무너지지 않는다는 사실을 깨닫기 위해 자신들이 잘하지 못할 수도 있는 일을 한다는 생각을 받아들여야 한다.

어떤 의미에서 목표지향형 아이들의 경우 생산적 어려움은 학습 방법을 배우는 선순환의 경계를 넓히는 것이다. 수동형 아이들은 종종 학습계획, 진행 상황 점검, 전략 평가 같은 기본적인 학습 전략을 익히기 위한 도움이 필요하다. 반면 목표지향형 아이들은 도전, 위험 그리고 성장을 받아들이는 데 도움이 필요하다. 이는 학습에 대한 참여를 심화시키는 고차원적인 학습 도구들이다. 생산적 어려움을 통해 실패에서 회복하는 능력을 배양함으로써 우리는 불변함에 익숙해질 수 있다. 이는 아마도 인생의 가장 훌륭한 역량 가운데 하나고 학습에도 깊이 있게 적용할 수 있다. 학습은 힘들고 노력에는 용기가 필요하다. 우리는 힘든 훈련을 통해 더 강해진다. 모르는 것을 이해하려고 노력하면서 수학을 더 잘하게 되고 속내를 털어놓고 나면 우정도 더 깊어진다. 고난을 헤쳐나가면서 우리는 무엇인가를 배운다. 목표지향형 아이들은 다양한 학습 방법을 익힐 필요가 없다. 그보다는 학습을 통해 어떤 목표를 이룰 수 있는지 탐구해야 한다.

2000년대 초 교사 제임스 노팅엄이 주장한 '학습 함정'이라는 이론이 있다. 노팅엄은 잉글랜드 북부의 폐광촌에서 교사로 근무했다. 그는 아이들이 수업 시간에 친숙한 것만 고집하면서 어려운 일을 회피하려 한다는 사실을 발견했다. 아이들은 정답을 모르면 손을 들지 않았다. 탐구할 주제를 고르라고 하면 아이들은 아는 것만 선택했다. 노팅엄은 실제 학습이 어떻게 진행되는지 그림을 그려 설명했다. 새로운 아이디어에 대한 영감, 이해했다는 잘못된 믿음, 모르는 상태로 추락 그리고 마지막으로 이해에 도달하는 과정이다. 한 아이가 그림을 보더니 움푹 파인 구덩이처럼 보인다고 말했다 (광산촌이라는 사실을 기억하라). 학습의 함정이라는 개념은 이렇게 탄생했다.

학습 함정

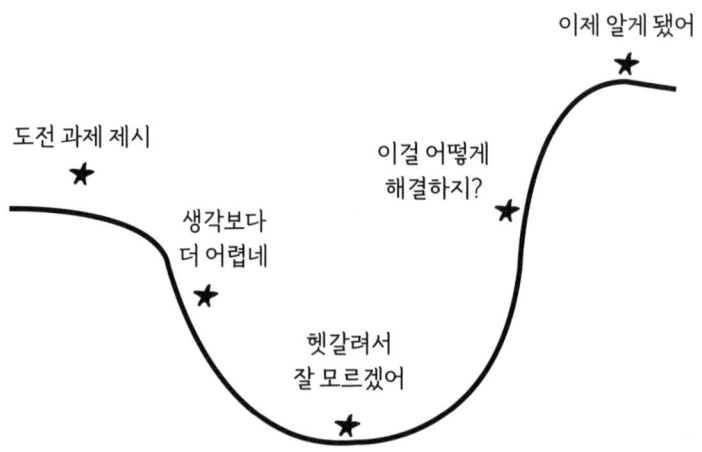

출처: 제임스 노팅엄의 학습 함정

이들은 공부하면서 복잡하고 어려운 과제에 마주할 것이다. 보통의 부모라면 아이들의 어려움을 해결해주려고 할 것이다. 그러나 노팅엄 교사는 아이들을 도와주지 말라고 했다. 대신 아이들이 어려움을 겪을 때 다양한 해결 방안을 시도해볼 수 있도록 격려하라고 했다. 아이들에게 정답을 외우는 것이 아니라 문제와 씨름하는 것이 목표라는 점을 알려주라는 것이다. 아이들이 문제와 씨름하면서 어려움에 더 익숙해지고 그런 후에 선생님과 친구들의 도움을 받아 함정에서 빠져나오게 될 것이다. 아이들이 잠시 헤매도록 내버려 두는 것을 통해 두 가지 효과를 얻을 수 있다. 학생들은 함정에서 벗어난 기억을 갖게 된다. 이는 다음번에 새로운 아이디어를 배우면서 혼란에 빠졌을 때 의존할 수 있는 중요한 경험이 된다. 그리고 아이들은 함정에서 빠져나오는 방법을 알게 되고, 이는 시험이나 인생에 중요한 교훈이다. 이 과정은 어려운 목표를 달성할 수 있다는 자신감뿐만 아니라 그 일을 해낸 경험과 능력을 길러줄 것이다.

현명하게 도움 요청하기

부모들은 교실에 있지 않았기 때문에 교사들도 아이들과 함께 함정에 빠져 있었다는 사실을 몰랐다. 교사들은 아이들을 어려움으로 밀어넣고 옆에서 지켜보면서 깔깔대고 웃지 않는다. 아이들이 어려움을 겪고 있다는 사실을 인지하면 기준을 낮추지 않으면서 도움을 제공했다.

짝을 지어 공부해보라. 질문이 있으면 물어보라. 지금 가장 혼란스러운 것을 적어보라. 아이들은 막막함을 느껴야 했지만 혼자가 아니었다. 선생님들은 아이들에게 크든 작든 승리를 응원하는 지지자들이 뒤에 있다는 사실을 보여주었다. 학생들은 상황이 어려워졌을 때 도움을 요청하는 중요한 능력을 배우고 있었다.

모든 부모가 어려움에 빠진 자녀를 지켜본 경험이 있을 것이다. 이는 지옥과 같은 엄청난 고통이다. 하지만 고군분투하고 때로는 실패하는 아이는 땀 한 방울 흘리지 않고 쉽게 일을 해내는 아이보다 도전에 훨씬 잘 대처하게 될 것이다.

많은 목표지향형 아이들은 열심히 일하는 것에는 익숙하지만, 실패에는 익숙하지 않다. 사실 이들은 실패하지 않기 위해 대부분의 시간을 사용한다. 부모로서 우리는 우리 자신과 자녀들의 불편함에 익숙해져야 한다. 그렇다고 이것이 아이들이 완전히 무너졌을 때 도와주지 않거나 깊은 불안감을 느낄 때 무시하라는 의미는 아니다. 자전거 타는 법을 가르칠 때, 아이들이 자전거에서 넘어지면 우리는 아이들을 일으켜 세워 먼지를 털어주고 상처에는 반창고를 붙여주었다. 하지만 아이들이 자전거를 타고 가다 비틀거리기 시작하면, 넘어지기 전에 아이들을 구해주고 싶은 본능을 억누르고 최대한 격려한다. 너는 할 수 있어! 앞을 보고 계속 가! 두 바퀴로 편하게 달리기 전까지 어떻게 비틀거리지 않을 수 있겠는가? 노팅엄은 아이들이 학습할 때 세 가지 상태를 경험한다고 말한다. 상대적으로 편안한 상태, 상대적으로 불편한 상태 그리고 공황에 빠진 상태다. 아이가 공황에 빠진 상태라면 우리가 안아주고 무엇이 필요한지 확인해야 한다. 하지만 너무 많은 부모가 상대적으로 불편한 상태일 때 끼어든다. 노팅엄이 말했다. "이는 역효과를 낼 수 있습니다. 우리는 어려움을 통해 배우거든요."

인생의 어떤 위대한 성공도 장애물이나 도전 없이 이루어지지 않는다. 대부분의 기업가는 많은 실패를 경험했다. 벤처캐피털 투자에 관한 46년간의 빅데이터 연구에 따르면 과거의 실패 경험이 성공을 위한 필수 전제조건으로 나타났다. 가장 중요한 것은 실수할 때마다 배우는 것이다. 진공청소기로 유명한 제임스 다이슨은 학생들에게 최초로 먼지 주머니가 없는 진공청소기를 개발할 때까지 5,127개 시제품을 만들었다는 이야기를 자주 들려준다. "발명가가 되려면 언제나 어떤 일을 하는 더 좋은 방법이 있다고 믿어야 합니다. 그리고 처음부터 정답을 찾을 것이라고 기대해서는 안 됩니다. 잘못된 것은 계속 고칠 때마다 좋아질 수 있어요. 그리고 이런 모든 실패가 다음번에 고칠 때 적용할 수 있는 무엇인가를 가르쳐

줍니다. 물론 이런 과정은 매우 실망스럽지만 그만한 가치가 있습니다." 이런 종류의 창의성은 초월적 사고(어떤 것을 하는 더 좋은 방법을 생각해내는 능력)와 반복된 실패를 통해 어렵게 얻은 교훈의 합작품이다. 성찰과 생산적 어려움이 합쳐질 때 위대한 일이 일어날 수 있다.

도움을 주는 효과적인 방법

어려움을 겪으면서 흔들리기 시작할 때 아이들을 도와줄 수 있는 몇 가지 방법이 있다. 아이들이 영어를 매우 어려워하고 글쓰기에서 낮은 점수를 받더라도 "네가 열심히 노력한 것을 다 알아"라고 이야기하지 않는 것이 좋다. 노력만 칭찬하는 것은 자녀에게 그들의 노력이 능력의 한계나 범위를 나타낸다는 혼란스러운 메시지를 줄 수 있다. 자신도 모르는 사이에 아이가 글쓰기를 더 잘할 수 있다고 기대하지 않는다는 미묘한 의미를 전달하는 셈이 된다. 대신 효과적인 공부 방법, 교사에게 받은 도움, 암기 카드 만들기, 핵심 정리를 녹음하고 강아지를 산책시키면서 듣기 등 성공적인 학습 전략들을 칭찬하라. 그런 후에 다음번 논술 시험에 대비하는 다양한 접근방법에 관해 서로 아이디어를 제안해보라.

목표지향형으로 대부분의 시간을 보내는 아이들은 내면적으로 연약하다. 이들은 나쁜 성적을 받거나 팀을 구성하지 못하거나 모범적이지 못하다는 평가를 받아본 적이 없다. 이들은 자신들의 이미지가 무너지면 어떻게 될지 두려워한다. 실패에 대한 두려움을 극복하고 예상된 경로를 벗어나는 모험을 하는 것이 열심히 노력하지 않고 성취에 대한 열망을 버리라는 의미가 아니다. 이런 두려움을 극복하는 것은 작은 실패의 위험을 감수하는 것에서 시작한다. 예를 들면 재미있다는 이유로 어려울지도 모르는 수업을 듣거나 잘 모르지만 궁금한 주제에 관해 논문을 쓰거나 대학 입학 지원서에는 좋지 않게 보일 수도 있지만 멋지게 보이기 때문에 필드하키를 그만두고 클라이밍에 도전하는 것 등이다.

아이들이 용기 내는 방법을 배우고 위험을 감수하며 자신의 학습을 주도하기 위해서는 생산적 어려움을 경험할 필요가 있다. 이는 아이들이 성찰할 시간과 공간이 필요하고 무엇을 하느냐가 아니라 그 자체로 소중한 존재라는 사실을 알 수 있도록 지지가 필요한 것과 마찬가지다. 목표지향형의 아이들이 탐구자의 능력을 키우도록 돕는 일은 어려울 수 있다. 어떤 부모도 좋은 것을 망치고 싶어 하지 않기 때문이다. 하지만 이제는 좋은 것에 대한 더 나은 정의가 필요한 시점일지도 모른다.

9

도피에서 도피하기
회피형의 경우

중학교에 입학한 지 일 년쯤 되었을 때, 에디는 더 이상 학교에 다니지 않겠다고 선언했다. 에디의 부모는 충격을 받았다. 에디는 15살에 불과했다. 게다가 그는 다음 해는 매우 중요한 시험인 중등교육자격시험*을 앞두고 있었다. 그래서 공부를 포기할 것이 아니라 오히려 더 집중해야만 했다.

30년 동안 교사와 교육 행정가로 일한 아버지 크리스는 교사 입장에서 수백 번이나 이런 대화를 나눠본 경험이 있었다. 그는 평소에 부모들에게 "충분한 시간을 주고 적절히 대처하면 저절로 해결

---

* 영국의 중학교 졸업 시험-옮긴이

될 것"이라고 조언했다. 지금은 자신의 조언을 스스로 실천해야 하는 입장이 됐다.

무엇인가 잘못됐다는 몇 가지 신호는 있었다. 에디는 아프다고 말하곤 했지만 크리스는 꾀병을 부린다고 생각했다. 하지만 아들이 다시는 학교로 돌아가지 않겠다는 선언은 폭탄과도 같았다. 에디는 편안한 중산층의 삶을 살고 있었고 에디의 부모는 당연히 그가 여느 아이들처럼 학교를 무사히 마칠 것으로 생각했다. 크리스와 아내는 즉각 행동에 나섰다. 2주 동안 에디를 집에 홀로 두지 않으려고 서로의 일정을 조정했다. "원인을 파악해야 하거든요." 그의 경험에 따르면 집단 따돌림부터 지루함, 다른 아이 또는 더 심한 경우 어른과 학대적 관계 등 다양한 원인이 있었다. "일정 기간에 걸쳐 천천히 이런 잠재적 원인을 하나씩 배제해야 합니다. 무엇이 원인인지 모르니까요."

크리스는 학교에 전화를 걸어 누군가가 에디의 상태를 확인하도록 요청했다. 많은 사람이 원인을 조사하고 학교가 에디에게 어떤 문제든 해결 가능하다고 알려주는 것이 중요했다. 크리스는 신임 교사들에게 항상 아이에게 그 상황에서 빠져나올 방법을 제공하라고 자주 말한다. "그렇게 하지 않으면 틀림없이 아이는 그 상황에서 벗어날 방법을 찾아낼 것입니다. 그리고 그 결과가 좋지 않을 것이기 때문이죠."

이후에 크리스는 산악자전거를 타거나 맥도널드에서 함께 햄버거를 먹으면서 에디와 가능한 많은 시간을 함께 보냈다. 아무것도 묻지 않고 주로 에디와 함께 시간을 보냈다. 하지만 가끔씩 에디를 격려하고, 질문을 하거나 아들의 말에 귀를 기울이면서 조금씩 조언을 건네기도 했다. 크리스는 에디가 학교에서 더 이상 친구가 없는 것처럼 느낀다는 사실을 서서히 알게 됐다. 에디는 모든 아이와 거리감을 느꼈다. 늘 수줍어했기 때문에 친구를 사귀는 것이 쉽지 않았다. 이런 와중에 학교가 에디가 듣고 싶었던 기업가 정신과 관련된 몇몇 수업에 대한 결정을 바꾸자, 에디는 학교에 가지 않기로 결심했다. 학교에 가야 할 동기가 사라진 것이다.

크리스는 가을까지 기다리면 상황이 얼마나 더 나빠질지 알고 있었기 때문에 에디에게 학교로 돌아가서 남은 학년을 마치라고 이야기했다. 그는 "터널의 끝에는 빛이 있어"라고 말했다. 곧 여름방학이었기 때문이다. 두 사람은 에디가 하고 싶은 것, 즉 기업가가 되는 것과 그에 필요한 역량에 관해 이야기했다. 크리스는 지인을 통해 기업가를 소개받아 에디와 이야기하도록 했다. 그는 에디에게 학교를 마치지 못하면 아마도 기업가가 되겠다는 목표를 달성하지 못할 것이라고 말했다.

크리스는 에디의 방에 들어가 어떤 계획이 있는지 묻지 않았다고 강조했다. "그렇게 하면 싸우거나 도망치려는 행동을 보였을 것입니다." 그는 위협적이지 않고 대립적이지 않게 에디와 소통하는 방법을 찾았다. 이런 방법도 늘 효과가 있는 것은 아니었다.

2주 후에 에디는 학교로 돌아가는 데 동의했다. 하지만 약속한 날이 되자 에디는 다시 등교를 거부했다. 이 시점에서 크리스와 아내는 매우 단호한 양육 태도를 보였다. 물론 쉽지 않은 일이었다. 크리스는 아들이 집에서 더 행복할 것이라는 사실을 알고 있었다. 하지만 크리스는 부모는 생계를 위해 일해야 한다고 설명했다. 온갖 거친 말이 오갔다.

에디는 마침내 고집을 꺾었다. 그는 한 학년을 미루리했고 크리스는 여름방학 동안 에디의 미래에 관해 지속적으로 이야기하면서 에디의 미래를 현재와 연결해주었다. 크리스는 중등교육자격시험을 마친 후에 에디가 실습생으로 일할 수 있는 자리를 마련해주었다. 학교는 에디가 좋아하는 산악자전거 타기와 몇몇 교과목을 연계시킬 수 있도록 도와주겠다고 했다. 크리스는 에디의 친구 문제에 관해 학교와 계속 논의했다. 몇몇 친구들이 에디의 안부를 물어본 것으로 나타났다. 학교는 에디가 몇몇 친구들과 어울릴 수 있도록 조심스럽게 도와주었다.

크리스는 단순히 에디가 자신의 자동차를 소유한 기업가라는 미래의 모습을 상상하도록 도와준 것이 아니었다. 시험을 치르는 것을 포함해 목표에 도달하기 위해 거쳐야 하는 다양한 단계를 찾을 수 있도록 도와주었다. 크리스는 최후통첩이나 위협이라는 수단을 쓰지 않고 에디가 스스로 의견을 말하도록 이끌었으며 궁극적으로 그것이 자신의 선택이라고 느낄 수 있도록 했다. 물론 크리스는 에디가 다시 학교로 돌아가도록 강요했다. 하지만 에디에게 문제를 해결하기 위한 시간을 준 후에 학교에 가도록 했다.

크리스는 우리보나 훨씬 너 유리한 위치에 있었다. 경험이 많은 교육자이자 선생님으로서 에디가 겪고 있는 상황에 대한 경험과 지시이 품부했다. 대부분의 부모는 자신들이 키우는 한두 명의 지너에게서 얻은 경험이 전부이기 때문에 학교에서 어떤 일이 벌어지고 있는지 제대로 이해하지 못한다.

처음부터 문제아는 없다

아무리 많은 경험이 있더라도 회피형 아이를 키우는 일은 쉽지 않다. 부모들은 교사, 학교 관리자, 다른 부모, 친구와 가족에게 평가받는다고 느끼는 경우가 많다. 흔히 절망, 포기, 체념의 형태로 나타나는 두려움을 느낄지도 모른다. 하지만 이런 감정은 자연스럽다. 연구 과정에서 우리가 들은 성공담 가운데 어떤 것도 간단한 해결책이나 모든 것을 한 번에 해결할 수 있는 전략이 아니었다. 특히 회피형에 속한 아이들의 경우 양육이나 아이의 발달 과정은 그렇게 단순하지 않다. 모두가 경험해가면서 해결책을 찾아낸다. 따라서 일단 최대한 두려움을 내려놓고 불완전한 자신에게 관용과 용서를 베푸는 것부터 시작하라. 그리고 자녀가 보내는 여러 조짐이나 신호를 읽으려고 노력하라.

수동형 아이들은 자기 주도력이 거의 없다. 그래서 진정한 흥미 탐구와 학습 방법을 배우면서 자기 주도력을 길러야 한다. 목표 지향형 아이들은 학습에 전력을 기울이지만 실패를 두려워하고 자신들이 무엇이 관심이 있는지 알아내는 자의식이나 학습의 원동력이 되는 회복탄력성을 갖추지 못한 경우가 많다. 이들은 성적과 성과로 규정되는 자신의 정체성을 뛰어넘어 당장은 어려울 수도 있는 것들을 시도하는 위험을 기꺼이 감수해야 한다. 이를 통해 스스로 학습을 주도하는 탐구자로서의 역량을 개발할 수 있다.

회피형 아이들은 자기 주도력이 있지만 학습에서 멀어지는 방향으로 향하고 있다. 이런 태도는 자기 보호적이고 긍정적인 경우도 있다. 신체적 또는 심리적으로 불안한 환경에서 특히 그렇다. 하지만 회피형 아이들은 참여를 방해하는 실질적 장애물을 제거하고 다른 정체성을 키우기 위해 좀 더 근본적인 개입이 필요한 경우가 많다. 이들이 학습을 발전시키는 방향으로 주도력을 발휘하도록 하려면 환경을 변화시킬 수 있도록 도와주고 학습에 관해 어느 정도의 선택권이 있다는 것을 보여주어야 한다.

우리의 목표는 회피형 아이들이 학습에서 완전히 이탈하지 않도록 하는 것이다. 학생들이 오랜 시간 동안 반항을 하면서 자기 주도력과 충동을 학습에 방해되는 방식으로 이용하게 되면, 반항적인 정체성을 발달시킬 위험이 있다. 어떤 학생들은 상황을 바꾸기 위해 아무것도 할 수 없다는 학습된 무기력에 빠지게 된다. 아이들이 상황을 바꿀 힘이 없다고 느끼면 스스로 체념하고 학습을 회피하고 더 위축되거나 학습을 방해하고 생산적이지 않은 방향으로 자기 손 재감을 드러내는 정체성에 빠지게 될 것이다. 부모와 교사들은 저항이 이런 경계선을 넘지 않도록 중요한 역할을 한다.

크리스의 비결은 교육자로서 얻는 대단한 통찰력이 아니라 인간으로 얻는 통찰력이었다. 이는 아들과 유대감을 형성하고 신뢰를 쌓는 것이었다. 또 아들의 감정을 무시하거나 비난하지 않고 진지하게 받아들이는 것이기도 했다. 그리고 에디가 치울 수 없다고 생각한 장애물을 제거할 수 있도록 도와주고 앞으로 나아갈 수 있다고 믿도록 해주었다. 마지막으로 현재에서 벗어날 수 있는 출구로서 장래성이 있는 미래의 자기 모습을 상상하도록 도와주었다.

이런 접근 방식은 자기 주도력을 약하게 만들고 참여도를 떨어트리는 비판과 통제 대신 회피형 아이들의 경험을 존중하고 인정한다. 이를 통해 아이들과 함께 해결책을 모색하고 그들의 잠재력에 집중할 수 있다. 이는 행동의 이면에 감추어진 아이의 진짜 모습과 반항 뒤에 숨겨진 이유를 파악하는 것이기도 하다. 공감을 통해 이끌고, 함께 장애물을 치우고, 동기를 부여하는 미래의 자기 모습을 보여주는 방식으로 부모는 아이들의 참여에 불을 지피고 내면의 자기 주도력을 발휘하도록 도울 수 있다. 이런 접근 방식을 통해 회피형 아이들이 몰입형으로 바뀔 수 있다.

반항하는 아이의 감정 살피기

회피형 아이들의 행동이 무례하거나 부적절해 보이는 것은 당연하다. 하지만 이 아이들은 상처받고 있고 무엇인가 제대로 되지 않고 있다는 것을 보여주기 위해 자신들이 가지고 있는 유일한 수단을 이용하는 경우가 대부분이다. 그렇다고 나쁜 행동의 결과에 대한 책임을 면제해서는 안 된다. 크리스는 다양한 기준을 정했다. 에디는 가족과 식사를 함께하고 부모를 존중해야만 했다. 그리고 에디가 학교로 돌아가겠다는 말을 번복하자 크리스는 강제로 에디가 학교에 가도록 만들었다. 하지만 크리스와 같은 부모들은 자녀의 감정을 무시하지 않고 그런 감정을 도움이 필요하다는 신호로 해석한다. 이런 부모들은 감시자가 아니라 코치의 역할을 한다. 저항하는 아이들은 스스로 자신의 가능성을 알아볼 수 없어 다른 누군가가 이들의 잠재력을 알아봐야 한다.

회피형 아이를 도와주려면 부모가 문을 열고 들어가야 한다. 이는 자녀가 부모를 받아들여주어야 한다는 뜻이다. 다시 말해 아이들에게 부모가 들어오도록 하고 싶은 마음이 있어야 한다. 강압과 통제는 당장은 효과가 있지만 반항에 깊이 빠진 아이를 돕는 유일한 방법은 신뢰와 유대 관계 형성이다. 우리는 사소하지만 의도치 않은 수많은 방식으로 이런 유대 관계를 단절하기 쉽다. 바쁘고 빨리 결론을 내려야 할 때 특히 더 그런 실수를 저지른다.

자녀의 감정을 진지하게 받아들이는 일은 쉽지 않다. 하지만 청소년의 뇌는 존중을 갈망하고 판단을 원하지 않는다는 사실을 기억하라. 이들의 감정은 종종 과장되고 이해되지 않을 때도 있으며 사소해 보일 때도 있다. 때로는 어떤 조언을 해도 모두 거부당한다. 중요한 것은 계속 노력하는 것이다. 그리고 다음 조언을 기억하라.

긍정의 역설을 피하라

존스홉킨스대학교 크리스니타 베델 교수는 "자녀에게 '그렇게 느껴서는 안 돼'라는 말을 절대로 하지 말라"고 이야기한다. 이는 프란시스코가 경험했던 사소한 사건뿐만 아니라 더 심각한 일에도 모두 해당한다. 사건이나 트라우마가 신체, 마음, 신경계에 어떤 영향을 미치는지를 결정하는 것은 아이들이 그 자체에 관해 느끼는 실제 경험과 의미다. 그리고 부정적인 후성유전학적 경로(불안, 우울, 면역 저하 같은 부정적 건강 결과와 연결된 유전자 발현 경로)를 켜거나 끌 수 있는 것은 우리의 감정적 경험이다.

자녀가 어떤 것에 부여하는 의미가, 합리적이든 그렇지 않든, 그 자체만으로 매우 중요하다는 것이다. 아이들의 감정을 무시하는 것은 본질적으로 그늘의 경험의 무시하는 깃이다.

이것이 베델이 말하는 긍정의 역설을 피하는 중요한 방법이다. 10대 자녀의 기분을 더 좋게 하려고 부정적 감정을 인정하지 않는 것은 실제로 기분을 더 나쁘게 만든다. 아이들의 감정을 인정하고 수용하는 것은 회피형의 아이들을 돕는 중요한 첫걸음이다. 베델 교수는 "고통을 인정하면 부정적 감정과 스트레스가 줄어든다"라고 말한다.

아이의 감정을 인식하고 인정할 때 공감이 생겨난다. 많은 연구에 따르면 아이들과 청소년은 공감 능력이 뛰어난 부모와 함께 있을 때 감정을 더 잘 조절할 수 있고 신체적으로 더 건강하며 체내 염증 수준도 더 낮은 것으로 나타났다. 어디서부터 시작해야 할지 모른다면 다음 몇 가지 표현을 시도해보라.

- 그건 정말 힘든 일이네.
- 틀림없이 속상했을 거야.
- 정말 화가 많이 난 것 같구나.

감정코칭의 힘을 이용하라

아이들의 감정을 진지하게 받아들이는 데 있어 가장 중요한 부분 가운데 하나는 감정에 대한 우리 자신의 감정을 이해하는 것이다. 워싱턴대학교 심리학 교수 린 파인실버 카츠는 이혼과 같은 갈등이 아이의 발달에 어떤 영향을 미치는지 연구했다. 카츠는 감정에 대한 부모의 접근 방식을 두 가지 범주로 분류했다. 감정이 도움이 되고 교육적이며 탐구할 가치가 있다고 생각하는 부모와, 감정은 위험하고 성가시거나 부적절하기 때문에 무시해야 한다는 부모다. 그녀는 감정에 대한 부모의 감정이 아이들의 성적뿐만 아니라 다른 사람과의 관계에도 영향을 미친다는 사실을 발견했다.

감정을 무시하는 부모들이 자녀를 덜 사랑하는 것은 아니다. 이들은 부정적인 감정이 아이들을 고통스럽게 한다고 믿는다. 부모의 역할은 아이들이 더 좋은 감정을 느끼도록 보호하는 것이라고 생각하기 때문에 부정적인 감정을 무시하는 것이다. 하지만 감정을 무시하는 행위는 아이들이 자신의 감정은 중요하지 않다거나 타당하지 않다고 느끼게 해서 자신에 대한 의심과 불안감을 키울 수 있다. 또 이런 아이들은 강한 부정적 감정을 느낄 때 이를 피하거나 주의를 다른 곳으로 돌려야 한다고 생각하기 때문에 감정을 인정하거나 관리하는 방법을 배우지 못한다.

아이스크림이 모든 것을 해결해주는 네 살의 경우 주의를 딴 곳으로 돌리는 방법이 효과가 있을 수도 있다. 하지만 이런 일이 반복되면 아이들은 힘든 감정(실망, 좌절, 분노) 다루는 방법을 영영 못 배울 수도 있다. 여러 연구에 따르면 감정을 조절하는 방법을 배우지 못한 아이들은 슬픔, 불안, 걱정, 우울 그리고 죄책감으로 자신을 괴롭히거나 분노 폭발, 괴롭힘 그리고 반항을 통해 다른 사람들을 공격할 가능성이 더 높다.

반대로 카츠가 말하는 감정을 코칭하는 부모는 자녀의 감정을 인정하고 감정에 대처하는 방법을 개발하도록 도와주는 것을 자신의 역할로 생각한다. 카츠와 같은 학자들은 부모가 감정코칭 접근법을 이용하는 경우, 자녀들이 학교뿐만 아니라 인생에서도 도움이 되는 자기 조절 능력을 더 잘 발달시킬 수 있다는 사실을 발견했다. 유명한 육아 전문가들은 감정코칭 접근법을 알기 쉽게 설명한다. 아이들은 감정코칭을 통해 학교 안팎에서 정서적으로 더 잘 대처하게 된다. 아이들은 화를 덜 내고, 문제 행동도 줄어들며, 더 낙관적으로 변한다. 또 학교에서 친구 관계에 어려움을 겪더라도 가정에서 감정코칭을 받은 아이들은 사회적 갈등을 훨씬 잘 극복할 수 있다. 부모는 아이들이 반에서 잘나가는 아이들과 남을 괴롭히는 아이들에 대한 대항력을 키우도록 도와줄 수 있다.

이는 소외된 정체성을 가진 아이들에게 특히 중요하다. 난독증 진단을 중학생 사이먼은 철자법에 어려움을 겪으면서 반 친구들에게 놀림을 받았다. 사이먼이 부모는 그가 학교에서 겪은 힘든 감정을 진지하게 받아들이고 그런 감정을 극복할 수 있도록 도와주었다. 사이먼의 부모는 난독증이 어떤 것은 더 어렵게 만들지만 다른 것은 더 쉽게 할 수 있도록 한다는 생각을 여러 차례 강조했다. "저는 철자를 정확하게 쓸 수 없어요. 하지만 창의력은 뛰어나요. 다른 아이들이 무엇이라고 말하든 신경 쓰지 않거든요." 감정코칭은 사회적 완충 작용 가운데 하나로 아이들이 집을 떠나 외부 세계에서 힘든 일에 직면할 때 보호막을 제공한다.

카츠의 연구에서 가장 놀라운 점은 감정코칭은 자녀에 대한 부모의 따뜻함이나 엄격함과 상관없이 효과가 있다는 것이다. 부모가 아이들을 엄격하게 대하면서 매일 몇 시간씩 피아노 연습을 시키더라도 아이들의 감정에 주의를 기울이면 긍정적 효과를 얻을 수 있다. 반면 하루 종일 자녀를 껴안고 애정을 표현하지만, 아이들의 감정을 이해하지 못하거나 감정을 이해하도록 돕지 않으면 긍정적 효과를 얻지 못할 수 있다.

격한 감정을 관리하는 본보기를 보여라

최근에 당신이 느낀 격한 감정은 무엇이고 자녀 앞에서 어떻게 대처했는가? 큰 소리를 질렀는가? 삐쳤는가? 울었는가? 아무런 일도 벌어지지 않은 척했는가? 또는 큰일이 일어났다고 알리고 잘 대응하는 모습을 보여주었는가?

건강한 감정 대응능력을 보여주는 것은 최적의 균형점을 찾아야 하는 또 하나의 양육 과제다. 자녀들은 안전하다고 느끼고 부모를 통해 모든 일이 잘될 것이라는 사실을 알 수 있어야 한다. 하지만 실망, 좌절, 걱정 등 부모의 감정을 공유하는 것은 아이들에게 인생에는 많은 도전이 있다는 사실을 가르쳐준다. 그리고 어려움을 극복하는 방법을 찾는 것이 삶의 일부이자 의미 있는 인생을 사는 것이라는 점도 알려준다. 이혼 과정을 겪고 있는 가정에 관한 연구들은 건강한 감정코칭의 유용성을 잘 보여준다. 연구원들은 자녀를 보호하려고 아이들에게 이혼에 관해 이야기하지 않았던 부모는 아이들과 감정을 공유한 부모보다 이혼으로 인한 정신건강 문제가 더 심각했다는 사실을 발견했다. 이혼의 슬픔과 좌절에 관해 이야기했지만 아이들에게 잘 극복할 것이라는 확신을 보여준 부모의 자녀들은 일 년 후에 정서적으로 훨씬 더 잘 적응했다.

자신의 실수를 자녀에게 이야기하라. 실수로 인해 어떤 기분이 들었는지 그리고 무엇을 배웠는지 알려주어야 한다.

자신만의 해법을 개발하도록 도와라

아이들과 함께(아이들을 대신하는 것이 아니라) 해결 방안을 고민하는 것은 많은 도움이 된다. 많은 연구에 따르면 부모가 아이들에게 자신만의 해결 방안을 찾는 것을 가르치는 경우 감정코칭의 효과가 가장 큰 것으로 나타났다. 다음과 같은 질문을 통해 해결 방안을 만들도록 유도할 수 있다.

- ◆ 지금 바꿀 수 있는 것과 아닌 것은 무엇이라고 생각하니?
- ◆ 이걸 다른 시각에서 볼 수 있을까?
- ◆ 지금 너를 도와줄 수 있는 사람은 또 누가 있을까?

어떤 상황에서 도움이 될 자원과 나를 지원해줄 사람을 찾아내는 방법을 배우는 것은 인생에서 매우 중요한 역량이다. 우리 대부분은 이런 능력을 너무 늦게 개발한다. 아마도 미국의 강한 개인주의 선호와 도움을 요청하는 것이 나약함을 의미한다는 잘못된 시각 때문일 것이다. 우리가 도움을 요청하는 방법의 본보기를 보여줄 수 있다. 예를 들면 상사에 도움을 요청하거나, 이해할 수 없으니 명확하게 설명해줄 누군가가 필요하다고 말하는 것이다. 걱정도 나누면 반이 된다는 속담이 있다.

크리스는 에디에게 인턴을 권했다. 에디는 그 과정이 겁이 나서 노움이 필요했다. 그래시 그리스는 도움을 요청하는 방법을 몸소 보여주었다. 그는 인근 지역사회에서 에디가 이야기할 수 있는 지인을 찾아냈다. 그리고 만남을 주선해주었다. 크리스는 회의를 준비하는 방법에 관해 에디와 다양한 아이디어를 주고받았다. 이후부터 에디가 혼자 힘으로 일을 처리했다.

이유를 찾아내고 해결하라

부모들은 대부분 바빠서 자녀의 행동 이면에 있는 진짜 이유를 파악할 시간을 내기 어렵다. 하지만 신뢰와 유대감을 형성하기 위해서는 때로는 즉각적으로 반응하지 않고 잠시 멈춰 서서 이유를 물어봐야 한다. 그 답변에 깜짝 놀랄 수도 있고 해결책을 찾는 데 매우 중요한 단서가 될 수도 있다.

첫 단계가 회피형에 속한 아이들의 감정을 진지하게 받아들이는 것이라면 두 번째 단계는 반항의 근본 원인을 이해하는 것이다. 잘못을 저지른 아이를 처벌하는 대신 왜 그런 행동을 해야 했는지 설명해보라고 이야기함으로써 근본 원인을 파악하는 것이 중요하다.

수많은 근본 원인과 장애물들이 회피형 아이들이 학습에 몰입하지 못하도록 하지만 상당수는 원인이 분명하지 않다. 이런 원인을 찾아내고 극복하기 위해 노력하는 것이 부모의 역할이다. 아이들이 문제를 찾아내고 해결하도록 도와주고 문제가 해결 가능하다는 사실을 보여주면서 아이들이 자기 주도력을 키우도록 도와줄 수 있다. 아이들이 무력감을 느끼지 않고, 직면하고 있는 진짜 장애물이 제거되면, 아이들은 자기 주도력의 방향을 후진에서 전진으로 바꿀 수 있다.

반항적인 아이들을 돕기 위해서 부모와 교사는 회피하거나 파괴적인 행동의 원인이 무엇인지 알아야 한다. 정확한 이해와 상황에 대한 충분한 정보가 없다면 어른들의 조언은 아무 소용이 없다. 그리고 위협과 처벌로 접근하면 십중팔구 아이들을 더 멀리 쫓아내게 될 것이다.

이를 위해서는 대부분의 어른들에게 익숙하지 않은, 진지하게 경청하는 기술이 필요하다. 자녀가 10대 청소년일 경우 특히 더 그렇다. 수백 명에 대한 면담과 소아과 의사, 수십 명의 교육자 그리고 아동 발달 전문가들의 수많은 연구에서 얻은 가장 중요한 메시지는 10대는 할 말이 많고 어른들은 이를 무시하거나 이상한 방식으로 고치려고 한다는 것이다. 우리는 관심을 가져야 하고, 열린 질문을 하며 진심으로 그들의 말에 귀를 기울여야 한다. 2022년 미국 전역에서 실시된 조사에서 10대 청소년들에게 어른에게 무엇을 원하는지 물은 결과, 응답자의 40퍼센트가 "부모님이 자신들이 어떻게 지내는지 물어보고 진심으로 사신들의 말을 들이주는 것"이 라고 답했다. 한 청소년은 이런 상황을 다음과 같이 표현했다. "열쇠 구멍을 통해 저를 보지 말고 문을 열어주세요."

우리가 진지하게 경청하지 못하는 이유 가운데 하나는 오래 살면서 많은 것들을 경험했고, 힘들게 얻은 지혜를 나눠주고 싶기 때문이다. 코칭 전문가 마이클 번게이 스태니어는 《좋은 리더가 되고 싶습니까?》에서 우리가 경청하지 않는 주된 이유는 우리가 조언해 주고 싶어 안달하기 때문이라고 말한다. 지난 20년 동안 그는 사실상 거의 모든 산업 분야에서 수천 명의 관리자와 함께 일하면서 일상적 코칭 능력을 활용해 팀원들의 학습과 발전을 촉진할 수 있도록 도왔다. 사람들은 어디에서나 스스로 방해되는 행동을 한다. 우리는 경청하는 대신 '조언하는 괴물'이 된다. 우리는 (1)똑똑하게 보이기 위해 모든 답을 알고 있는 듯 보이고 싶고 (2)나쁜 일에서 다른 사람들을 구하고 싶고(부모들이 이런 일을 많이 한다) (3)통제력 있는 모습을 보여주고 싶어 하기 때문에(성공한 사람들과 부모들은 언제나 통제력을 가지고 있기 때문에) 경청 대신 조언을 한다.

부모들도 예외 없이 이 모든 행동을 저지른다. 반항적인 아이의 부모들은 우리에게 어떻게 아이에게 공부시키려 했고, 학교로 돌아가게 하거나 더 열심히 노력하도록 했는지에 관한 장황한 이야기를 들려주었다. 이런 아이들의 부모들은 아이들의 행동이 어떻게 자신들의 대학 입학 기회나 미래를 망치고 있는지 설명했다. 그들은 위협하고, 회유하고, 매수하고, 애원했다. 하지만 우리는 부모들이 "두려움, 분노 그리고 걱정을 내려놓고 단순히 내 아이가 왜 저항하고 있는지 물어봤어요"라고 말하는 것을 거의 들어 보지 못했다.

밸러 칼리지에이트 아카데미의 대런 딕슨은 우리 자신의 경험보다 아이들의 경험에 관해 더 많이 생각해야 한다고 말했다. 가르치고 지시하는 것보다 경청하고 이해하는 것에 더 집중해야 한다.

"부모에게는 영향력이 있다. 하지만 자신의 경험에서 벗어나 자녀의 경험에 중심을 두어야 한다." 이는 우리가 어렸을 때 어떠했는지 또는 자녀를 위해 어떤 목표를 세웠는지 생각하지 않고 자녀의 경험에 정말로 진지하게 귀를 기울이라는 의미다. 그는 자신과 상담한 많은 아이가 "부모가 자신들의 말을 듣지 않거나 아이들이 실제로 느끼는 정체성과 맞지 않는 방식으로 아이들이 인생에서 무엇을 해야 하는지 이야기하는 것처럼 느낀다"라고 설명한다.

호주교육연구위원회의 에이미 베리 수석 연구원은 이런 방식을 "탐정 모자를 쓰는 것"이라고 부른다. 즉 학생이 학습을 기피하거나 방해하는 모습을 볼 때 부모와 교사가 탐정 역할을 해야 한다는 것이다. 모든 아이는 학교에서 학습에 무관심해지는 나름의 이유가 있다. 하지만 우리는 다음과 같은 네 가지 공통적인 이유를 발견했다.

집단 따돌림 문제

사이버 괴롭힘을 포함한 괴롭힘이나 집단 따돌림은 많은 아이를 회피형으로 만드는 가장 흔한 원인이다. 괴롭힘 문제는 대부분의 부모가 생각하는 것보다 훨씬 흔하게 벌어진다. 미국 학교에서 12살에서 18살 사이 청소년의 20퍼센트가 괴롭힘의 피해자로 조사됐다. 하지만 교직원들이 사건을 직접 목격하는 경우가 거의 없다. 괴롭힘은 복도, 화장실, 운동장처럼 감시가 소홀한 공간에서 벌어지기 때문이다. 온라인에서는 이를 알아내기가 거의 불가능하다. 아이들은 수치심, 두려움 또는 부모님을 걱정시키고 싶지 않아서 자신이 겪는 일을 가족에게 말하지는 않는다. 언제나 소통의 경로를 열어놓는 것이 중요한 것도 이 때문이다.

정신건강 문제

아이들이 저항하는 또 다른 흔한 이유는 정신적으로 어려움을 겪기 때문이다. 너무 많은 아이가 고통받고 있다는 사실은 더 이상 새로운 문제가 아니다. 애니는 창의적이고 의지가 강한 10대 소녀였다. 그녀는 학교를 좋아했지만 중학교 때 성적이 크게 떨어졌다. 애니는 많은 시간을 혼자 보내면서 숙제도 하지 않았고 그 이유에 관해 납득하기 어려운 변명을 늘어놓았다. 그녀의 부모는 도와주는 것부터 벌을 주는 것까지 가능한 모든 방법을 시도했지만, 아무런 효과가 없었다. 그녀는 자해하기 시작했는데, 부모에게 들키지 않으려고 항상 허벅지에 상처를 냈다. 그녀는 피를 보면서 살아 있다는 느낌을 받았고 자해는 자신이 저지른 행동에 대한 벌이었다고 말했다. 결국 여러 번에 걸친 진단과 의사의 진찰 결과 그녀의 부모는 애니가 사회적 의사소통 장애가 있어 친구들과 어울리는 것이 어렵다는 사실을 알게 됐다. 이것이 애니가 깊은 우울증에 빠진 근본적 이유였다. 애니가 반항하는 근본적 이유를 알게 되자 애니의 부모는 할 수 있는 모든 일을 하기 시작했다. 적합한 학교를 찾을 때까지 여러 번에 걸쳐 학교를 옮겼다. 위기가 지나간 후에도 애니의 부모는 그녀가 평생에 걸쳐 도움이 될 스트레스 대처 능력을 배울 수 있도록 매주 치료받도록 했다. 애니의 부모는 완전 공개 정책을 실행해 교사와 자신들이 애니의 숙제와 마감일까지 알 수 있도록 했다. 이들은 학업 진도를 추적하고 집에서 애니의 과제를 도와주는 방법을 통해 그녀가 공부하는 습관을 기르고, 일상적으로 과제를 수행하고 관리하며, 도움을 요청하고, 자신의 의견을 주장할 수 있도록 도왔다. 그들은 날마다 이런 상황을 받아들이면서 스스로 감사하고 있다. 그녀의 부모는 성공의 정의에 대해 다시 생각하게 됐다. 학교에서 공부를 잘하는 것이 언제나 최우선 과제였다. 특히 자신에 대한 기대치가 높은 애니의 아버지에게는 특히 더 그랬다. 이제 이들이 애니에게 가장 바라는 것은 아이가 행복해지는 것이다. 그의 최우선 과제는 딸이 발전하고 성장하도록 돕는 것이다.

애니는 아직 문제를 완전히 해결하지는 못했지만 눈에 띄게 나아지는 중이다.

과부하

아이들이 반항하는 또 다른 중요한 원인은 남들보다 학업에 뒤처지는 것이다. 때때로 회피형 아이들은 단순히 무엇인가를 감당하기 어려운 상태에 빠진다. 이들은 숙제를 조금씩 하지 않고, 밀린 숙제가 쌓이고, 수업을 빼먹다가 갑자기 따라갈 수 없다고 느낀다. 스스로 자책하기 시작하지만, 이는 단지 상황만 악화시킬 뿐이다. 결국 가족이나 학교의 도움을 받지 못한 채, 아이들은 모든 것이 다 망했다고 생각한다. 그리고 결코 졸업할 수 없을 것이라며 포기한다.

아이들이 직접 해결하지 못할 만큼의 난제에 쌓여 있다면 학교와 가정 양쪽에서 아이에게 현명한 방법을 찾을 수 있도록 길을 찾아주어야 한다.

어려움에 함께 맞서라

신뢰의 기반을 다지고 아이들이 저항하는 근본 이유를 찾았다면 문제해결을 위한 첫발을 내디딜 준비가 된 것이다. 이를 위해 우리는 아이들과 싸우는 것이 아니라 돕고 있다는 것을 보여주어야 한다. 어른들이 진정한 관심을 보여주고 어려움은 극복 가능하다는 사실을 깨닫게 도와주는 것은 아이들에게 큰 힘이 된다. 정서중심치료의 선구자인 수 존슨은 다음과 같이 설명한다. "한발 물러나서 아이들의 입장에서 문제에 접근해야 합니다. 그리고 저항에 합류해야 해요. 그 아이는 한 발짝도 앞으로 나갈 수 없다고 말하고 있는 것입니다." 그러니까 아이들에게 앞으로 나가도록 강요해서는 안 된다. 아이들이 있는 곳으로 내려가 곁에 함께 머물러야 한다. 아이들이 부모가 곁에 함께 있다는 사실을 진심으로 느낄 때 두 사람은 변화를 위한 첫걸음의 두려움을 줄이는 방법을 함께 구상할 수 있다.

회피형 아이들은 반항이 더 안전하다고 느낀다. 이들은 예측이 가능한 행동 패턴을 가지고 있다. 변화는 위험하다고 느낀다. 회피형 아이들이 느끼는 감정을 존중하고 그 감정에 대해 호기심을 갖게 되면, 시간이 지나면서 지금의 행동 방식이 자신들에게 더 이상 도움이 되지 않는다는 사실을 깨닫도록 도와줄 수도 있다. 신경가소성은 뇌가 새로운 신경 세포의 연결을 재구성하는 능력이다(성장형 사고방식은 심리학과 신경생물학 용어다). 회피형 아이들이 무엇과 싸우고 있는지 알고 나면 새로운 신경망이 구축될 수 있다는 사실을 알려주는 것이다. "나는 네가 집에 머물면서 자신을 안전하게 보호한다고 느낀다는 사실을 알고 있어. 하루 종일 집에 혼자 있는 것이 행복하니? 우리가 한 시간 정도 혹은 오전에만 학교에 가는 것을 생각해볼 수 있을까?"

앞서 이야기한 것처럼 청소년기에는 감정의 폭이 커진다. 이 시기는 흥미진진하면서 동시에 두려움을 줄 수도 있다. 회피형에 속한 많은 학생은 다음의 문을 닫는 방식으로 격한 감정에 반응한다.

이 시점에는 아이들과 함께 참호로 들어가 문제에 대응하는 것이 가장 좋은 방법일 수 있다.

멀리서 조언하거나 지시하는 것이 아니라 깊은 공감, 연대감 그리고 지지를 제공하는 방식으로 함께 있다는 메시지를 자녀에게 전할 수 있다. 이를 위해 다음에 소개하는 몇 가지 방법을 시도해보라.

비판하지 말라 요즘 기분이 상당히 좋지 않은 것 같구나. 내 도움이 필요하면 언제든지 말해.

어려움을 인정하라 힘든 일이 있는 것 같구나. 어떤 것이든 내게 말할 수 있다는 것을 알아줬으면 해.

이해하고 싶다는 의사를 표현하라 이것이 네게 얼마나 힘든지 상상할 수도 없을 것 같아. 하지만 너를 이해하고 내가 할 수 있는 어떤 방식으로든 돕고 싶구나.

감정을 인정하라 무척 속상한 것 같네, 네가 혼자가 아니라는 것을 기억해. 내가 지금 도울 수 있는 일이 하나라도 있을까?

개인적 경험을 공유하라 내가 너무 힘들어서 벗어날 방법을 찾으려고 애쓰던 때가 생각나네. 우리 경험이 똑같지 않겠지만 도움이 된다면 기꺼이 이야기해줄게.

유대감을 형성하는 다른 방법을 제안하라 이야기하는 것이 너무 힘들면 산책하거나 네가 좋아하는 것을 하러 가자. 함께 있는 것만으로도 도움이 될 수 있거든.

무조건적인 지지를 제공하라 좋지 않다고 느끼는 것도 괜찮아. 슬픔도 기쁨과 마찬가지로 삶의 일부일 뿐이야. 하지만 너는 혼자가 아니야.

목표지향형 아이들은 회복 탄력성을 키우기 위해 어려움을 받아들이고 극복해야 하지만 회피형 아이들은 그 반대다. 회피형 아이들은 어려움을 극복하기 위한 지지가 필요하다. 부모가 아이들 곁에서 함께 싸워주면 이들은 문제해결을 위한 자신감을 천천히 키울 수 있다. 반항하는 아이들은 목표가 필요하지만 동시에 두려움을 느끼는 초기 단계에서 자신들이 지지를 받을 것이라는 충분한 확신도 필요하다.

미래에 집중하고 현재와 연계하라

특정 수업 시간에 혹은 일정 기간 계속 반항하면 아이들은 반항이 아니라 반항자의 정체성을 갖게 되는 경우가 너무도 많다. 처음에는 작은 문제가 순식간에 모든 것을 집어삼킨다. 우리의 설문 조사를 포함해 학생의 참여도에 관한 연구에 따르면 참여도가 가장 낮은 학생들은 모든 분야에서 무관심해지는 것으로 나타났다. 이로 인한 불행과 고통은 다른 영역까지 영향을 미친다.

아이들이 저항자의 정체성에 갇혀 있으면 미래 세상에서 자신의 모습을 상상하기 어렵다. 이유는 정반대지만 목표지향형 아이들처럼 이들은 다음과 같은 중요한 질문에 답하지 못한다. 내가 정말로 관심 있는 것은 무엇일까? 세상에서 나의 자리는 어디에 있을까? 내가 기여할 수 있는 것은 무엇일까? 목표지향형 학생들은 이런 질문에 대답하기 어렵다. 이들은 다른 사람들이 정한 목표를 내면화했기 때문에 자신의 열정을 추구하는 자기 주도력이 부족하다. 회피형 아이들도 마찬가지다. 이들은 자기 주도력은 있지만 학습에서 멀어지는 방향으로 작용하고 종종 감정적으로 행동하기 때문이지 인생에 대한 명확한 목표나 계획이 있어 그런 것이 아니다.

신뢰를 구축하고 저항의 근본적 이유를 찾았다면 마지막 단계는 아이들이 기대감으로 들뜰 수 있는 미래의 자기 모습을 상상할 수 있도록 도와주는 것이다. 이는 현재 상황에서 벗어나는 방법이 있고 더 나은 곳으로 갈 수 있는 다양한 경로가 있다는 사실을 아이들이 인식할 수 있게 돕는 것을 의미한다. 아무리 막막한 상황처럼 느껴지더라도 영원히 그런 상태에 있는 것은 아니다. 목표지향형에 깊이 빠져 있는 아이들이 도전을 위해 자신을 성찰하고 중요한 질문을 던지는 것처럼 회피형 아이들도 더 밝은 미래를 상상할 수 있도록 도움을 받아야 한다.

　부모로서 당신은 아이들을 위해 정체성 형성이라는 깊은 내면의 일을 대신 해줄 수 없다. 자아를 형성하는 과정은 다른 사람에게 맡길 수는 없고 단지 도움만 받을 수 있을 뿐이다. 하지만 부모는 아이가 건설적인 관심사와 가치관을 가지고 세상에서 건전하게 살아가는 방향으로 나아가도록 이끌 수 있다. 부모는 자녀보다 세상을 더 오래 살았기 때문에 어떤 관심사가 아이들에게 해가 되지 않고 도움이 되는지, 고갈시키는 대신 자양분을 주는지, 또 자신감을 무너뜨리기보다 기운을 북돋아주는지 알 수 있도록 도움을 줄 수 있다. 아이들이 다양한 정체성 사이를 오가는 동안 부모는 배우고 성장하는 데 도움이 되는 것들을 적극적으로 권장하고 사람들이나 플랫폼이 자녀를 위축시킬 때 이를 알려주어야 한다. 상황이 좋지 않아 보이더라도 부모는 아이들이 무사히 어려움을 극복하도록 도와주는 최후의 보루라는 사실을 기억해야 한다. 우리가 속으로 그렇게 느끼든 아니든, 냉소주의와 비관주의는 도움이 되지 않는다.

　부모는 회피형 아이들에게 적응하고 성장하는 시간이 버겁게 느껴질 수 있지만 흥미진진한 과정일 수도 있다는 것을 보여줄 수 있다. 뇌와 마찬가지로 정체성도 변화에 유연하다. 우리는 다양한 존재가 될 수 있고 많은 것을 할 수 있다. 그리고 우리에게 잘 맞지 않는 정체성을 버릴 수 있다.

이는 캘리포니아대학교 심리학 교수 대프너 오이서먼이 평생에 걸쳐 연구한 주제다. 오이서먼은 아이들이 미래의 자기 모습을 상상하고 목표 달성에 필요한 행동과 장애물을 파악하도록 돕는 것이 학업 성적과 목적의식 향상에 도움이 된다는 사실을 발견했다. 2006년에 오이서먼은 미시간주 디트로이트에서 264명의 저소득층 학생들을 대상으로 공동 연구를 진행했다. 우선 연구원들은 중학생들에게 일 년 후의 자기 모습을 다음과 같이 상상하라고 요청했다. "내년에 나는 ○○이/기 되고 싶다." "내년에 나는 ○○이/가 되지 않기를 바란다." 그런 다음 학생들은 친구와 면담하고 학업에 관한 그 친구의 강점을 학급 친구들과 공유하기, 역할 모델을 선택하고 그들에게 어떤 장애물이 있는지 조사하기 그리고 자신의 목표 달성을 위한 전략 개발하기 같은 일련의 다양한 활동을 수행했다. 이 모든 과정에서 아이들은 자신들이 하는 일을 서로에게 공유했다. 중고등학생의 경우 친구의 영향력이 매우 크기 때문이다. 이 과정은 단순히 미래의 모습을 상상하는 것이 아니라 역할 모델을 찾아보고, 그들이 직면한 도전에 관해 생각하면서 그들이 문제를 어떻게 극복했는지 능동적으로 이해하기 위한 지도 활동이었다.

    오이서먼은 이런 미래 지향적인 활동 이후에 표준 시험 점수, 성적 그리고 전반적인 학업성취도가 놀라울 정도로 향상됐다는 사실을 발견했다. 동시에 우울증, 결석 그리고 교내 문제 행동의 감소도 목격했다. 이 연구는 거의 20년 동안 똑같은 방식으로 반복됐다. 이는 수많은 장애물에 직면한 아이들에게는 놀라운 성과다. 오이서먼은 이렇게 주장한다. "미래는 현재의 자신과 연결돼 있고 자신의 일부라고 느끼도록 할 수 있다. 중요한 것은 미래에 대한 이런 유연한 생각은, 일단 활성화되면 즉각적으로 그리고 시간이 지나면서 행동 변화를 유발할 수 있다는 사실이다." 우리는 모든 학생이 학교에서 이런 활동을 경험하기 바라지만 가정에서도 이를 실행할 수 있다.

자녀들이 미래의 자기 모습을 상상하고 그 목표로 향하는 몇 가지 경로를 계획하도록 돕는 오이서먼의 4단계 전략은 매우 중요하다. 하지만 결코 쉽지 않은 방법이다.

상상하기 1년, 2년, 5년 후 자신의 모습을 상상해보라. 자신이 무엇을 하고 있기를 바라는가?

단계 설정하기 오늘 할 수 있는 일을 포함해 목표에 도달하기 위한 단계를 파악하라.

성찰하기 목표에 도달하는데 방해가 될 수 있는 장애물을 생각해보라. 장애물을 극복할 방법에 관해 생각하라.

어려움을 중요성으로 인식하기 어려움을 포기하라는 신호가 아니라 중요하고 의미 있다는 신호로 이해하는 법을 배워라.

자녀의 강점을 찾아내라

자신의 미래 모습을 상상하는 출발점 가운데 하나는 자녀가 세상에서 어떤 역할을 할 것인지 생각하도록 도와주는 것이다. 어떤 직업인지가 아니라 어떤 기술과 능력을 가지고 살아가고 싶은지에 관해 생각하는 것이다. 누구나 강점이 있고 관심 분야가 있다. 이런 것들은 아이들이 성장하면서 바뀔 수 있다. 청소년에게 열정을 찾으라고 말하는 것은 어딘가에 있을 진정한 사랑을 찾기 위해 기다리라고 말하는 것과 비슷하게 느껴진다.

하지만 대부분의 아이들은 아직 자신이 무엇을 하고 싶은지 모른다. 아이들은 강점과 관심사가 있지만 잠재력이나 가능성을 보지 못한다. 세상에 어떤 길이나 기회가 있는지도 모른다. 이런 아이들에게는 존 홀랜드의 연구가 도움이 된다.

홀랜드는 자신의 직업을 찾기 위해 무척 애썼는데 그가 무엇으로 유명해졌는지 알게 되면 역설적으로 들릴 것이다. 그는 진로를 찾기 위해 고군분투하다가 한 가지 질문에 사로잡혔다. 개인의 성격이 직업 선택에 어떻게 영향을 미칠까? 이에 대한 답은 1959년 한 학술지에 발표됐고 교육과 진로 선택 과정에 근본적 변화를 불러왔다. 홀랜드는 사람들이 여섯 가지 성격 유형 가운데 하나에 속하고 이런 성격 유형이 다양한 직업이나 소명과 연결될 수 있다고 믿었다. 그는 여섯 가지 성격을 현실형, 탐구형, 예술형, 사회형, 진취형, 관습형으로 분류했다. 하지만 고맙게도 누군가가 행동가, 사상가, 창조자, 조력자, 설득자, 조직가로 바꾸어 설명했다. 그의 이론은 사람들이 자신을 이해하고 특정 직업에 필요한 능력과 기술에 관해 더 많이 알게 되면 자신이 좋아하는 일을 더 잘 찾을 수 있다는 것이다. 홀랜드진로적성검사로 알려진 그의 이론은 오늘날 진로 상담 분야의 토대가 되었다.

시간이 지나면서 홀랜드와 다른 연구자들은 사람들이 여러 가지 강점과 흥미를 동시에 가질 수 있다는 사실을 분명히 했다. 홀랜드는 여섯 가지 외에도 더 많은 유형이 존재한다는 사실도 이야기했다. 하지만 홀랜드진로적성검사는 사람들이 자신이 누구인지, 무엇을 하고 싶은지에 관해 생각하도록 하는 유용한 출발점이었다.

우리는 두 가지 이유로 홀랜드진로적성검사를 높이 평가한다. 우선 홀랜드의 진로적성검사는 부모가 아이들의 골치 아픈 습관이 아니라 아이들의 강점을 발견하도록 도와준다. 또 아이들이 더 넓은 관점에서 자신을 볼 수 있도록 도와준다. 우리는 캘리포니아 남부 카혼밸리통합교육구의 창의적인 교실에서 홀랜드의진로적성검사가 자기 정체성에 대한 이해는 물론 아이들의 세계관 확장에 도움이 된다는 사실을 확인했다. 하지만 누구나 이를 활용할 수 있다.

우리와의 인터뷰에서 청소년들은 자신의 강점을 볼 수 있게 도

홀랜드진로적성검사 유형

행동가   보고 만질 수 있는 일을 하고 싶어 한다. 아이디어나 개념보다 현실에 존재하고 형태가 있는 것을 선호한다. 기계적인 작업이나 신체적인 활동/일을 즐긴다.

사상가   논리적 사고를 좋아하고 사물의 작동 원리를 배우고 싶어 한다. 과학, 수학, 문제해결, 연구 그리고 데이터 분석 분야에 뛰어난 능력을 발휘한다.

창조자   춤, 연기, 음악 또는 글쓰기 등 창의적 방식으로 자신을 표현하는 것을 좋아한다. 자유, 다양성, 그리고 창의적으로 일하는 것을 좋아한다.

조력자   사람들과 함께 일하는 것을 좋아한다. 대화를 통해 문제를 해결한다. 다른 사람을 돕고, 이해하고, 가르치는 것을 좋아한다. 타인의 감정을 중요하게 생각한다.

설득가   자신의 업무를 주도하고 통제하는 것을 좋아한다. 경쟁을 두려워하지 않는다. 사람들을 이끌고, 감독하고, 업무를 확실히 마무리한다.

조직가   일을 체계적으로 처리하는 것을 좋아한다. 명확한 규정과 지시를 선호하며 섬세하고 정확한 결과물을 만들어낸다. 데이터를 잘 다루고 정확성을 중요하게 생각한다.

와준 인생의 중요한 인물에 관해 지속적으로 언급했다. 가족, 교사, 코치, 친구 또는 지역사회의 배려심 깊은 어른들이 무심코 던진 격려의 말이 단순한 생각을 관심사로 바꾸는 불씨가 될 수 있다. 이런 흥미와 관심사가 반항에 갇힌 자녀가 몰입형으로 발전하는 데 도움이 될 수도 있다.

만일 우리 아이가 가진 강점은 게임이나 소셜미디어를 하거나 냉장고를 비우는 것이라고 생각한다면, 당신만 그렇게 생각하는 것이 아니다. 하지만 반항적인 자녀가 당신을 화나게 만들었던 일들이 세상을 변화시키는 길로 아이들을 이끌 불씨가 될 수도 있디.

자녀가 어떤 성격 유형이 자신의 강점이나 관심사에 맞는지 파악하도록 도와주는 것으로는 충분하지 않다. 아이들은 자신의 아이디어를 시험해볼 방법이 필요하다.

청소년들에게 자신이 어딘가에 갇혀 있거나 후퇴하고 있다는 느낌은 두려운 것이고 부모로서 아무것도 할 수 없다는 무력감은 끔찍하다. 하지만 부모, 교사, 코치 등 어른들은 분명히 상황을 바꾸는 데 필요한 도움을 줄 수 있다. 어른들은 반항하는 아이들의 감정을 진지하게 받아들이고 저항하는 근본적인 이유를 파악해서 해결이 필요한 긴급한 문제에서 해결할 수 있다. 이런 방법들은 반항하는 아이들이 뒤로 가는 것을 멈추도록 하는 데 있어 매우 중요하다. 하지만 아이들이 앞으로 나아가도록 하기 위해서는 가능성 있는 미래의 자신을 상상하고 계획하도록 도와주고 궁극적으로 이를 시험해보도록 해야 한다. 미래의 자기 모습을 상상하면 나아갈 방향 즉 목표가 생긴다.

적절한 도움을 받으면 회피형에 속한 많은 아이가 곧바로 몰입형으로 바뀔 수 있다. 회피형 아이들은 자기 주도력이 있지만 단지 학습에서 밀려서는 반대 방향으로 가고 있다는 사실을 기억하라. 더 좋은 미래에 대한 희망과 적절한 도움을 통해 일단 방향을 전환하면 회피형 아이들은 도약할 수 있다. 부모는 흰머리가 조금 더 많아지고 나중에 이야기할 좋은 추억 거리가 생기겠지만 아이들은 문제를 해결하는 데 있어 결국 자신들이 가장 중요하다는 사실을 알게 될 것이다. 아이들은 학습에 다시 몰입하고 탐구자로서 능력을 키워나갈 것이다.

10

진정한 배움의 의미 찾기

성공적인 평생 학습의 길

텍사스주 댈러스의 조용한 교외에 위치한 지역 공립학교 크레이머 초등학교의 카르멘 아레야노 선생님은 금요일 아침 5학년 교실에 있었다. 창밖의 큰 참나무가 바람에 흔들릴 정도로 바람이 거센 1월 어느 날, 학생들은 서너 명씩 무리를 지어 앉아 지난 한 주를 되돌아보는 글을 쓰고 있었다. 교실 벽에는 "나의 참여 수준은 어느 정도인가?"라고 적힌 크고 다양한 색깔의 포스터들이 붙어 있다.

아레야노 선생님은 영어 교사지만 시 쓰기는 물론 참여에 관해서도 가르친다. 학생들은 언제 가장 참여도가 높고, 언제 가장 참여도가 낮았을까? 다음 주 학생들의 목표는 무엇일까? 목표를 달성하려면 무엇을 다르게 해야 하고, 어떤 도움이 필요할까? 학생들은 무지개 색깔로 그려진 에이미 베리의 참여의 연속선 포스터를 참고한다. 보라색은 방해, 파란색은 회피, 짙은 초록색은 이탈, 연두색은 참여, 노란색은 몰입, 빨간색은 자기 주도를 뜻한다.

베리가 만든 참여의 연속선은 교사들이 교실에서 학생의 참여 수준을 가시화하기 위해 만든 일종의 교사용 지침이다. 우리는 베리의 참여 연속선에 근거해 참여의 네 가지 유형을 개발했다. 회피형 아이들은 학습을 방해하고 회피하는 보라색과 파란색 영역에 속한다. 수동형 아이들은 초록색 영역에서 수동적으로 참여한다. 목표지향형 아이들은 노란색 영역에서 적극적으로 참여하고 빨간색 영역에 속한 몰입형 아이들은 스스로 학습을 주도한다.

아레야노의 학생들은 그 주에 자신들이 얼마나 학습에 참여했는지를 되돌아보면서 참여의 연속선이 인쇄된 자료를 꼼꼼히 살펴본다. 공부가 하기 싫어 화장실에 오래 다녀오면서 파란색으로 표시된 회피 영역에 속했던 때가 있었는가? 아이들을 그렇게 행동하도록 만든 이유가 무엇이 있을까? 선생님의 질문에 단지 대답만 하면서 초록색 영역에 머물렀던 시간이 있었을까? 혹시 다른 활동에서는 스스로 목표를 정하고 더 도전적인 활동에 참여하는 빨간색 영역에 속했던 적이 있었을까? 무엇이 그들을 빨간색의 자기 주도 영역에 들어가도록 도움을 주었는지 기억하고 있을까?

아레야노 선생님이 책상 사이를 걸어 다니면서 아이들과 이야기하고 목표에 관해 생각하도록 격려하기 위해 몸을 숙일 때면 그녀의 작은 체구와 갈색 곱슬머리가 시야에서 사라진다. 한 여학생이 다음 영어 시험에서 더 좋은 점수를 받고 싶어 한다. 얼마나 더 잘하고 싶어 하는 것일까? 그 여학생은 지난 시험에 관해 생각한다. 시험 점수가 좋지 않았다. 그녀는 학교에서 늘 어려움을 겪었다. 그런데 그 학생만 그런 것이 아니다. 아레야노 선생님의 학생들 가운데 상당수가 개별화 교육계획에 참여하고 있어 학교 수업을 따라가려면 더 열심히 공부해야 한다. 이 학생이 더 좋은 점수를 받을 수 있을까? 여학생은 자신이 받을 수 있다고 생각하는 점수를 적는다. 공개적으로 더 높은 점수에 도전하는 것은 용감하고 희망적인 행동이다. 목표로 정한 점수를 받기 위해 그녀는 무엇을 해야 할까? 그녀는 일주일 동안 더 많은 조언을 받는 것이 도움이 될 것이라고 생각한다. 학생들은 탐구자의 자질을 키우고, 목표를 세우고, 발전 과정을 평가하면서 목표를 달성하기 위해 도움을 요청하는 방법을 배우고 있다.

아레야노 선생님의 교실에 있는 아이들은 자신들의 참여 유형을 파악하는 방법과 참여의 유형 사이를 이동하는 중요한 방법에 관해 배우고 있다. 학생들은 때로는 아무리 노력해도 수동형이 최선인 날도 있다는 사실을 배우고 있다. 아이들은 피곤하거나 아프거나 혹은 그날 일어난 어떤 일로 매우 들떠 있을 때 이런 일이 벌어진다고 이야기한다. 우리가 학교를 방문한 날에는 수업이 끝난 직후 시상식이 열릴 예정이었다. 한 남학생은 기대감 때문에 수업에 집중할 수 없다면서 오늘은 단순히 참여만 하겠다고 말했다(이는 대충 공부하는 수동형으로 수업에 참여한다는 뜻이다).

이것은 아레야노 선생님이 절대적으로 확신하는 자기 인식 훈련이다. 그녀는 학생들이 언제나 다양한 수준의 참여도 사이를 끊임없이 오간다는 사실을 알고 있다. 아이들은 종종 환경에 반응하면서 무의식적으로 어떤 참여 유형으로 활동할지 단번에 본능적으로 결정한다. 이미 알고 있는 내용을 복습해서 수업이 지루하다고 느끼면 재미 삼아 친구들을 귀찮게 하기로 결심할지도 모른다.

학생들이 자신의 참여 수준을 표현하는 언어를 배우는 경우는 거의 없다. 또 참여 유형을 선택적으로 바꾸는 능력을 개발하는 법도 배우지 않는다.

하지만 이는 학습 장애가 있는 아이들과 신경발달장애가 있는 아이들을 포함해 모든 아이에게 필요하고 개발할 수 있는 능력이다. 이 방법은 나이가 많은 학생들에게도 도움이 된다. 우리는 베리의 참여의 연속선에 관해 배운 대학생들을 면담했다. 이들은 참여의 연속선이 학습 능력 향상에 많은 도움이 됐다고 말했다.

의도적으로 느린 차선을(참여 수준을 의도적으로 낮추는 것) 선택하는 것과 그냥 그 차선에 있는 것(참여도가 낮은 상태에 있는 것)

사이에는 큰 차이가 있다. 의도적으로 차선을 바꾸려면(참여의 수준을 바꾸려면) 아이들은 내면을 성찰하고 자신을 평가할 수 있는 능력과 이를 활용할 수 있는 전략이 있어야 한다. 아레야노 선생님은 참여의 수준에 따른 보상이나 처벌이 없다는 점을 분명히 밝혔다. "참여의 연속선이 아이들의 행동을 통제하는 수단으로 사용되지 않아야 한다는 점이 정말 중요합니다."

대신 아레야노 선생님은 학생들이 언제 참여 유형을 바꾸는지 파악하고 수업을 더 의미 있게 만드는 방법을 찾아내기 위해 이를 활용할 수 있기를 바랐다. 학생들이 다음 내용을 미리 살펴봐야 하는 것일까? 배우고 있는 내용을 다른 학습 내용과 연결하는 질문을 할까? 아직 이해하지 못한 친구를 도와줄까? 선생님에게 할 수 있는 다른 활동이 있는지 물어볼까? 아레야노 선생님은 학생들이 새로운 차원에서 학습에 대한 자기 주도력을 기르도록 돕고 있다. 즉, 자신이 어떤 참여 유형에 속해 있는지 이해하고 학습 효과를 최대화하기 위해 각각의 유형 사이를 전략적으로 옮겨 다닐 수 있는 자기 인식을 키우는 것이다.

그녀의 노력은 결실을 맺고 있다. 첫 학기 동안 학생들의 성취도 수준이 평균 70점에서 85점으로 15점이나 상승했다. 더 중요한 것은 학생들이 자신의 참여도를 관찰하고 참여 수준을 조절하는 방법을 배우면서 더 강력한 동기부여 방법과 자기 주도력을 개발했다는 사실이다. 그녀는 학생들의 사고방식이 눈에 띄게 바뀌는 것을 목격했다.

몰입형으로 활동할 때 아이들은 자신의 학습을 생산적이고 행복한 경험이 되도록 이끌어간다. 회피형 아이들과 달리 몰입형 아이들의 주도력은 학습과 참여를 향한다. 이들은 수동형 학생의 발전을 가로막는 전형적인 장애물을 극복할 수 있는 도움을 받고 있다. 예를 들면 더 많은 자율성, 흥미를 탐구하는 더 많은 기회, 학습 방법을 배우는 선순환 주기 관리 방법을 배우고 있다. 마찬가지로 목표지향형 아이들이 전형적으로 직면하는 어려움을 해소하는 도움도 받고 있다. 즉, 자신이 무엇에 관심이 있고 무엇을 원하는지 되돌아볼 시간을 갖고 위험을 감수하고 생산적으로 고군분투할 수 있도록 격려받는다.

이런 방법은 학생들이 몰입형으로 더 많은 시간을 보낼 수 있도록 한다. 하지만 아이들은 항상 몰입형으로 활동할 수 없고, 그렇게 하려고 하지도 않을 것이다. 아이들이 다양한 학습자 유형으로 전환할 수 있도록 도우려면 우리도 아레야노 선생님처럼 자녀가 자신의 참여 수준을 이해하도록 가르칠 수 있다. 아이들이 언제 이 네 가지 유형 가운데 하나로 바뀌는지를 인지하고, 의도적으로 자신의 유형을 전환하는 능력을 기르는 것은 참여의 수준을 높이고 자기주도력을 강화하는 강력한 도구가 된다. 참여의 언어를 사용하는 것은 단지 학교에서만 유용한 것이 아니다. 대학과 직장 생활에 잘 적응하는 데도 도움이 된다. 이는 의미 있는 삶을 만들어가도록 도와주는 귀중한 도구다.

부모는 길 안내자

진정한 학습은 수동적인 것이 아니라 능동적인 과정이다. 진정한 참여는 자신과 학습 내용에 관한 깊은 탐구가 필요하다. 이를 위해서는 자신의 학습을 이끌어가는 주도력이 필요하다. 자기 주도력의 개발은 진정한 참여가 어떤 것이고 어떻게 관리될 수 있는지를 이해하는 언어를 통해 가속화될 수 있다.

부모와 교사는 아이들이 자신의 참여 수준을 이해하도록 돕는 중요한 역할을 한다. 이런 도움이 없다면 아이들은 유용한 지도 없이 학습이라는 여정을 떠나는 것과 같다.

참여는 발달과 같은 하나의 과정이다. 교사, 멘토, 부모 등 주변의 모든 어른은 아이들이 무엇이 자신에게 학습 동기를 부여하는지 잘 이해할 수 있도록 지도할 수 있고 어떤 순간이나 상황에 가장 적합한 학습자 유형을 선택하도록 도와줄 수 있다. 베리는 "저는 추월 차선에 진입해 평생 그곳에 있는 것이 아니"라고 말한다. 훌륭한 운

전자는 언제 서행 차선에서 달리고, 도로 옆에 장애물을 피하기 위해 언제 속도를 높여야 하는지 아는 사람이다. 완벽주의자 성향의 자녀에게 완벽하지 않더라도 그냥 숙제를 제출하라고 이야기한 적이 있는 부모는 자녀에게 차선을 바꾸라고 권유하는 것이다. 다시 말해 잠을 자고, 건강을 돌보면서, 아프지 않고 학기가 끝날 때까지 버티려면 수동청으로 전환하라는 뜻이나. 너무 복심이 없는 것일까? 그렇게 보일 수도 있다. 하지만 분명히 더 효율적이다.

학습의 힘 신뢰하기

청소년기는 돋보이는 방법과 어울리는 법을 찾아가는 힘든 과정이다. 친구를 사귀고 사랑에 빠지거나 많은 것을 배우고 무엇보다 미래에 어떤 사람이 되고 싶은지 알아가는 시기다. 자신은 언제나 배우고 성장할 가능성이 있으며, 여행을 떠날 멋진 목적지가 많다고(추구해야 할 멋진 목표가 많다고) 믿는 아이들의 청소년기는 놀라운 가능성을 가진 인생의 초고와 같다. 아이들 곁에 있는 시간은 짧지만, 부모는 자녀와 영원히 함께하는 유일한 코치다. 부모는 학습이 가진 힘에 대한 아이들의 믿음을 형성하는 데 가장 중요한 역할을 한다.

아이의 나이가 더 많다면 부모의 역할은 감독자가 아니라 조언자에 더 가깝다. 부모가 자녀의 관심사를 대신 선택하거나 성격을 형성시켜줄 수 없는 것처럼 자기 주도력도 대신 줄 수 있는 것이 아니다. 앨리슨 고프닉이 멋지게 표현한 것처럼 부모는 목수가 아니라 정원사다. 정원사는 아이들이 성장할 토양을 가꾸어주는 역할을 하지, 미래에 아이들이 어떤 사람이 될지 목수처럼 만들어내지 않는다. 아이들은 자신이 주도력이 있다는 사실을 깨닫고 스스로 자율성을 경험해봐야 한다. 우리는 학습의 여정을 위한 발판을 마련해주고, 외연을 넓히고 영감을 주는 대화와 아이디어를 제공할 뿐이다. 자율성을 존중하는 언어를 사용하고 아이들이 자신을 돌아보도록 도와주며 아이들의 감정을 진지하게 받아들여야 한다. 또 고난을 극복하는 것은 인생에서 모든 의미 있는 성취의 중심이자 회복 탄력성의 토대가 되기 때문에 아이들이 어려움을 경험하고 이에 맞설 수 있도록 격려해주어야 한다(우리는 과거에 힘든 일을 극복한 경험을 통해 어려운 일을 할 수 있다). 우리는 다양한 방식으로 아이들이 성취보다 더 중요한 존재라는 점을 알려주고 새로운 흥미와 일시적인 열정을 통해 아이들이 사회에서 소속감을 느끼도록 지원해야 한다. 우리는 아이들이 간절히 원하는 존중을 보여주고 말과 행동을 통해 존중하고 배려하는 어른의 본보기를 보여주어야 한다.

더 훌륭한 학습자가 되는 것은 아이들이 오랜 시간 풍요로운 삶을 살아가는 데 도움이 될 것이다. 대학에서 수업을 선택하고, 시간을 관리하고, 당신이 도와줄 수 없는 어려움에 맞설 수 있도록 아이들에게 자신감을 심어줄 것이다. 그리고 아이들이 관심 있는 진로를 추구할 수 있게 해줄 것이다. 훌륭한 학습자가 되는 것은 자신의 관계를 이해하고, 어떤 도움이 필요한지 파악할 수 있게 하며, 지원을 요청할 수 있도록 도와준다. 아이들은 자아도취가 아닌 깊이 있고 의미 있는 방식으로 정체성을 파악할 수 있는 언어와 수단을 갖추게 될 것이다.

참여를 향한 변화는 단지 부모, 교사 또는 코치로서가 아니라 당신에게도 큰 영향력을 미칠 수 있다. 우리가 어떻게 배우는가는 인간으로서 정체성을 형성하는 토대가 되고, 이를 이해하는 것은 큰 힘이 된다. 이런 경험은 힘들 수도 있고 재미있을 수도 있다(때때로 어려움과 즐거움을 동시에 느낀다).

공동 저자인 제니는 거대 금융 시장을 24시간 취재하는 끔찍하게 힘든 일을 경험한 후에야 자신의 목표지향형 성향이 얼마나 소모적인지 깨달았다. 한동안 그녀는 〈뉴욕타임스〉에서 기자로 일하며 행동경제학에 관한 책도 쓰고 두 명의 어린 자녀까지 키우는 바쁜 삶을 살았다. 하지만 오빠가 암에 걸리면서 자신의 바쁜 삶에 대해 다시 생각하게 됐다. 결국 오빠를 잃고 이모, 언니, 딸, 아내 그리고 엄마로서 더 많은 시간을 가족과 함께 보내고 싶다는 생각으로 시속 160킬로미터로 질주하는 목표지향형이 아니라 모든 학습자 유형이 의미 있고 중요하다는 사실을 깨닫게 됐다.

이런 성찰을 통해 제니는 자유로워졌고 탐구자로서 더 많은 경험을 하게 됐다. 그녀는 금융 분야 보도에서 벗어나 16살 때 조너선 코졸의 《야만적 불평등》을 읽은 이후 관심이 있었던 교육 분야를 취재하면서 탐구자로 일하고 있다. 이제 그녀는 다양한 학습자 유형 사이를 오가면 일한다. 복잡한 학술 자료를 인용할 때는 수동형으로, 주요 언론사가 아니라 신생기업과 협력할 때는 몰입형으로, 원고를 수정할 때는 목표지향형으로 일한다.

또 다른 공동 저자인 리베카도 너무 지치지 않고 다양한 업무를 처리하려면 학습자 유형을 오가면서 일하는 것이 중요하다는 사실을 배웠다. 브루킹스 연구소에서 팀을 이끌고 연구를 수행하며 학생을 가르치면서도 좋은 부모, 아내, 언니, 딸의 역할을 하려면 다양한 유형 사이를 오갈 수밖에 없기 때문이다.

그녀는 수많은 시행착오와 임원 코치의 도움을 통해 어떤 일이 자신에게 활력을 주는지 그리고 어떤 일이 창의성을 갉아먹는지 알게 됐다. 리베카는 예산에 관련된 회의를 할 때 다음 두 가지 문제를 세심하게 살펴본다. 현재 얼마나 많은 자금을 가지고 있는가? 목표 달성을 위해 얼마나 많은 자금이 필요한가? 이후에는 다른 사람들에게 회의를 맡기고 하고 중요한 수치에만 주의를 기울인다.

이제 그녀는 젊은 팀원들에게 의도적으로 참여 유형을 바꾸라고 조언한다. 팀원들이 참여의 언어를 모르기 때문에 그녀는 다음과 같이 성적과 관련된 표현을 사용해 설명한다. "여러분들은 내가 지시하는 모든 업무에서 A 플러스를 받을 수 없어요. 따라서 C 플러스로도 충분히 잘할 수 있는 일을 알아보는 방법을 배워야 합니다. 정말로 중요한 업무를 위해 A 플러스를 받을 수 있는 노력을 아껴두는 것이죠. 어떤 일이 A 플러스 수준의 노력이 필요하고, 어떤 것이 C 플러스 수준의 노력이 필요한지 모르면 물어보세요."

많은 사람이 여전히 이런 논리를 이해하기 어려워한다. 성취의 시대와 항상 모든 일에 100퍼센트 노력을 기울여야 한다는 그 시대의 사고방식에 익숙해져 있기 때문이다. 고통 없이는 얻는 것도 없다. 좋은 성과를 싫어하는 사람이 있을까? 성공에는 보상이 따르기 때문에 성공의 시대는 오래 지속됐다. 하지만 지금은 자기 주도력의 시대로 다양한 능력을 요구한다. 똑같이 비좁은 코스에서 이기려고 경쟁할 필요가 없다. 대신 학습 방법을 더 잘 이해하고, 우리만의 경로를 선택해 그 길을 헤쳐나가는 데 필요한 에너지를 이용할 수 있는 능력이 필요하다.

자기 주도력의 시대가 '진짜' 온다

1장에서 살펴봤듯 미국에서 평가는 학업 성취도만 측정하는 것에서 소통, 협업, 창의성과 같은 다양한 능력의 가치를 인정하는 방향으로 구조적 변화를 시작하고 있다.

급격한 기술의 발전, 특히 생성형 AI의 발전은 이런 변화를 더욱 촉진하고 있다. 인공지능은 데이터를 분석하고, 패턴을 인식하며 정보를 종합할 수 있는 능력이 인간보다 더 뛰어나다. 우리 대신 물건을 사고, 여행 일정을 관리하며 무엇을 보고 누구와 이야기할지, 어떤 사람과 사랑에 빠지고, 지금 세상에서 무엇이 중요한지 알려준다. 인공지능은 단지 특정 전문 분야에서만 정보를 찾아내는 것이 아니라 다양한 종류의 정보를 이해할 수 있고 인간처럼 자연스럽게 전달할 수 있다. 인공지능의 발전 속도는 놀라울 정도로 빠르다. 와튼 경영대학원 교수이자 《공동 지능 Co-Intelligence: Living and Working with Ai》의 저자 에탄 몰릭은 2024년 4월 미국 최대의 에듀테크 컨퍼런스 ASU+GSV 서밋에서 이렇게 말했다. "인공지능이 할 수 없는 숙제는 없습니다. 그것이 불가능하다고 생각한다면 유료 버전을 사용하지 않았거나 인공지능을 충분히 활용하지 않았기 때문입니다."

인공지능은 성취의 시대에 중요하게 생각했던 능력, 즉 정보를 신속하게 처리하고 전달하며, 지식을 종합하고 특정 방식으로 전달하는 능력을 더 이상 인간의 고유한 능력이 아닌 것으로 만들고 있다. 이런 새로운 환경에서 어려움을 헤쳐나갈 뿐만 아니라, 성공적으로 살아가기 위해서는 우리의 우선순위를 바꾸어야 한다. 인공지능은 인간의 창의성, 공감, 윤리적 추론의 깊이와 복잡한 사회 문화적 맥락을 이해하는 능력을 그대로 복제할 수 없다. 또 어떤 목표가 가장 먼저 추구할 가치가 있는지 결정할 수도 없다.

이것이 바로 자기 주도적인 인간의 특성이다. 어떤 사람이 되고 싶은가? 어떤 인생을 살고 싶은가? 어떤 사회에서 살고 싶은가? 인공지능이 점점 더 널리 사용되면서 인간은 중요하게 생각하는 목표를 선택하고, 그 목표를 달성하기 위한 동기를 끌어내는 일에 능력을 발휘해야 할 것이다. 예를 들면 인공지능은 단백질의 구조를 밝혀내는 과정을 혁신적으로 바꾸었다. 한때 과학자들에게 수개월 또는 수년이 걸렸던 일이 지금은 며칠 만에 끝난다. 이런 지식은 새로운 약을 개발하고 질병을 치료하는 데 필수적이다. 하지만 인공지능만으로는 새로운 발견을 생명을 구하는 더 좋은 약이나 보건 의료 체계로 발전시킬 수 없다. 이를 위해서는 신약 개발을 위한 연구 개발에 투자하고 생명을 구하기 위해 약품을 판매하겠다는 결정이 필요하다. 단백질의 구조 분석은 매우 중요한 수단이다. 하지만 우리 인간이 특정 목적을 위해 사용하겠다고 선택한 경우에만 세상의 중요한 문제를 해결하는 데 도움이 될 것이다.

우리는 인공지능과 함께 일해야 하지만 동시에 인공지능에 대한 확고한 통제력을 유지해야만 할 것이다. 이런 능력은 인공지능과 점점 더 많이 협력해야 할 우리 아이들에게 특히 더 중요하다. 그래야 인공지능이 경로를 대신 선택해주지 않아도 아이들이 자신이 원하는 길을 스스로 결정할 수 있기 때문이다.

자기 주도력의 시대에 성공하기 위해서는 아이들이 목표를 설정하는 것뿐만 아니라 목표를 달성하기 위해 스스로 학습을 주도할 수 있는 능력이 무엇보다 중요하다. 인공지능이 지배하는 미래는 무관심과 순응이 아니라 자기 인식에서 비롯된 자기 주도력과 행동하려는 동기를 선호하게 될 것이다. 참여의 언어는 아이들이 학습자로서 자신을 이해하고 그에 따라 에너지를 집중할 수 있도록 하는 강력한 수단을 제공한다. 이는 적응을 위한 필수 능력이다. 반항적인 아이들이 후진 기어에서 벗어나도록 돕고, 수동적인 학생들이 중립 기어에서 주행으로 변속하도록 이끌며, 목표 지향적인 청소년들이 과속 상태에서 탈진하지 않도록 돕는 것은 주변 상황에 따라 기어를 올리고 내리는 인생 여정의 첫걸음이다.

방향을 바꾸고 변화하며 적응하고 성장할 수 있다는 사실을 아는 것은 기술, 자동화 또는 파괴적 혁신의 다음 물결이 어떤 것이든 그에 대비할 수 있는 일종의 보험이다. 토드 로즈가 말했듯이 "동기를 이해하지 못하고 이를 생산적인 것으로 발전시키지 못하면 믿을 수 없을 정도 불리한 상황에 놓이게 된다." 탐구자들은 자신감을 가지고 중요한 변화의 순간을 맞이할 것이다. 이는 우리가 그들을 칭찬하거나 과하게 보호하거나 혹은 의식적이든 무의식적이든 지나친 기대에 부응하라고 요구했기 때문이 아닙니다. 이들의 자신감은 학습자로서 자신을 잘 이해하고 더 효과적인 학습 방법을 아는 것에서 비롯된다. 이들은 중요하게 생각하는 목표와 스스로 부여한 동기가 있기 때문에 어디로 갈 것인지 방향을 정하고 그곳에 도달하는 다양한 방법을 모색할 수 있다.

자기 주도력의 시대에 학교는 아이들이 학습을 더 잘 이해하고 더 용감하고 회복 탄력성이 높은 사람으로 성장하도록 도울 수 있다. 학교는 학문적으로 엄격하면서 동시에 흥미로운 공간이 될 수 있다. 학교는 개인의 성장과 사회 전체가 온전한 기능을 하도록 설계될 수 있다. 또 아이들이 지식을 습득하고 배운 것을 세상에서 활용하는 데 필요한 능력을 개발하도록 도울 수 있다.

우리는 직접 목격했기 때문에 이것이 가능하다는 사실을 알고 있다. 획기적인 교육 혁신이 전 세계에 걸쳐, 특히 미국에서 활발히 이루어지고 있다. 160개 국가에 걸쳐 실시한 리베카의 연구에 따르면 미국이 가장 많은 교육 혁신을 이룩했다. 이런 혁신 사례들은 신설 학교, 오래된 학교, 차터스쿨, 공립과 사립학교 그리고 학교 안팎의 모든 프로그램에서 찾아볼 수 있다. 이들 혁신의 공통된 주제는 교실에 앉아 있는 수동적 수업보다 실제로 경험하는 체험 학습을 늘리고, 지역사회 그리고 현실 세계와 더 많은 연결 관계를 구축하며 한 명의 교사가 담당하는 교실 수업 시간을 줄이는 것이다. 자녀들이 이미 이런 학습을 경험했을 수도 있다. 예를 들면 영감을 주는 교사, 도전적인 수업 또는 의미 있는 지역사회 기반의 프로젝트로 동기부여를 받고 집으로 돌아온 적이 있을지도 모른다.

우리는 평가 체계의 구조부터 학습과 생계 연계, 이중 학점제, 도제식 학습 등 학교가 정체성을 찾을 수 있도록 아이들에게 제공하는 폭넓은 진로 선택에 이르기까지 다양한 변화의 바람이 불고 있다는 사실을 알고 있다. 하지만 이런 변화를 운에 맡겨서는 안 된다. 부모가 중요한 역할을 해야 한다. 우리는 독자들이 이 책에서 많은 것을 배웠으리라 기대한다. 이제 당신은 학교가 참여와 자기 주도력을 키우기 위해 어떤 노력을 하고 있는지 물어볼 수 있다.

이제는 평생 학습의 시대

이 책을 쓰기 위해 연구하는 동안 우리는 테네시주 내슈빌에 있는 발러 칼리지에이트 아카데미를 방문했다. 학교에 도착했을 때

"당신이 필요로 했던 어른이 되라"라고 적힌 표지판이 벽에 걸려 있었다. 교사들에게 동기를 부여하려는 표어가 분명했다. 하지만 부모로서 그 문구를 보자 그 자리에서 발걸음을 멈출 수밖에 없었다.

아이들은 인생에서 어른들에게서 무엇인가를 원하지만 얻지 못하는 경우가 많다. 시의적절한 도움, 힘든 시기에 더 확실한 조언, 결과와 상관없는 무조건적 사랑 같은 것들이다. 부모와 교사로서 우리는 자녀를 위해 강력하고 영향력 있는 존재가 되고 싶다. 하지만 우리는 종종 스스로 능력을 의심한다. 우리의 아이들이 필요로 하는 것은 무엇일까? 우리가 그것을 제공할 수 있을까? 어떻게 아이들이 회복 탄력성이 있는 학습자이자 인간으로 성장할 수 있도록 도울 수 있을까? 어떻게 하면 우아하고 너그럽게 그리고 가능하면 갈등 없이 그 일을 해낼 수 있을까?

끊임없이 변하는 다양한 아이들의 욕구를 충족시켜야 한다는 생각은 엄청난 부담이 될 수 있다. 빨래를 하고, 음식을 차리고, 숙제를 확인하고, 여동생을 괴롭히지 말라는 잔소리를 하면서 하루를 버텨내는 경우에는 특히 더 힘들다. 하지만 기본적으로 자녀들이 부모에게 바라는 것은 두 가지다. 빛나고 들쭉날쭉한 개성 그대로 사랑받고 싶다는 마음이다. 그리고 불확실하고 빠르게 변하는 세상에 잘 대비하고 있다고 느끼고 싶어 한다. 도전하고 싶은 마음과 지지받고 싶은 마음이 늘 혼재하는 것이다. 아이들이 학습에 대해 더 많은 통제력을 발휘할 수 있도록 도와주면 어떤 일이 벌어지든 자신의 길을 개척할 수 있다는 자신감도 그만큼 커질 것이다.

대부분의 아이들은 13년이나 17년 동안의 학교 교육을 통해 세상을 살아가는 데 필요한 최소한의 지식을 배울 수 있다. 하지만 훌륭한 학습자는 교육을 통해 자신에게 필요한 것을 받아들이고 장애물을 피해가며 도움을 요청하고 깊이 파고드는 방법을 알아낸다. 이런 자기 주도력은 성공적인 삶을 살아가는 데 중요한 역량이다. 이는 실리콘밸리 거물 기업가 자녀부터 브라질 시골 농부의 자녀까지 누구나 배울 수 있는 능력이다.

요즘은 희망이 부족하다고 느낄 수 있다. 전쟁, 권위주의의 확산, 양극화 그리고 분노의 소리가 끊임없이 이어지고 때로는 귀가 먹먹할 정도로 크게 울린다. 이런 혼란 속에서 10대 청소년들은 장차 어떤 사람이 되고 싶은지 고민하면서 성장하고 있다. 부모로서 우리는 아이들의 주변 환경을 통제할 수 없지만, 아이들이 자신이 통제할 수 있는 것에 대한 주도력을 발휘하고 원하는 것을 추구할 수 있도록 도울 수 있는 매우 특별한 위치에 있다. 또 혼란스러운 세상에서 아이들이 용감해지도록 도울 수 있다.

몰입형에 깊이 내재된 자기 주도력은 이런 희망을 키우는 핵심 요인이다. 우리는 적응할 수 있기 때문에 상황은 바뀔 수 있다. 우리는 과거에 힘들었던 일을 극복하고 이겨낸 경험을 통해 어려운 일을 해낼 수 있다. 학습 과정에서 경험하는 어려움은 나약함을 나타내는 신호가 아니라 성장하고 있다는 신호다. 열심히 노력하는 것은 단지 의미 있는 직업을 얻기 위한 수단이 아니라 흥미진진한 인생의 일부다.

잘 배운다는 것은 의미 있는 삶의 필수 요건이다. 창의적이고 진취적인 학습자가 되려면 원하는 성적을 적어내는 용기와 이를 달성하는 데 필요한 도움을 요청하는 나약함이 필요하다. 이는 때때로 청소년들이 삶을 잠식하는 과도한 자극과 고립의 소용돌이에서 벗어날 수 있는 강력한 대안이다. 예의와 존중 그리고 영구적인 민주주의로 돌아가는 공동의 길은 단지 참여를 끌어내고 더 능력 있는 학습자를 길러내는 것 이상의 노력이 필요할 것이다. 하지만 참여와 더 좋은 학습자가 없다면 이는 거의 불가능에 가깝다.

◆ 함께 읽으면 좋은 21세기북스 책 ◆

함부로 칭찬하지 마라
심리학이 밝혀낸 아이를 성장시키는 칭찬과 꾸중의 원칙
김영훈 지음

•

연세대 김영훈 교수가 말하는
올바른 칭찬과 꾸중으로 아이의 동기를 끌어올리는 법

연세대 심리학과 김영훈 교수는 『함부로 칭찬하지 마라』에서 그동안 우리가 효과적인 훈육 수단이라고 생각해 온 칭찬과 긍정적 사고, 보상의 효과에 대해서 의문을 제기한다. 그러면서 학생들을 대상으로 진행한 실험을 통해 칭찬과 꾸중, 긍정적 사고와 부정적 사고, 보상이 아이들의 성과에 미치는 영향을 과학적으로 분석한다.

초등 3학년부터 시작하는
똑똑한 독서 수업
문해력, 창의력, 문제 해결력을 높이는 독서 활동 125
류창진 지음

•

초등 교사가 실제 교실 현장에서 가르치며 정립한
공부 잘하는 아이들의 40가지 주제별 책 읽는 방법

『초등 3학년부터 시작하는 똑똑한 독서 수업』은 저자가 교실 현장에서 아이들을 가르치며 정립한 공부 잘하는 아이들의 독서 방법을 알려주는 책이다. 기초 학습 실력을 향상시키는 40가지 주제별 독서 활동 125가지를 통해 '목적이 있는 독서'가 무엇인지 알려준다.

KI신서 13702
어떻게 공부하게 만들 것인가
공부에 무관심한 아이를 위한 4가지 유형별 학습 가이드

1판 1쇄 인쇄 2025년 7월 31일
1판 1쇄 발행 2025년 8월 27일

지은이 제니 앤더슨, 레베카 윈스럽
옮긴이 고영태
펴낸이 김영곤
펴낸곳 ㈜북이십일 21세기북스

인문기획팀장 양으녕 **책임편집** 이정미 **마케팅** 김주현
디자인 유어텍스트
영업팀 정지은 한충희 장철용 강경남 황성진 김도연 이민재
제작팀 이영민 권경민

출판등록 2000년 5월 6일 제1406-2003-061호
주소 (10881) 경기도 파주시 회동길 201(문발동)
대표전화 031-955-2100 **팩스** 031-955-2151 **이메일** book21@book21.co.kr

ⓒ 제니 앤더슨·레베카 윈스럽, 2025
ISBN 979-11-7357-412-2 (03370)

㈜북이십일 경계를 허무는 콘텐츠 리더

21세기북스 채널에서 도서 정보와 다양한 영상자료, 이벤트를 만나세요!
페이스북 facebook.com/jiinpill21   포스트 post.naver.com/21c_editors
인스타그램 instagram.com/jiinpill21   홈페이지 www.book21.com
유튜브 youtube.com/book21pub

당신의 일상을 빛내줄 **탐**나는 **탐**구 생활 〈탐탐〉
21세기북스 채널에서 취미생활자들을 위한 유익한 정보를 만나보세요!

- 책값은 뒤표지에 있습니다.
- 이 책 내용의 일부 또는 전부를 재사용하려면 반드시 ㈜북이십일의 동의를 얻어야 합니다.
- 잘못 만들어진 책은 구입하신 서점에서 교환해드립니다.